[美] 斯蒂芬·J.维尔吉利奥（Stephen J. Virgilio）著 王雄 译

儿童身体素质
提升指导与实践

（第2版）

人民邮电出版社

北 京

图书在版编目（CIP）数据

儿童身体素质提升指导与实践：第2版／（美）斯蒂
芬·J.维尔吉利奥（Stephen J. Virgilio）著；王雄译
. — 北京：人民邮电出版社，2017.12
ISBN 978-7-115-46964-9

Ⅰ．①儿… Ⅱ．①斯… ②王… Ⅲ．①儿童—身体素
质—运动训练—研究 Ⅳ．①G808.17

中国版本图书馆CIP数据核字(2017)第249097号

版权声明

免责声明

本书内容旨在为大众提供有用的信息。所有材料（包括文本、图形和图像）仅供参考，不能用于对特定疾病或症状的医疗诊断、建议或治疗。所有读者在针对任何一般性或特定的健康问题开始某项锻炼之前，均应向专业的医疗保健机构或医生进行咨询。作者和出版商都已尽可能确保本书技术上的准确性以及合理性，且并不特别推崇任何治疗方法、方案、建议或本书中的其他信息，并特别声明，不会承担由于使用本出版物中的材料而遭受的任何损伤所直接或间接产生的与个人或团体相关的一切责任、损失或风险。

内 容 提 要

　　本书是专为幼儿园至小学阶段的儿童体能教育者写作的指导书。全书共分三个部分：第一部分介绍了小学体育教学的新视角、体能教育的团队干预方法、行为改变和激励策略、与健康相关的体能训练原则以及残障儿童的体能教育，从多个维度和层面讲述儿童时期进行体能教育和身体素质锻炼的重要性，为如何展开儿童体能教育奠定理论基础；第二部分详述了体能教育的教学策略、体能训练课程的计划设置，以及与课堂教师配合、让家长和社区参与等内容，为体能教育实践探索了教学模式和方法；第三部分介绍了针对不同发育水平的儿童可以进行的体能练习、游戏和丰富多彩的活动，为从事体育教学研究、体育教育工作的学者、教师以及家长提供完善的体育教育活动思路和方法，旨在使儿童从小树立起积极健康的生活方式，练就出健康的体魄。

◆ 著　　　　［美］斯蒂芬·J.维尔吉利奥（Stephen J. Virgilio）

　　译　　　　王　雄

　　责任编辑　寇佳音

　　责任印制　周昇亮

◆ 人民邮电出版社出版发行　　北京市丰台区成寿寺路 11 号

　邮编　100164　　电子邮件　315@ptpress.com.cn

　网址　http://www.ptpress.com.cn

　北京虎彩文化传播有限公司印刷

◆ 开本：700×1000　1/16

　印张：16.5　　　　　　　　　　2017 年 12 月第 1 版

　字数：371 千字　　　　　　　　2025 年 8 月北京第 29 次印刷

　　　　著作权合同登记号　图字：01-2016-6532 号

定价：88.00 元

读者服务热线：(010)81055296　印装质量热线：(010)81055316
反盗版热线：(010)81055315

译者序

儿童是祖国的花朵，人类的未来，民族的希望。在互联网时代进入下半场、人工智能成为新的焦点的大时代发展背景下，在科学发展观、健康中国梦的国情下，儿童以及青少年的全面身体素质，将直接影响到中华民族伟大复兴战略目标的实现。强健儿童体魄，帮助儿童培养良好的生活习惯和运动家精神，有利于其身心的健康发展，也是国家崛起和民族发展的百年大计。

当前，全国各地的学校在不断尝试或进行体育教学改革，各式的儿童体能类俱乐部在一些城市中发展迅速。儿童的身体素质状况和提升方式成为社会各界关注的热点。一段时间以来，关于我国儿童和青少年体质连续下滑的各类报道不断，肥胖、豆芽菜体型和患有近视眼的人群数量急剧增长，电子游戏、垃圾食品、久坐少动的现代生活方式带来的大量侵害和不良影响，致使他们没有兴趣再参与体育活动，引起社会各界的重重担忧。然而，如何进行儿童身体训练？学校和家长如何配合？学校及儿童体能类俱乐部如何为孩子提供更科学、更安全、更方便、更有趣、无污染的、有监控的、个性化的、有规划的体育课程或身体练习方案呢？在这个领域，无论是理论研究还是实践指导，相比美国这样的体育强国，我们还都处于起步水平，需要虚心学习和研究借鉴。

本书的对象为幼儿园至小学阶段的儿童，并将其划分为三个发育水平的级别：Ⅰ级发育水平（初级：幼儿园和一年级），Ⅱ级发育水平（中级：二年级和三年级），Ⅲ级发育水平（高级：四至六年级）。当然，年级并不代表水平，书中明确提出：每个年级内都可能有处于不同发育水平的孩子。

国内对于儿童及青少年的界限划分和对应的中英文词汇使用还比较混淆，为此，我也查了很多相关资料，在此做一个术语的明确年龄界限划分。美国运动医学协会（NASM）认为，青少年（Youth）这个词汇涵盖了一个较大的年龄范围，并且有广泛的含义，比如青年时代的意思，所指基本包含了儿童和少年阶段。美国疾病控制和预防中心（CDC）使用儿童（Children）和少年（Adolescent）两个词汇来帮助区分两组人群，通常来讲，刚出生到1岁之间称为婴儿（Baby），1岁至3岁称为幼儿（Infant），儿童所指的年龄范围为3 ~ 12岁，而少年所指的年龄范围为12 ~ 18岁。NASM还指出，当涉及运动反馈时，儿童（Children）通常指7 ~ 12岁，因为3 ~ 6岁的儿童在分级测试和需要最大极限的运动中不会涉及。参考下表，你将有一个清晰的了解。

表：术语年龄界限划分参照表

中文名称	婴儿	幼儿	儿童	少年	少年	青少年（广泛）
英文名称	Baby	Infant	Children	Adolescent	Teenager	Youth
年龄范围	0～1周岁	1～3周岁	3～12周岁	12～18周岁	12～18周岁	3～18周岁

全书分为三个部分：第一部分介绍了儿童体能教育的新视角、由家长、学校和老师共同参与的团队干预方法、行为改变和激励策略、与健康相关的体能训练指导原则以及残障儿童的体能教育，从多个维度和层面讲述儿童时期进行体能教育的基本方法论，为如何展开儿童体能教育奠定理论基础；第二部分详述了体能实践教学的教学策略、体能训练的课程计划设置，以及与课堂教师配合、让家长和社区参与等内容，为体能教育实践探索了教学模式和方法，系统地提出了针对儿童健身的新理念；第三部分是针对从幼儿园至小学阶段（3～12岁）不同发育水平的儿童的实践练习，包括心肺耐力、肌肉力量和耐力、柔韧性、儿童游戏、儿童舞蹈、儿童瑜伽等丰富多彩的实践练习，帮助从事儿童体育教学工作的教师、儿童身体训练俱乐部的教练和家长提供完善的体育教育活动的具体操作方法，旨在使儿童从小树立起积极健康的生活方式，练就出健康的体魄。

虽然美国整体的国情状况、社区模式、学校体制、锻炼环境和我们完全不一样，但孩子的身体和发育规律是完全一样的。管中窥豹，可见一斑。本书中有大量新颖的理念。一开始，书中就谈到，"对于每个孩子来说，体育活动都应该是有趣并且愉快的，而不仅仅是有天赋的孩子才会有这种感觉"，并且认为，体育活动并不一定要有明确的名次目标，我们必须停止将10岁孩子作为年轻版的成人运动员来对待，而是要让他们顺其自然的发展，让孩子们自由活动、玩耍和娱乐，在运动中展示自我。对于儿童是否可以进行力量练习，书中也有明确的观点，幼儿园到六年级的儿童不应执行最大负重练习，然而，哪怕年龄小到2岁的儿童，都是可以进行阻力练习和活动的，阻力练习可以增强儿童的骨骼发育。此外，书中设置了大量的个性测试和评价量表、积极生活方式档案、联合家长和学校一起参与的"承诺书"和"健身合同"，这些都值得我们参考借鉴。

感谢本书作者斯蒂芬·J.维尔吉利奥博士的卓越奉献，他具有30多年的教学研究和实践经验，也是美国国家运动与体育教育协会（NASPE）的资深专家；感谢人民邮电出版社对儿童健身行业的全力支持，以及责任编辑寇佳音老师的辛勤付出；感谢本书封底的七位推荐人，他们代表了国内儿童身体教育领域的优秀学校和专业体能促进机构，也感谢更多国内同仁对这个领域的贡献。

科学发展观，少年中国梦。衷心期望本书能够为国内儿童体质健康和身体练习领域带来一种科学、趣味、实用的新理念，期待更多的儿童能因此获益！

致我的两个儿子斯蒂芬（Stephen）和约瑟夫（Joseph）
看着你们长大成人，我的梦想终于成真。
你们两个都远远超出了我的期望。

纪念我的父亲，约瑟夫

目　录

前　言

如果现在不采取积极的措施来减少全世界患肥胖症儿童的数量，我们面对的将会是第一代比其父母或祖父母短寿的儿童。

小学体育工作者对这种可怕的情况深感不安，并且有意扭转儿童健康中出现的这种负面趋势。我修订了第 1 版 *Fitness Education for Children: A Team Approach*，其中专门针对儿童肥胖症，从体育教师的角度推广积极健康的生活方式。

体育教师需要发挥领导作用，带领家庭、学校和社区共同对抗儿童肥胖症。因此，本书的内容远远超出了传统学校中每周两节大约 30 分钟的典型体育课的内容。作为教师，我们必须认识到，如果我们期望学生采用能终身受益的体育活动模式，在课程中只要求他们跑、跳、做俯卧撑或完成障碍跑是不够的。

作为专业人士，我们可以而且必须做得更多。我修订本书的目的是让它成为小学体育课程的教学资源。本书提供了抗击儿童肥胖症的各种方法，同时培养学生去欣赏积极健康的生活方式——无论你是有经验的老师、初为人师，还是体育师范学院的学生，都可以借鉴这些方法。

如果你是一名体育师范专业的本科生，本书可以为你提供必要的教学理念、教学策略以及评估和教学模式，帮助你将体育活动和健康教育融入各方面都很均衡的体育课程计划中。如果你是一位有经验的老师，会发现传统的体育活动或游戏类书籍通常对课程的理解较为短视、狭隘，导致你在工作中必须从其他方面修改目前的学校健康课程。与此类书籍相比，本书有着全新的内容。

此外，本书将扩大你的体育视野，并告诉你如何制定校内综合团队课程，以解决目前困扰我们的儿童肥胖问题。具体来说，它不仅拥有许多其他书籍中也提供的典型健身游戏和活动，还包括以下内容。

· 适合多种发展水平的体育活动课程计划示例
· 最新的教学技巧
· 教授健康概念的创意活动
· 让父母和社区成员能够参与的策略
· 课程安排的思路
· 健身游戏
· 韵律活动
· 适合儿童发展水平的练习
· 残障儿童的体能教育策略
· 可复制的教学材料

以下是第 2 版中令人兴奋的新内容：

· 有关儿童肥胖症的最新研究和统计
· 儿童肥胖症的干预方法
· 新的体育活动指南
· 新的饮食指南信息和网站
· 学校健康课程
· 体育工作者担任体育活动指导的讨论
· 最新的 Activitygram/Fitnessgram 程序
· SMART 目标的讨论
· 有关教育自闭症儿童的章节
· 额外的锻炼活动
· 适合室内课程的最新心血管健康专题课

· 可以让室内外课程相结合的活动

· 关于学校课间操的信息

· 新的健身游戏

· 计步器活动

· 新的韵律活动，如儿童尊巴舞（Zumba）

· 关于儿童瑜伽的一个全新章节

体育教师无法独自对抗儿童肥胖症，这项工作需要团队的努力。多年来，体育教师一直孤立地进行规划和教学，与其他教职员或学校的核心课程极少有联系，或者根本没有联系。本书帮助你让体育课成为学校核心的一部分。学校管理层、课堂教师、学校志愿者、家长、学校食堂工作人员、卫生服务专业人士和社区都可以帮助创造一个健康的学校环境。

应该完全改变体育课程吗？不！你可以在均衡的、高质量的体育教学计划中推广体育活动，并提高健康水平。然而，本书提供了个性化的方法，告诉你如何满足儿童的发展需要，而不是他们的运动能力或竞争个人体能奖的能力。对每个孩子来说，体育活动都应该是有趣且愉快的——而不仅仅是有天赋的孩子才会有这种感觉。为此，我在设计本书中的活动时考虑到了所有的孩子，让每个人都有机会成功，并通过积极的生活方式获得健康带来的好处。

本书分为三部分。第一部分描述儿童肥胖症的现状，以及小学体育教师在对抗这一主要健康流行病的过程中可以发挥哪些作用。

第一部分各章介绍在学校中应当实施哪些综合团队课程，以及如何承担学校体育活动指导员的角色。还会探讨行为变化和激励策略、体育活动的原则，以及与健康相关的体能训练，还有针对残障儿童的体能教育。

第二部分包括教学策略、课程计划示例、教授身体素质概念的策略、与课堂老师配合的方式，以及让父母和社区参与体能教育的计划。

第三部分提供一些适合各种发育水平的实用练习；活跃的游戏；舞蹈和韵律活动；儿童瑜伽姿势，以及学校范围内可以纳入体育课程的活动。

小学阶段的孩子在身体、精神、社交和情感方面的发展水平各不相同。为了使课程规划更容易，我已将与健康相关的身体素质概念和活动归类为以下3个发展水平。

· Ⅰ级发育水平（初级：幼儿园和一年级）

· Ⅱ级发育水平（中级：二年级和三年级）

· Ⅲ级发育水平（高级：四至六年级）

但要记住，在每个年级内，都可能有处于不同发展水平的孩子。因此，体能教育计划的重点应该是选择、决策和进行自我引导的学习。

鉴于肥胖症越来越流行，对高质量的基础体育课程的需求从未如此之大。这种创新的体能教育资源是为了补充现有的体育课程，增加所需的热情和变化，帮助对抗儿童肥胖症和人们久坐的生活方式。我希望本书对日常课程有帮助，可以让你把时间集中在具有挑战性的任务上，在孩子们人生中最重要的几年中与他们互动，并引导他们更好地运动。

致　谢

我要向我的妻子、同事和最好的朋友艾琳（Irene）表示衷心的感谢。1972年，我们在美国佛罗里达州坦帕市的 Woodbridge 小学相遇，自此以后我们一直风雨同路。特别感谢她协助我编制心血管专题单元，以及在我的职业生涯中毫不动摇的支持、耐心和关爱。

感谢在艾德菲大学曾与我合作过的学生——在过去20年里，你们一直是我灵感的源泉。特别感谢学生凯蒂·迪拉普（Katy DiLapi）、约瑟夫·维尔吉利奥（Joseph Virgilio）、妮可·洛司徒（Nicole Losito）和斯蒂芬妮·邓恩（Stephanie Dunn）帮助研究这一版中的活动，并感谢我的同事康妮·麦克奈特（Connie McKnight）对瑜伽章节的检查。

我想感谢人体运动出版社（Human Kinetics）担任本书此版本中模特的所有孩子：塞西莉亚·艾伦（Cecilia Allen）、内特·艾伦（Nate Allen）、C. J. 布朗（C.J.Brown）、格雷斯·查莉娅（Grace Chariya）、凯蒂·科尔（Katie Cole）、詹姆斯·霍尔（James Hall）、莉莲·霍尔（Lillian Hall）、罗伯特·霍尔（Robert Hall）、劳伦·亨德森（Lauren Henderson）、奥利维亚·希克斯（Olivia Hicks）、K. J. 罗格（K. J. Logue）、亚历克斯·马洛尼（Alex Maloney）、凯利·马洛尼（Kelly Maloney）、玛德琳·朗克（Madelyn Ronk）、奥利维亚·朗克（Olivia Ronk）、伊桑·鲁林格（Ethan Ruhlig）、艾丝黛拉·沙米（Estella Samii）、米兰达·塞勒斯（Miranda Sellers）和德莱尼·瓦莱斯（Delaney Vallese）。你们都非常努力。

我要向人体运动出版社（Human Kinetics）的专业人士表示最深切的感谢。雷·瓦莱斯（Ray Vallese）是我的编辑，我们的合作很愉快。他处理细节的技巧和眼光使这个版本为教师和学生提供了更好的资源。还要感谢雪莉·斯科特（Cheri Scott）让这个项目顺利进行，在你的帮助下为这个版本奠定的基础为最终的作品指明了方向。感谢德里克·坎贝尔（Derek Campbell）和金·韦基奥（Kim Vecchio）的专业贡献和值得关注的见解。我感激人体运动出版社（Human Kinetics）HPERD部门的主任斯科特·魏格伦（Scott Wikgren）的支持，本书中反映了他对体育教学的全新视角。

最后，如果没有我的父母玛丽安（Marianne）和约瑟夫（Joseph）对我的爱和信心，我是不可能完成这本书的，他们一直支持我对体育活动满怀的激情。

奠定基础

第 1 章

第一部分

小学体育教学的新视角

> 要对抗儿童肥胖症这种流行病，并改善儿童营养状况，必须各方面联合行动——家庭、学校乃至国家。
>
> ——汤姆·哈金（Tom Harkin）

20世纪 90 年代，我曾在本书第 1 版中提醒读者注意美国的儿童肥胖症危机的严重性。当时我只是想告诉大家：如果我们对儿童的饮食习惯和活动方式不加以干预，不加以改变，我们就会任由史上最严重的健康问题之一席卷美国。

果然，十几年后的今天，儿童肥胖症成了严重的全国性健康问题。国民过度肥胖，殃及经济。据专家估算，2008 年，在美国因肥胖症而产生的与控制体重相关的医药费约为 1470 亿美元，是 10 年前的两倍。2010 年，在美国的医疗费用中，治疗肥胖症的费用占 9.1%。如果不遏制这个趋势，到 2018 年，该项费用将高达 3440 亿美元，占到卫生开支的 21%[芬克尔斯坦（Finkelstein）、特罗格登（Trogdon）、科恩（Cohen）和迪茨（Dietz），2009]。

1980 年至今，在美国儿童中，过度肥胖者的比例已翻倍，而在青少年中，该比例更是增至 3 倍以上 [欧格登（Ogden）、卡罗尔（Carroll）和弗里盖（Flegal），2008]。目前，超过 32% 的美国学龄儿童体重超标或过度肥胖。其中，约 15% 属于体重超标，接近 17% 属于过度肥胖。也就是

说，每 3 个孩子中，就有 1 个存在体重问题！身体质量指数（BMI）达到 30 或以上，或者体脂超过 30%，就会被归类为肥胖症。而体重超标是指身体质量指数超过 25。

我编写本书的新版本的原因在于，一方面，我觉得这个问题亟待重新引起重视，另一方面，这个问题的解决又有了新的希望。虽然研究表明，肥胖趋势已经得到遏制，儿童运动量也呈上升趋势。但是，我编写这个新版本的最主要原因是，我不能对世界上的孩子变胖的问题置之不理。儿童是我们的宝贝，是社会未来的主力军，他们有权活得健康、长寿、多姿多彩。所以，我们作为专业人士，必须在对抗儿童肥胖症的工作中担起领导重任。

我们别无选择。研究表明，如果我们现在不采取行动，这一代青少年就会成为首批比父辈寿命短的人。知道吗？现在体重超标或者过度肥胖的儿童，有 70%~80% 在成年后也会出现体重问题。

肥胖症会增大下列疾病的患病概率。

· 癌症

· 冠状动脉心脏疾病

· 2 型糖尿病

· 高血压

· 高胆固醇

· 中风

· 肝和胆囊疾病

· 呼吸问题

· 骨关节炎

· 妇科疾病

· 社交和情绪方面的问题

心脏病始于幼年

尽管在过去10年中，心脏病引起的死亡率大大下降，但在美国，心血管疾病仍是死亡、残疾和其他疾病的元凶。采用积极运动的生活方式的成年人患冠心病（CHD）的概率低于不爱运动的人，前者即使患有冠心病，发病年龄也相对较晚，并且往往病情较轻。

根据美国心脏病协会（American Heart Association）的报告（2010b），引起冠心病的主要风险因素有如下几点。

· 吸烟

· 久坐

· 高血压（血压升高）

· 高胆固醇

· 糖尿病

· 肥胖

研究显示，接近30%的美国儿童胆固醇已经偏高（高于170ml/dl），此外，成人型糖尿病在儿童、青少年和青壮年中也越来越多见。据估计，与久坐生活方式有关的死亡和伤残数字将很快赶超吸烟所引发的死亡和伤残数字（美国心脏病协会，2010a）。

运动锻炼对控制心脏病有着重要的作用，因为它有助于减轻高血压、肥胖、高胆固醇和糖尿病。你是否知道心血管疾病是从幼年开始的呢？

由医学博士杰拉尔德·S.贝伦森

（Gerald S. Berenson, MD）带领的一个由医生、护士和研究人员组成的团队，耗时30多年，对美国路易斯安那州博加卢萨地区的两万多名儿童进行了研究，建立了世界上最大的儿童心脏病风险因素数据库[弗里德曼（Freedman）、梅（Mei）、斯里尼瓦桑（Srinivasan）、贝伦森（Berenson）和迪茨，2007]。该研究发现：

· 美国男性从童年到青少年期间，低密度脂蛋白（LDL）和高密度脂蛋白（HDL）的比例（坏胆固醇对好胆固醇的比例）显著上升，这种变化可能让他们在年轻的时候就患上心脏病。

· 由于肾脏的原因，很多非洲裔美国儿童易患高血压。

· 在大部分儿童中，心血管疾病的各种风险因素是互相关联的，这种情况与成年人类似（如肥胖与高血压相关）。

· 50%以上的儿童摄入过多的盐、脂肪和糖。

· 超重儿童在成年后仍超重的可能性达70%。

· 不爱运动的儿童在成年后更有可能不爱运动。

· 大部分学龄儿童有一种以上冠心病风险因素。

· 有心脏病家族史的儿童患心脏病的风险更高。

在博加卢萨地区进行的长期心脏病研究证明：如果我们要扭转困扰孩子们的肥胖危机，我们必须在生命的早期阶段就开始干预。

这项研究对我们有何意义？我们能在年龄较小的儿童中判断出哪些孩子可能会在长大后出现严重的健康问题吗？作为小学体育教师，我们可以对儿童的生活方式选择产生重要的影响，从而改变他们的一生。因此，成为一名小学体育专家是多么让人激动呀!

本书阐释了小学体育教师的角色和责任。然而,本书的内容绝不局限于传统的体育课,而是通过一个家庭、学校和社区模型的方法,扩大范围,以涵盖孩子的整个学习环境。

作为一名体育教师,必须考虑扩展自己的角色,致力于改革和补充目前的教学目标。希望本书可以助你达成目标,引领孩子选择积极、健康的生活方式。很多教育专家认为,学校为我们逆转青少年整体健康水平下降的趋势提供了最佳机会。

运动是关键因素

这么看来,儿童体重超标的主要原因是缺乏运动。儿童的饮食习惯与 25 年前大同小异,但是,儿童的运动量大幅降低。"缺乏运动"比"儿童肥胖"更恰当地形容了我们目前所处的危机。

可悲的是,儿童已经是美国人口中运动量最大的群体。大多数孩子喜欢玩耍、奔跑、跳舞、学习新技能。但是到了小学高年级和初高中阶段,儿童的运动量开始下降,肥胖儿童的数字直线上升。那么,这个阶段到底发生了什么?

很多孩子到 11 岁时,每天有超过 7.5 小时在面对各种屏幕——智能手机、台式电脑(或平板电脑)、电视。更糟糕的是,年龄更小(5~10 岁)的孩子也开始模仿这些行为。在过去 10 年里,科技发展日新月异,孩子本该利用最新的学习工具来拓展其学术技能。然而,我们现在需要对他们进行指导和约束,以免儿童因过度面对屏幕而有损其未来的健康。

在 10、11 或 12 岁时,很多孩子会发现一些新的乐趣,他们没有兴趣再参加一般的体育活动。他们甚至会停止儿时的游戏,因为他们不想再被当成孩子。也正是

在这个时期,父母和教师通常给他们传递这样的信息:体育活动必须有目标。他们鼓励孩子加入田径队,目的在于获得荣耀和奖励;或者让孩子参加空手道课程,成为黑带选手。这些成人设定的目标若没能激发孩子的兴趣,孩子往往就不爱运动了,因为他们感觉自己很差劲,并且得不到大人的支持。我们必须停止将 10 岁的孩子作为年轻版的成人运动员来对待,而是要开始让他们顺其自然地发展,让孩子们自由活动、玩耍、娱乐,在运动中展示自我。

当我们询问中学生为何不再参加体育锻炼时,大部分学生的回答是"我不想参加比赛"或者"没意思"。我们应该倾听他们的内心,想方设法满足他们对于体育活动的需求。

经常参加体育锻炼是让身体在各个年龄阶段保持健康的最佳方法。想想看,如果孩子们从小就开始走上终身运动之路,我们又何须为他们的健康担忧。运动有下列好处。

· 控制体重
· 保持正常血压
· 降低心脏病风险
· 降低某些癌症的风险
· 降低胆固醇
· 降低 2 型糖尿病风险
· 提高生活质量和精神健康水平
· 强健筋骨
· 提高日常的活动能力
· 增加长寿的可能性

全民健身计划

2010 年,站在健身运动和公众健康前沿的多个美国组织组建了一个委员会,出台了一份具有开创性的方案,呼吁人们关注运动缺乏的问题,并拟定行动计划,帮

助儿童、成年人和老年人增加运动量。

全民健身计划（National Physical Activity Plan）的主要目标是：致力于让所有美国人都能积极参与运动，并拥有适合经常运动的生活、工作和娱乐环境（2010）。该计划包含了一整套有助于增加美国各类人群运动量的政策和措施。这需要各个公营和私营组织机构的协作，以支持在全美国的社区中带来改变。这个计划的宗旨是创造一种文化，鼓励积极健康的生活方式，主要目的是提高国民健康水平，预防疾病和残疾，并提高生活质量。

美国全民健身计划由以下八个部分构成。

· 工商
· 教育
· 医疗保健
· 大众传媒
· 公园、娱乐、健身和体育
· 公众健康
· 交通、土地使用和社区规划
· 志愿者和非营利性机构

在每个部分中都有具体的策略，明确各社区、组织、机构和个人增加运动量的措施。

在制订该计划时，委员会参考了一系列指导方针，如：包括所有社会人口群体；在地方、州、联邦和机构层面指导行动；鼓励多方利益相关者参与；以健康行为的生态模式作为该计划的基础；不断升级和修订计划，与时俱进，保持该计划的活力。

NASPE 儿童体育活动指南

在规划儿童体育活动计划的过程中，美国国家运动与体育教育协会（NASPE，National Association for Sport and Physical Education）制定了两份非常重要的文件。一份是《从小爱运动：0~5岁儿童体育活动指南》（Active Start: A Statement of Physical Activity Guidelines for Children From Birth to Age 5）（2009a），为低龄儿童提供运动建议；另一份是《少儿体育活动：5~12岁儿童体育活动指南》（Physical Activity for Children: A Statement of Guidelines for Children Ages 5-12）（2004b），提供针对小学儿童的运动建议。

从小爱运动

NASPE 的《从小爱运动》针对婴儿、幼儿和学龄前儿童的运动能力和需求向父母、看护人员、教师和育儿管理员提供了指导。因为这些年龄层次的儿童发育程度不同，这份报告详述了每个年龄段的体育活动情况，包括婴儿期、幼儿期和学龄前期。本书以学龄前儿童的指导方案为例。

总方针

任何0~5岁的幼儿都应该每日运动，使他们的动作更敏捷，为身体健康打好基础。

学龄前儿童的指导方案

1. 学龄前儿童每天的结构化体育活动时间累计至少为60分钟。

2. 学龄前儿童每天应参与60分钟到数小时的非结构化体育活动，除睡觉外，每天静坐时间不得多于60分钟。

3. 应鼓励学龄前儿童培养基本运动技能，为今后的运动能力和体育活动打好基础。

4. 为学龄前儿童提供室内和室外活动场所，这些场所应该达到或高于进行大肌肉活动的建议安全标准。

5. 负责学龄前儿童健康的看护人员和家长有责任了解体育活动的重要性，并为儿童提供进行结构化和非结构化的身体活动的机会，从而提升其运动技能。

以上内容转载自 NASPE 2009。

少儿体育活动

NASPE 的《少儿体育活动》是《从小爱运动》的延伸，针对5~12岁的儿童。

1.儿童应在一周中的全部或大部分时间里，每天累计进行至少 60 分钟至数小时适合其年龄的体育活动。这种每日运动应该包括在间歇性活动的大部分时间里进行适度温和的和有强度的体育活动。

2.儿童每天应参加多次体育活动，每次持续 15 分钟或更长时间。

3.儿童每天都应该参加多种适合其年龄的体育活动，以帮助他们达到最佳的身心健康状态、身体素质和运动成绩。

4.不鼓励儿童长时间（即 2 小时以上）不活动，特别是在白天。

以上内容转载自 NASPE 2004。

体育活动的理念

针对教育孩子们长期坚持积极的健康生活方式，我的理念涵盖了以下 5 条简单的指导方针。

1.通过教育，使儿童懂得体育活动和健康饮食对于健康的益处。

2.让所有儿童都能参加体育活动。

3.调动儿童爱动的天性参加体育活动。

4.让良好的健康习惯变得有趣。

5.教育儿童时，不能把他们当成年轻版的成人。

第一，我们应该让儿童懂得体育活动和正确的饮食习惯对于健康的益处。第 2 章将在这方面提供帮助，本书中还有多种活动有助于此目的。

第二，要让所有人都能参与体育活动。每个孩子都有权享受体育活动、玩耍、游戏、舞蹈和运动为他们带来的好处。然而，在现实生活中，残疾儿童和肥胖儿童通常会被忽视，没有获得与其他孩子同等的运动机会。

第三，应该通过调动儿童爱动的天性来强化体育活动。玩耍和活动是所有孩子与生俱来的需求和欲望。

教师和家长应该每天都在积极的非竞争性环境中持续鼓励这种需求。

第四，良好的健康习惯应该是有趣的。与朋友、同学和家人一起进行的运动及就餐都应该在放松、安全和鼓励的环境中进行。当身体处于活跃状态时，不管是在大笑、唱歌、奔跑还是探索，孩子们都应乐在其中。积极的体验会让孩子的活动欲望持续下去。孩子们应该觉得吃饭也是有意思的事情。注重饭菜的色彩和摆盘，让吃饭变成一项家庭活动。

第五，教育儿童要讲究方法，他们不是小大人。很多大人认同的方法和技巧并不适合儿童，比如，执行一个健身时间表或计划，并每周测量进步指标。多年来，我们在教导儿童时，认为他们的运动动机和成人无异。其实，儿童积极运动是因为他们爱玩，需要和同龄人互动，希望提高运动技能，或者需要通过体育活动来表达自己的感受。此外，他们的饮食习惯也与成人不同。比如，学龄儿童白天一般应该每隔 2.5 小时进餐一次，也就是说，他们应该每天吃 5~6 餐，但是每餐的分量都较少。

与健康相关的身体素质

儿童需要多种不同的体育活动。我们应该鼓励儿童自己决定所选择的活动，支持其个人爱好，同时还要确保儿童与健康相关的各项身体素质（见图1.1）均衡发展。这些身体素质包括以下方面。

· 心肺耐力

· 肌适能（肌肉力量和耐力）

· 柔韧性

· 身体成分

心肺耐力

心肺耐力是指在相对长时间内参与中高强度的大肌肉运动的能力。它是心脏、

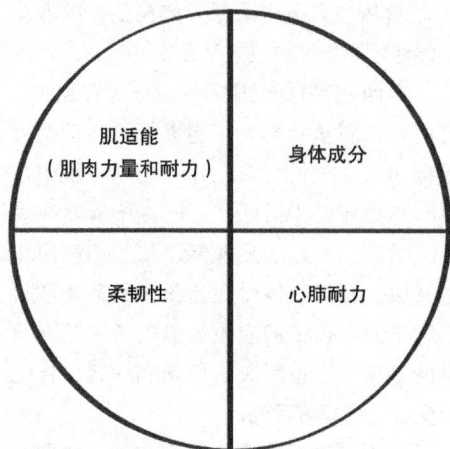

图 1.1　与健康相关的身体素质

血管和肺部输送到各组织的营养物质和氧气的容量，以提供耐力练习所需的能量。慢跑、跳舞和游泳是 3 种较受欢迎的增强心肺耐力的运动。见图 1.2。

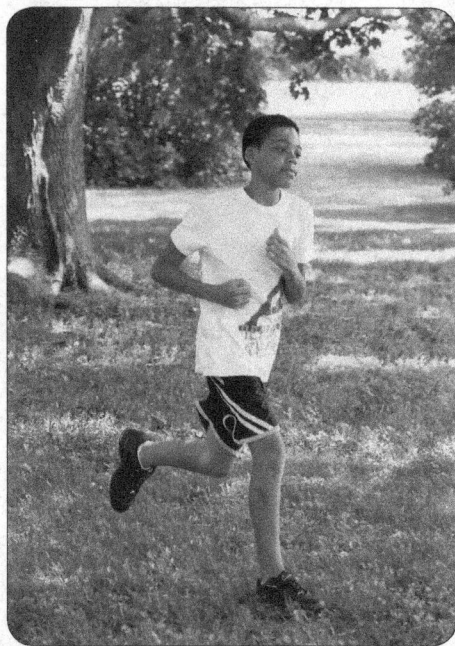

图 1.2　慢跑，增强心肺耐力

肌适能（肌肉力量和耐力）

本书中所使用的现代术语肌适能（Muscle Fitness），表达的是儿童的肌肉力量和肌肉耐力的综合含义。在进行本书中的肌适能练习时，要确保学生使用亚极限水平的阻力和身体支撑活动。见图 1.3 和图 1.4。

图 1.3　(a) 正握引体向上，增强动态力量，(b) 双手互推，增强静态力量

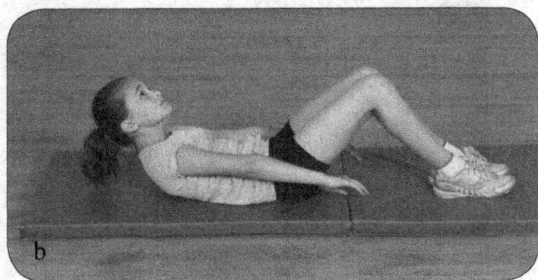

图 1.4　(a) 反复投掷垒球，或 (b) 做卷腹有助于增强肌肉耐力

柔韧性

　　柔韧性指在动作完整范围内自由地移动关节以完成屈曲、伸展、扭转的能力。恰当地拉伸肌肉、韧带和肌腱，可以更好地控制或形成身体姿势，并减轻颈部和背部压力。坐姿腘绳肌拉伸及其他拉伸练习要求有良好的柔韧性，同时又能提高柔韧性。见图 1.5。

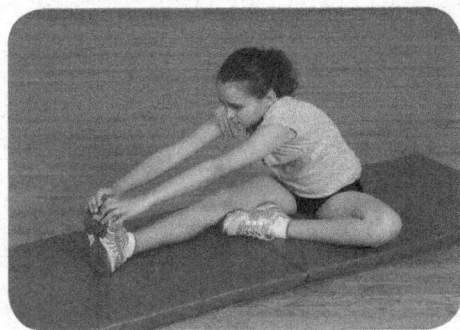

图 1.6　教师用测径器测量肱三头肌皮褶厚度

图 1.5　坐姿腘绳肌拉伸，提高柔韧性

身体成分

　　身体成分是指体脂与身体瘦肉组织的比率。教育儿童体脂过多的危害，以及运动在控制体重方面所起的作用，见图 1.6。在谈到营养的时候，也可以探讨身体成分。

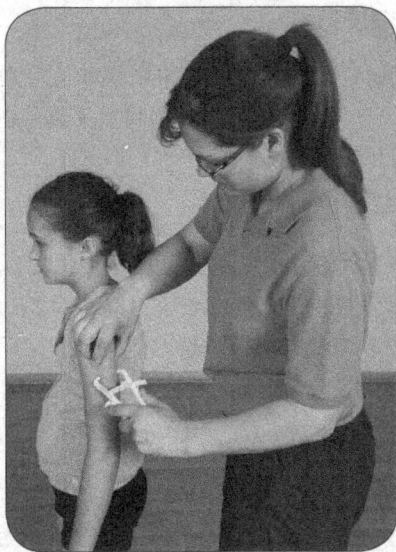

与竞技相关的身体素质

　　与竞技相关的身体素质（有时也称为"与技能相关的身体素质"）包括灵敏、速度、爆发力、平衡能力和协调性。虽然这些身体素质对于保持身体健康并不是必需的，但是，把相关的训练纳入体育课的

范围，让学生能够在比赛、运动和娱乐活动中运用它们，这也很重要。

灵敏

灵敏往往指快速反应，即在空间内移动时快速、准确地改变方向或改变身体姿势的能力。在篮球和足球这类运动中，灵活性是对球员的基本要求。

速度

速度是指在最短时间内完成动作的能力，这种能力是田径、篮球、棒球和足球等竞技类活动或动作中不可或缺的。

爆发力

爆发力是力量与速度的产物。立定跳远、铅球等要求爆发力的项目需要选手在短时间内完成爆发性的动作。

平衡能力

平衡能力指的是在移动或静止状态中，保持平衡和身体姿势的能力。摔跤、体操、平衡木、轮滑、滑雪、滑水等运动对运动员的平衡能力要求很高。

协调性

协调性指的是将多种运动技能整合成流畅、高效的动作模式的能力，这对于大部分竞技类活动都是至关重要的。尽管很多人不相信，但是，在适当的指导下，加上充分的练习，几乎每个人都能培养并提高自己的协调性。击打垒球、投篮、杂技等都需要高度的协调性。

体能教育

体能教育既要倡导一般的体育活动，如遛狗、做运动、骑车等，又要倡导提高与健康相关的身体素质的练习。体能教育还应该包括营养学教育，帮助儿童保持健康的身体成分比例。体育活动与练习相辅相成，应该以有趣且适合其年龄的方式贯穿于儿童校内外的各种活动之中。

体能教育被视为一种全面的多学科教育方法，在优质的体育教学计划中帮助儿童学会有利于长期的积极、健康的生活方式的相关知识、态度、信念和行为。为了让这种方法真正产生效果，学校、家庭和社区必须共同承担帮助学生养成健康的生活习惯的责任。

体育教学计划应该作为对学生生活的其他方面施加影响的基础。它应该均衡这几个方面：一般性体育活动、与健康相关的体能训练、运动技能、学科内容知识，以及个人和社交的发展活动。2004年，美国国家运动与体育教育协会（NASPE）针对优质体育教学设立了以下6条关键标准。

· 标准1：展示出执行多种体育活动所需的运动技能和运动模式的运用能力。

· 标准2：在学习和执行体育课程的过程中要应用运动的概念、原理、策略和战术，并展示出对其的理解。

· 标准3：定期参加体育活动。

· 标准4：达到并保持有益健康的身体素质水平。

· 标准5：在体育运动场所中表现出负责任的、尊重自己和他人的个人行为和社交行为。

· 标准6：重视体育活动，知道运动对于健康、娱乐、挑战、自我表达和/或社交活动的重要性。

以上内容转载自NASPE 2004。

本书阐释了体能教育对小学阶段体育教学计划的补充和提升作用。

优秀体能教育计划的特点

在规划教学计划的体能教育部分时，不妨参考优秀教学计划中的体育教师的以下做法。

· 与任课教师、管理人员、保健服务专业人士、学校食堂工作人员和家长共同策划、交流、合作。

· 选择非竞争性的、适合学生发育水平的体育活动，包括各种有利于整体发育的练习和活动体验。

· 确保每周5天，每天至少60分钟让儿童的身体处于活跃状态。

· 教导儿童选择积极运动的生活方式并终生保持运动习惯，让他们了解这样做的好处。

· 设计出让不同身体条件的孩子都能参与的活动。

· 强调收获，而不是奖励，使用激励措施、正强化和内在价值来激发孩子的兴趣，而不是奖励达到特定身体素质标准的孩子。

· 鼓励儿童为自己的体育活动和身体素质进步承担责任，教育他们如何监测自己的进步，并让他们有机会做出与自己的健康和身体素质目标有关的决定。

· 健身活动要有趣味，让儿童在安全、得到鼓励的环境中与朋友、家人一起，或独自一人时都能够享受健身活动。

· 让体能教育贯穿整个学年，并融入其他学科的课程中。

· 在健身活动教学中要使用多种教学策略，要认识到，孩子对自己身体的了解将会对其体育活动价值观产生持久的影响。

· 做出表率，示范积极的体育活动行为，记住，行动胜于雄辩。

如何涵盖优质体能教育计划中每一个重要的方面？我会在本书中给出提示和建议。

体育教学改革

重要的是，要为孩子提供均衡的课程，其中包括动作教育、运动技能、节奏、舞蹈、摔跤、有利于发育的游戏、运动项目教育和体能教育。每个组成部分对于发展积极、健康的生活方式都至关重要。目前关于儿童肥胖和运动不足的研究导致体育教师已经转变课程模式，从原来注重技能和运动项目的课程，转变为更加强调体育活动级别、与健康相关的体能训练，以及个人和社交技能的课程，以鼓励学生养成有利于长期的积极、健康生活方式的行为习惯（见图1.7）。

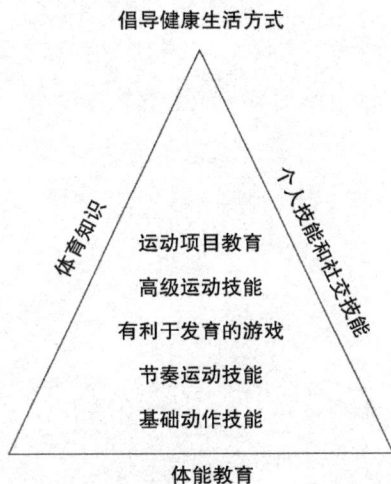

图 1.7 均衡的小学体育课程设计

不断提醒孩子们，学习运动技能和参加运动的总体目的就是要保持身体活跃，培养终身受益的技能，并快乐地与朋友们玩耍，而不是竞争或获取奖励。参与体育教学改革并不需要抛弃现有的计划，只需要改变侧重点，以满足不断变化的社会需求。

小结

现在应该是修改传统的小学体育课程，在学生中倡导长期积极的、健康生活方式的时候了。儿童肥胖症已成为一种流行病，必须采取严肃的行动来遏制全世界儿童健康每况愈下的趋势。

体育活动对于帮助控制体重和对抗多种影响成人健康的严重疾病都发挥着重要作用。将体能教育融入课程中。在侧重于与健康相关的体能训练的同时，通过有趣的、有利于身体发育的方法，提高学生的体育活动水平。在高品质、均衡的体育教学计划中，教导健康生活方式的理念。

教师本身的态度、行动和指引将让学生明白，体育教学的目的不是为未来的体育竞赛培养精英运动员，而是为一生的健康和快乐培养积极的体育活动态度、信念和行为。

你无须独自承担这个重任。你可以建立一个团队，制订一个全面的学校健康计划，让家庭、学校和社区都参与其中。

第 2 章

体能教育的团队干预方法

> 有人问两位石匠正在做什么。第一个说："我正在把这块大石头切成小块。"
>
> 第二个回答说："我们这个团队正在建造一座大教堂。"
>
> ——佚名

在5~12岁的美国儿童中，超过97%入读私立或公立小学。这为学校创造了绝佳的机会，使学校成为扭转儿童健康水平下降趋势的主要场所。不幸的是，许多孩子在学校没有得到足够的体育教学，无法促成明显的变化。

在小学级别，儿童平均每周有两节体育课，每节课大约30~40分钟。对于培养儿童形成长期的积极健康行为来说，时间显然是不够的。根据美国国家运动与体育教育协会（NASPE 2003）的建议，小学生每周的高质量体育课程的时间应累计至少150分钟，中年级学生和高年级学生则应每周累计225分钟的体育课程。

根据疾病控制和预防中心 [Center for Disease Control and Prevention, CDC（2006）] 的《学校健康政策和方案研究》（*School Health Policies and Programs Study*，SHPPS）的统计，只有3.8%的小学、7.9%的中学和2.1%的高中报告达到了NASPE建议的最低体育课时长。在进行这项研究的时候，美国只有两个州（路易斯安那州和新泽西州）达到了NASPE针对小学生所建议的时间要求，即每周150分钟体育课。该研究还表明，43.6%的小学提供定期的体育课，并且超过57.1%的小学每天都安排课间休息时间。

NASPE（2003）认为，从学前到12年级的每个学生都应该有机会参加高质量的体育课程。以下4个部分构成了高质量的体育课程。

- 学习机会
- 有意义的内容
- 适当的指引
- 对学生和课程的评估

高质量的课程对于制订体育活动的以下主要目标来说非常重要：

- 与健康相关的身体素质
- 身体能力
- 认知理解
- 对体育活动的积极态度

NASPE认为，这些目标将促进学生形成积极的生活方式。

混乱的信息

高质量的体育课程可能不足以扭转决策者的心态。多年来，父母、管理员和教师们在关于体育活动及其教育的价值和重要性方面，在向孩子们灌输着混乱的信息。试想一下我们的孩子所收到的以下信息。

· 体育不是主科，每周只有两三天会上体育课。

· 课堂教师通常只允许学生在完成课堂作业后才能参加体育课。

· 教师有时会因为学生在课堂上的不当行为而取消体育课。

· 体育教师通常只安排健身活动，而不会帮助学生了解这些活动的内容、价值或对其健康的重要性。

· 许多管理人员和教师认为体育课是一种让孩子们发泄多余的精力或课间休息的方式。

· 教师和父母经常给孩子们吃富含脂肪、糖分和钠的零食。

· 体育教师可能在安排体育活动时没有考虑到学生的个人差异（例如，让所有人都跑 1 英里，约 1.6 千米）。

· 用于体育活动所需的器材、场地或其他教职员工的经费有限。

· 学校和组织的筹款活动通常包括售卖糖果、饼干或纸杯蛋糕。

· 学校午餐中的食物一般会包括大量的脂肪、钠和糖分。

作为体育教师，你的目标是要处理这些混乱的信息，并帮助在你的学校或学区中建立新的指引和政策。为了实现这一目标，你可以为自己的学校制订一个多学科的学校健康计划。

多学科的团队干预方法

在学校内培养积极的健康行为，这个责任不应完全由体育教师承担。为了实现目标，要开始采用多学科的团队方法，争取家长、专业人士，以及学校和当地社区

资源的帮助。例如，益心计划（Heart Smart Program）是为路易斯安那州新奥尔良的学龄儿童开发的心血管健康和身体活动的综合模型 [唐尼（Downey）等人，1987]。该模型修改现有的教育模块，并以它们为构建基础，如学校健康评估、课堂课程、学校午餐计划、学校卫生服务、家长和社区的参与，以及全校活动。它包括一个名为 Super Kids–Super Fit 的体能教育模块，并将该模块整合到传统的体育课程中 [维吉尔（Virgilio）和贝伦森（Berenson），1988]。这个模型方法由美国国立卫生研究院（National Institute of Health，NIH）资助，并作为许多计划和全国性文件的出发点。

1997 年，美国卫生与公众服务部（U.S. Department of Health and Human Services，USDHHS）和疾病控制和预防中心（CDC）出版了《促进青少年终生参与体育活动的学校和社区计划指南》（*Guidelines for School and Community Programs to Promote Lifelong Physical Activity Among Young People*）。该文件的主旨是让家庭、学校和社区合力解决儿童和青少年的健康问题。该指南包括以下 10 条建议。

1. 政策：制定促进儿童终身参加体育活动的政策。

2. 环境：提供可实现安全且愉快的体育活动的物理环境和社会环境。

3. 体育课程：实施以体育活动为重点的课程，并帮助学生积累知识，培养态度、运动技能、行为技能和信心，从而选择积极健康的生活方式。

4. 健康教育：实施以健康教育为重点的课程，并帮助学生积累知识，培养态度、行为技能和信心，从而采取并保持积极健康的生活方式。

5. 课外活动：提供满足所有学生需求的课外活动。

6.家长参与：让父母和监护人参与体育活动教学和课外活动，并鼓励他们支持自己的孩子参加活动。

7.工作人员训练：向学校和社区的工作人员提供教育，以有效地促进青少年终生坚持体育活动。

8.健康服务：评估青少年的体育活动模式，向他们提供体育活动的相关建议，并介绍他们参加适当的运动计划和服务机构。

9.社区计划：提供一系列适合发育水平且对青少年有吸引力的社区体育运动计划。

10.评估：定期评估学校和社区的体育活动指引、课程和设施。

以上内容摘自 USDHHS/CDC。

2004 年，美国国会认识到，在促进学生健康、预防肥胖，以及解决与营养不良和久坐生活方式有关的问题方面，学校发挥着关键作用。国会针对儿童的健康问题，通过了《2004 年儿童营养和妇幼（WIC）重新授权法案》（*Child Nutrition and Women, Infants and Children (WIC) Reauthorization Act of 2004*）和 PL-108-265 的立法。该法案要求学校在 2006 学年之前制定健康政策。该立法针对在地方级别制定的健康政策有相应的控制规定，包括以下内容。

·营养教育、体育活动和其他学校活动的目标

·营养指南

·学校有偿膳食的指南

·用于评价地方健康政策的实施情况的计划

·社区参与

这项立法导致学校更加重视儿童健康状况，并开始采纳具体的策略来帮助调整学校体系内的饮食和体育活动水平。

综合性学校体育活动计划

为了满足每天 60 分钟体育活动的最低要求，NASPE（2008）发布了一份文件，其中包括对实施综合性学校体育活动计划（CSPAP）的指导方针和建议。该计划包括于在校时间内增加体育活动时间的多种方法。增加运动的机会并不是为了取代体育课程，而是为了补充所需的时间，以达到每天进行至少 60 分钟的体育活动。NASPE 已经批准将课间进行体育活动作为增加体育活动时间的一个策略。在小学级别，NASPE 的立场是，所有儿童在课间应至少休息 20 分钟，以便有充分的机会进行一般的体育活动。

2009 年，NASPE 支持在课堂上引入"儿童健身"（Kid Fitness）休息时间。这种校内方法是从电视节目《儿童健身》（*Kid Fitness*）的角色发展而来的，该电视节目在美国和波多黎各的 28 个公共电视台（PBS）上播出。"儿童健身"校内体育活动休息时间得到了"联合之路"（United Way）的认可和资金支持，目前在美国的 1 万多间教室中使用。"儿童健身"计划提供一个工具包，其他包括教学材料、主题材料整合（阅读、语言艺术、科学）、闪存卡、健身活动的 DVD 和 CD，以及供老师在操场上使用的辅助游戏和活动小册子。体育教师作为合作伙伴，帮助课堂教师在整个学年中开展体育活动。

为了制订综合性学校体育活动计划（CSPAP），学校应该采取以下 4 个步骤。

1.组建一个 CSPAP 委员会，以监督体育活动机会，并制定政策和规程。

2.评估当前的机会、需求和障碍等。

3.创建一个活动计划，覆盖以下每一个组成部分的领域。

·高质量的体育教学

·上学前的策略

- 放学后的策略
- 员工个人健康
- 学校员工的健康和参与 CSPAP 的情况
- 家庭和社区的参与
- 融入课堂的体育活动
- 体育活动休息时间
- 课间休息
- 校内运动
- 步行和骑自行车上学的计划

4. 实施计划。

制订 CSPAP 的关键因素是要指定一名教师（最好是体育教师）担任体育活动主任。主任承担执行计划的责任，并推动上述每个组成部分的实现。

让我们动起来，在学校里动起来

2010 年，米歇尔·奥巴马（Michelle Obama）就对抗儿童肥胖症宣布了一个雄心勃勃的全国性目标活动：让我们动起来（Let's Move）。这项活动采用全面的方法来动员公共部门和私营机构，并包括针对导致儿童肥胖的各种因素的策略。"让我们动起来"聚集了来自政府、医学、科学、商业、教育、运动和社区组织的领导者，提供各种策略，帮助孩子们在校内外都更积极地进行运动，养成更好的饮食习惯，并培养出更健康的生活方式。

为了支持米歇尔·奥巴马的目标，NASPE 推出了"让我们在学校里动起来（Let's Move in School）"的计划。这项计划敦促家长、学校管理人员、决策者和有关的市民采取行动，帮助学校实施综合性学校体育活动计划的主要组成部分。

"让我们在学校里动起来"提供了一些工具，可以支持体育教学和增加体育活动的机会。它还提供资金源，表彰优秀体育教师和体育计划，并提供有关联邦、州和地方政策

的信息。为家长和管理人员设计的手册《活跃的孩子和学业成绩：校内体育教学和体育活动的积极影响》（*Active Kids and Academic Performance: The Positive Impact of School-Based Physical Education and Physical Activity*）中，详细说明了日常体育活动的重要性。

学校健康计划

明白了吗？团队干预方法似乎是解决儿童肥胖问题的最佳方法。但正如我所说，你无法独自完成它。只有当主要利益相关方在统一主题下按有组织的方式汇集在一起时，才会形成综合性学校健康计划的组成部分。例如，某学校使用"儿童健康的现状和未来（The Health of Children—Now and Tomorrow）"这一主题。主题可以为学校提供更清晰的方向。

本书将帮助你在需要协调配合的学校健康计划中成为善于与团队合作的成员。记住，体育教学和体育活动是整体计划中的重要组成部分，但其他因素也需要关注。我们来简单看看学校健康计划的几个关键组成部分（见图2.1）。

图 2.1 学校健康计划的组成部分

- 健康委员会
- 健康评估
- 课堂课程
- 学校午餐和餐饮服务
- 学校健康服务
- 高质量的体育教学
- 学校体育活动计划
- 工作人员培训
- 家长和社区的参与

健康委员会

综合性健康计划的第一步是成立健康委员会。委员会应由来自各种专业和背景领域的人员组成。在学年中若出现行政问题或疑虑时，管理人员（如校长或副校长）应向委员会提供指导。委员会可能包括以下人员。

- 健康教师和体育教师
- 学校护士
- 学校心理学家或辅导员
- 父母或监护人
- 学校餐饮服务人员
- 健康与体育总监
- 课堂教师（小学和中学）
- 社区成员
- 外部的健康专业人士（大学教授、医生、物理治疗师、专业护士）
- 学校体育活动主任

这个联盟可以作为一股强大的力量，帮助建立新的政策，并在家庭、学校和社区的整体环境中产生令人振奋的变化。

健康评估

综合健康和身体素质筛查是全校范围的责任，但是如何执行全面的筛查计划？同样要使用团队方法，并在学校建立一个全校范围的健康委员会，包括教师、家长、医疗保健专业人员、大学教师和社区成员。

你可以寻求当地医学院校、大学或健康研究所的志愿专业人员或学生的帮助，为学校的儿童建立健康评估基线。团队可以选择测量身高、体重、血压、视力、听力、身体姿势、胆固醇、与健康相关的身体素质，以及体育活动行为。

你甚至可以识别有心脏病危险或其他健康问题的儿童。如果你缺乏支持，那么每年只筛查三年级和五年级的学生，并通过建立保存在数据磁盘上的健康档案或文件来监测他们的进展情况。

课堂课程

寻求课堂教师的帮助。首先，通过以下工作来告知他们体育活动和适当营养的好处。

- 分发有关运动和综合健康的小册子及文章。
- 在教师会议上安排客座演讲者。
- 建立一间学校工作人员健康室，里面提供 DVD、健身器材、饮水机、食谱、阅读材料和杂志。
- 每周有一两天在放学后为工作人员开一个运动班。

其次，向任课教师提供一些关于新的、有创意的活动的思路。向他们展示如何将与健康相关的身体素质和营养融入其他学科领域，如数学、科学和阅读。此外，帮助创建专题单元，让学生通过这些单元来学习专题的各个方面。例如，从身体素质角度去介绍心血管健康，同时学生在科学课上学习心血管系统的知识（有关与教师合作的更多信息，请参阅第 9 章）。

最后，帮助教师把体育活动休息引入校内学习和日常活动中。可使用已发布的计划，如"儿童健身"（更多信息请参见第 15 页），或设计自己的体育活动休息计划。在体育教学中实践这些体育活动休息计划，以便学生了解日常执行程序和正确的活动练习方法。

学校午餐和餐饮服务

学校午餐计划和学校派对为孩子们提供机会去实践做出健康的选择。为了改善在学校提供的饭菜，成立一个健康计划的小组委员会，包括家长志愿者、学校护士、课堂老师、学校午餐工作人员、顾问（如大学教授）和你自己。

委员会应针对在学校内和学校活动期间制作及分配食物制定学校政策。要明确提出问题，我们如何在学校午餐中减少脂肪、钠和糖分？此外，在餐单上提供有益心脏的选择并做好标记，让孩子们可以自己决定食物的选择。对家长进行教育，让他们了解健康饮食的重要性，以及学校如何帮助孩子养成良好的饮食习惯。鼓励家长和课堂教师，以确保所有各方都提供了有益心脏的明智选择，如酸奶冰激凌、水果、瓶装水和搭配低脂酱汁的蔬菜。

学校健康服务

让学校护士、辅导员和心理学家等专业人士成为你的盟友。作为医学界的代表，学校护士可以增加预防概念的可信度。辅导员或心理学家可以介绍一些有助于改变对待健康的态度的技术，从而帮助你了解人类行为。

高质量的体育教学

体育教学是多学科健康方法的关键组成部分。计划为期一年的课程，向学生传授有助于促进积极健康的生活方式的知识、技能和行为。将与健康相关的身体素质概念和活动集成到每一节课中，以不断提醒学生需要体育活动，以及因此而带来的许多健康益处（参见第 4 章）。

学校体育活动计划

学校应指定一名体育活动主任。记住，创造额外的体育活动机会并不等于体育教学，也不能代替体育课。体育活动主任的主要责任是确保所有儿童在上学期间或在上学前和放学后的活动中至少有 60 分钟的体育活动。

NASPE 支持在 CSPAP 中使用这种方法。

工作人员培训

工作人员培训应针对校园内的所有人员，主要包括工作人员教育和工作人员健康。

在工作人员教育方面，尝试通过简讯、博客、研讨会、嘉宾演讲等方式，向学校的所有工作人员介绍积极健康的生活方式的好处。还可以教导他们使用在整体健康方法中可能会用到的教学材料、课程和学习活动。

工作人员健康针对的是小学校园内所有人的个人健康状况。向工作人员介绍如何监测其饮食和体育活动行为。学校也可以在上学前或在放学后立即提供特殊的运动课程。将教师休息室重新设计为健康室。这项工作将帮助工作人员对健康的重要性达成共识。

家长和社区的参与

作为儿童生活中最重要的方面，家庭必须参与教学和建模，并促进健康的生活方式。你可以通过简讯、研讨会、PTA 示范和健康展会来教育家长和社区，从而获得他们的支持；让他们作为志愿者、教师助理和委员会成员；让他们参与家中的活动，如家庭运动、家庭作业辅导和家庭合约计划（参见第 10 章）。

与健康相关的身体素质测试

多年来，体育教师们将身体素质测试本身视为目的，目标仅仅是增加孩子在一分钟内可以做的仰卧起坐或俯卧撑的次数。

许多教师在测试前后使用的典型测量指标可能会在学年结束时显示出有明显的进步，但研究人员相信，这些进步的很大一部分可归因于遗传学和儿童的身体成长发育 [布沙尔（Bouchard）、谢泊德（Shephard）、史蒂芬斯（Stephens）、萨顿（Sutton）和麦克弗森（McPherson），1990]。不幸的是，当你强调身体素质测试时，孩子们得到的信息是，他们只有在为了获得奖励或与同学比赛时才需要运动。

相比之下，高质量的体能教育计划强调教育、预防和干预，与健康相关的身体素质测试在其中发挥着微小但有价值的作用。我鼓励你使用身体素质测试来帮助孩子们监测自己的进步和规划个人目标。此外，还可以使用身体的数据来帮助学生提高他们在与健康相关的身体素质的各个组成部分中的表现（维尔吉利奥，1996）。高质量的体能教育计划除了标准化的身体素质测试结果外，还包括真实的评估，以评估每个学生的进步。学生的参与、努力、知识和个人感觉也可以作为评估进步的指标。

在计划如何将身体素质测试包含在体育课程中时，请参阅以下指南。

1. 测试的目的。了解为什么要进行测试。主要目标是什么？将要如何使用数据？

2. 在测试中的教学。在执行评估的每个组成部分时都要与健康相关的身体素质概念关联起来。例如，教孩子进行仰卧起坐对健康的益处：更强的腹肌可以保护内部器官，减少腰背部受到的压力，并增强核心稳定性和肌肉耐力。

3. 关注个人进步。基于学生的个人目标和进步来设定标准，而不是采用现成的国家测试标准。以健康的身体素质为目标。

4. 创造一个人文环境。尽可能保持测试的隐私性和保密性。不要宣布或张贴班级的身体素质分数，也不要让学生感觉尴尬。例如，永远不要让全班 25 名学生一起围观每一个学生的柔韧性测试过程。

5. 限制测试时间。如果在秋季和春季各花 6 个课时去执行测试，就会浪费太多的课时！如有必要，减少身体素质测试的项目数量，或向校长申请额外的课时去完成评估。

6. 让学生有时间准备测试。提供练习课和时间来练习实际的测试项目。还要教育安全预防措施和锻炼的基本原则。

7. 允许学生自己执行测试。监测自己的进步并承担个人发展的责任，这将有助于他们培养长期的价值观。

8. 沟通测试结果。帮助学生解读其身体素质得分的意义。将测试的理念和结果告诉家长。考虑使用计算机辅助的报告卡系统，如 Fitnessgram 或 Activitygram [库珀研究所（Cooper Institute），2010]。

9. 提供反馈。与学生分享测试结果后，向他们提供策略、活动和具体的练习建议，以帮助他们取得进步。例如，某学生的柔韧性测试只得了 20 分，可向他建议一套拉伸练习，在家里和学校都要每天执行。

10. 对努力和成就进行奖励。确保所有学生都能达到目标。对于那些分数有所提高、完成了计划或是体现出更高水平的体育活动能力的孩子，应该单独承认并表扬其努力。我们都需要鼓励和支持，并且当它们来自老师时，就会有强大的力量！

青少年身体素质测试

让我们来看一看几个常见的身体素质测试项目。使用得最广泛的青少年身体素质测试是 Fitnessgram 和 Activitygram（库珀研究所，2010）。

Fitnessgram

Fitnessgram 是一个针对青少年的综合

身体素质评估项目。它包括与健康相关的身体素质测量，例如心肺适应能力、肌肉力量、肌肉耐力、柔韧性和身体成分。每个与健康相关的身体素质组成部分的测试标准都以标准参考为基础。

我们来看看 Fitnessgram 中包含的几个身体素质评估内容。

·心肺耐力：1英里跑和进阶性有氧心血管耐力跑（PACER）

·身体成分：肱三头肌和小腿的皮褶测量，以确定身体脂肪的百分比

·肌肉力量和肌肉耐力：俯卧撑、仰卧起坐和引体向上测试

·柔韧性：直背坐位体前屈和肩部拉伸触碰

阅读这一部分时，请考虑要在课程表中包含哪些测试。请记住，在高质量的体能教育计划中，测量身体素质组成部分只是整体评估方法中的一个方面。

心肺耐力

本节中讨论的两个基本测试将测量心肺耐力或有氧能力。1英里跑通常在室外进行，跑步的路线经过仔细的测量；PACER 可以在室内或室外的平坦硬地上进行。

1英里跑 让学生尽可能快地跑1英里。如果学生不能跑完这个距离，允许他们步行或慢跑。不要对幼儿园至三年级的学生进行计时。

除了执行时间之外，还必须在软件中输入每个学生的身高和体重。这样做可以让软件程序用每个学生的身体质量指数（BMI）计算出其有氧能力的指标最大摄氧量（VO_2max）。计算有氧能力需要1英里跑时间少于13:01。

器材：1英里的跑道，1个秒表（教师用于计时），每个学生一张记分卡和一支铅笔。

PACER PACER（进阶性有氧耐力跑，Progressive Aerobic Cardiovascular Endurance Run）是 Fitnessgram 中的多阶段有氧能力身体素质测验。学生以逐渐加快的指定速度在相距20米的两条线之间往返跑（对于较小的健身房场地，采用15米往返跑测试）。测试的早期阶段充当热身阶段。学生在健身房中跑到对面的线，并尝试在 CD 发出哔哔声之前用一只脚触线。在发出哔哔声时，学生转身并跑回起跑线。在哔哔声之前没有到达对面的线的学生应立即转身并尝试回到起跑线。如果他们在听到哔哔声时未能到达对面的线，则视为不及格。

学生以这种方式继续，直到第二次无法在哔哔声之前到达对面的线。用完成的往返次数和学生的 BMI 值来计算结果。必须在软件程序中输入每个学生的身高和体重。研究表明，身材的差异能够影响氧气摄取量，并且有氧能力的测量通常采用相对于体重表示的指标。新标准按以下三个区域进行分类。

（1）健康身体素质区域，（2）需要改善的健康低风险区域，（3）需要改善的高风险区域。最低的身体素质区域是对青少年和父母的适当警告，这种水平的身体素质会增加多种健康风险。

幼儿园到三年级区间的儿童应该经历测试并练习其跑步技能，但不应该计分。允许他们以自己的节奏跑步，并努力在哔哔声之前到达终点线，将这个测试作为一种有趣的慢跑类型的活动。

器材：PACER CD；安全且平坦的防滑地面（至少15或20米长）、卷尺、标记锥、铅笔、记分卡

身体成分

皮褶测量是一种简单但可靠的身体成分测量方法。要完成这个评估，你需要皮褶卡尺，以及一些训练和练习。

测量肱三头肌和小腿的皮肤褶皱可以确定身体脂肪的百分比。推荐这些部位是

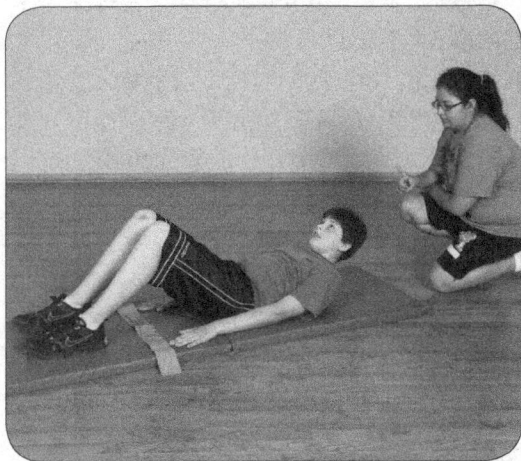

图 2.2　卷腹是测量腹部力量和耐力的好方法

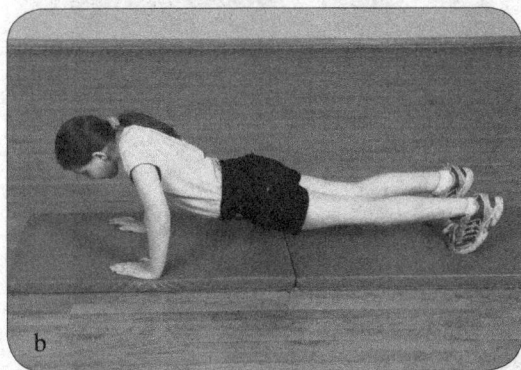

图 2.3　俯卧撑是测量上半身力量的好方法：(a) 起始姿势；(b) 低位姿势

因为它们容易测量，并且与总体脂肪相关度非常高。在右臂背面，肘部和肩胛骨的肩峰突之间的肱三头肌中部测量肱三头肌皮褶。在右腿最大围长处的内侧测量小腿皮褶。另一项评估是 BMI，它包括儿童的体重身高比。该评估不考虑身体脂肪的百分比，这是更有用的身体成分指标。此外，便携式生物电阻抗分析仪（BIA）现在可用于身体成分分析，并且在体育课中可能比皮褶卡尺更容易使用，且侵犯性更低。

器材：皮褶卡尺，每个学生一张记分卡和一支铅笔。

腹部力量和耐力

学生执行卷腹练习的能力是一个很好的测定腹部力量和耐力的指标。

让学生以每分钟大约 20 次仰卧起坐（最多 75 次）的指定速度完成尽可能多次的卷腹练习。学生在坐起来的过程中，手指慢慢地滑过放在膝盖下的垫子上的测量条。当指尖到达测量条的另一侧时，学生重新躺下。将一张纸放在头部下方的垫子上，当纸出现折痕时，就知道学生已经完全躺下了。将学生配对分组。将测量条牢固地贴在垫子上。一个学生执行卷腹练习，另一个学生计数和记录失败次数。测试在第二次失败时结束。见图 2.2。

器材：健身垫，每个学生一张记分卡和一支铅笔，每两个学生一张纸板测量条 [30×4.5 英寸（76.2 厘米 ×11.4 厘米），5~9 岁的儿童使用 3 英寸宽（7.6 厘米）的测量条]。

上半身力量

从以下三个测试中选择一个用于评估上半身力量，选择让学生可能获得最大成功的测试。

俯卧撑测试　让学生完成尽可能多次俯卧撑（肘部弯曲 90 度），保持最少每分钟20次俯卧撑的速度，最快是达到先前记录过的节奏（见图2.3，a和b）。

　　器材：控制节奏的CD，CD播放器（现在有的手机APP也可以），每个学生一张记分卡和一支铅笔。

　　引体向上测试　让学生完成尽可能多次的引体向上（此测试仅适用于至少可完成一次引体向上的学生）。

　　器材：水平的单杠，其高度应保持在当学生伸直双臂吊在单杠上时，双脚可离地，每个学生一张记分卡和一支铅笔。

　　曲臂悬挂测试　让学生的下巴保持在单杠上方尽可能长的时间。

　　器材：水平的单杠，其高度应保持在当学生伸直双臂吊在单杠上时，双脚可离地，每个学生一张记分卡和一支铅笔。

柔韧性

　　使用以下两个测试中的一个或两个来测量柔韧性。记住，柔韧性是特定于关节的，所以尝试在测试程序中使用两个评估。

　　直背坐位体前屈　让学生坐在地上，首先用身体右侧向前伸出最大距离，然后左侧重复（见图2.4）。学生每次只伸展身体的其中一侧，可以避免过度伸展。以英寸或厘米为单位，记录每侧的数字，最低分为1/2英寸（或1.2厘米），最高分为12英寸（30.5厘米），以防止关节过度活动综合征。

　　器材：准备几个用于测试直背坐位体前屈的箱子供全班使用，每个学生一张记分卡和一支铅笔。如果使用你自己设计的箱子，一定要使用坚固的箱子，高度为大约12英寸（30厘米）。将一个量尺放在盒子的顶部，在靠近盒子边缘的地方均匀地做好9英寸（23厘米）标记。量尺刻度为零的那一端最接近学生。

　　肩部拉伸触碰　让学生尝试在自己背后让双手的指尖彼此触碰，要求一只手从肩膀上方向下伸，另一只手从肘部下方向上伸。为了测试左肩，学生的左手从左肩上方并向背部伸过去，好像拉起拉链一样。同时，他们把右手在背后向上伸，试图摸到左手的手指。可以摸到指尖的学生通过测试。然后双手位置互换，以测试右肩（见图2.5）。若在左右两侧均可以摸到手指，则达到健康身体素质区域。

Activitygram

　　Activitygram是对一般体育活动水平的具体三天记录。该评估让孩子对自己的体育活动习惯有一个全面的理解，并教他们如何

图2.4　直背坐位体前屈可以测量下半身的柔韧性，主要是腘绳肌的柔韧性

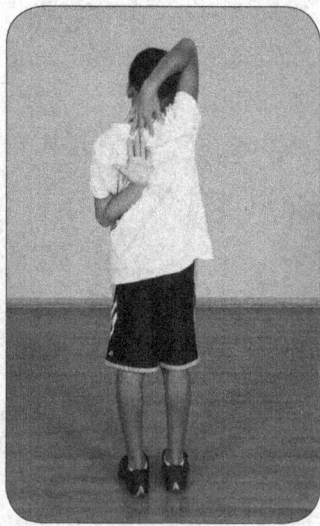

图2.5　肩部拉伸是肩膀的柔韧性测试

在日常生活中包括体育活动。它提供的数据包括每个学生的一般体育活动的类型、强度和估计持续时间。活动被划分为生活方式活动、有氧活动、有氧运动、肌肉活动、柔韧性活动和休息。学生将数据输入软件，并对其强度（轻度、中度、剧烈）和持续时间（部分时间或所有时间）进行评级。

你可以自己编制简单易用的活动日志表，见附录的示例。让学生自己报告他们的日常体育活动行为，这将是一个很好的开始。

真实评估

如果标准化测试只是完整评估方法的一部分，如何可以确保有足够的数据来正确地指导学生并修改未来的课程？真实评估要求教师和学生参与持续的评估过程，包括自我评估。你必须提供反馈并采用适当的表格或检查清单来跟踪学生的进步，从而让学生感觉到你与他们同样积极地参与这件事。简单来说，更好地了解学生的表现，就能够更好地进行计划指导，帮助他们取得进步。

真实评估是一种非正式的方法，用于收集和解释有关学生的感觉、态度、知识、体育活动水平、好恶、个人目标、个人选择，以及与健康相关的身体素质水平的有用信息。理想情况下，学生要学会将评估作为有助于提高其个人身体素质水平的一项现实而有意义的任务，从而让他们在教师的指导下制订并保持自己的体育活动计划。

让学生使用积极生活方式个人档案（参见附录中的示例）来帮助他们收集、安排和分析整个学年的体育活动进度。这些档案是单独的小册子，用于帮助学生及其教师了解与健康相关的身体素质的影响因素。你也可以选择让学生使用其档案来记录他们对体育活动的态度、感觉和意见。你可能希望在学生档案中还包括真实评估的其他样本，例如学生使用的检查清单（参见第 6 章）、家庭健身合约（参见第 10 章）和营养记录（见附录）。学生应该将他们的积极生活方式档案保存在教室中，并在整个学年中利用它们来帮助将各种学习体验融入课堂和体育课中（参见第 9 章）。

小结

小学环境对于在我们的学生中建立健康的生活方式非常理想。为了实现这个雄心勃勃的目标，要建立多学科的团队努力来提高学校内的健康水平。要支持课堂教师、午餐室工作人员、学校护士、特殊服务教师、管理人员、家长和社区来帮助儿童培养健康的态度和行为，帮助他们实现健康目标。评估应该对儿童健康状况有更广阔的视野。此外，与健康相关的身体素质测试应有助于提供更个性化的方法，去帮助儿童达到身体的最佳状态。

第 3 章

行为改变和激励策略

正是锻炼本身在支持精神，并保持心灵的活力。
——马尔库斯·图留斯·西塞罗（Marcus Tullius Cicero）

如果孩子本来就喜欢到处乱跑并享受活跃的游戏，为什么他们会变得如此不健康？为什么孩子们体重越来越重，体育活动水平越来越低？

这个问题的一个答案可能是，我们的体育课中需要有一个行为改变计划和新的激励策略。传统的体育课程包括许多与身体素质相关的活动，例如障碍跑、活动性游戏、慢跑、运动和有氧舞蹈，以增加活动量。许多教师通过这些活动来满足特定班级的短期需求、运动目的或身体素质测试，而不关注长期的行为变化。

即使是现在，大多数老师也不会在其课程中融入一些行为技能去帮助儿童重视终身参与体育活动的价值。换句话说，你必须激励学生保持对身体健康的兴趣，这样他们才会欣然接受，将体育活动作为一种生活方式。将世界上所有适合发育水平的健身活动都执行一次并不会向儿童成功灌输积极的长期生活习惯（见图 3.1）。

图 3.1　行为计划：缺失的一环

通向青少年健康和积极生活方式的彩虹桥

为了这本书，我建立了"通向青少年健康和积极生活方式的彩虹桥（Rainbow to Youth Fitness and Active Lifestyles）"（见图 3.2）。针对在儿童中建立健康的体育活动模式，这个模型结合了适合发育水平的阶段序列——从健身的乐趣、儿童的第一阶段，到最后的阶段，即积极的生活方式。

孩子们从依赖你提供健身乐趣转变为形成独立的积极生活方式，这种自然的变化会在一夜之间发生吗？当然不会，但是，通过逐渐增加让学生自己选择并监督自己的机会，可以帮助他们达到在彩虹末端的目标：积极、健康的生活方式。当你努力塑造积极的健康行为时，请使用"通向青少年健康和积极生活方式的彩虹桥"来指导你的规划。

健身乐趣

小孩子天生就很活跃。他们喜欢玩，并通过运动来表达自己。可以利用这一点来提高健身的乐趣。请记住，如果孩子认为运动是有趣且愉快的，他们会一遍又一遍地重复。在这个阶段，若孩子认为运动环境安全、有鼓励性、有互动性，并且令人愉快，他就会对各种体育活动产生积极的态度。

实践

儿童天生就是习惯的生物。要培养积极的体育活动习惯，就要让孩子每天参加体育活动。尽量创造一个为孩子提供频繁体育活动机会的学校环境。课间休息、自由活动、上学前和放学后的体育活动计划、校内体育活动和健身休息都是孩子每天积累至少60分钟体育活动的好机会。鼓励家长与子女一起积极活动，并尝试在公园和娱乐中心推广社区的运动机会，以增加校外体育活动。但是，即使充足的体育活动可以满足你的计划目标，也不要止步于这个阶段。若儿童仅仅参与体育活动而没有足够的知识和支持，就不会形成持久的价值观或行为。

知识

知识是教育儿童长期重视体育活动和健康生活方式的关键。儿童需要理解他们为什么要锻炼，以及如何正确地执行活动。若他们明白身体为什么以及如何响应锻炼，他们参与体育活动的可能性会更高。

在小学体育教学中应纳入一系列有计划的与健康相关的健身概念。与课堂教师、家长和特殊服务专业人员（如学校护士、午餐主任或辅导员）合作，在健身房外强化这些概念。

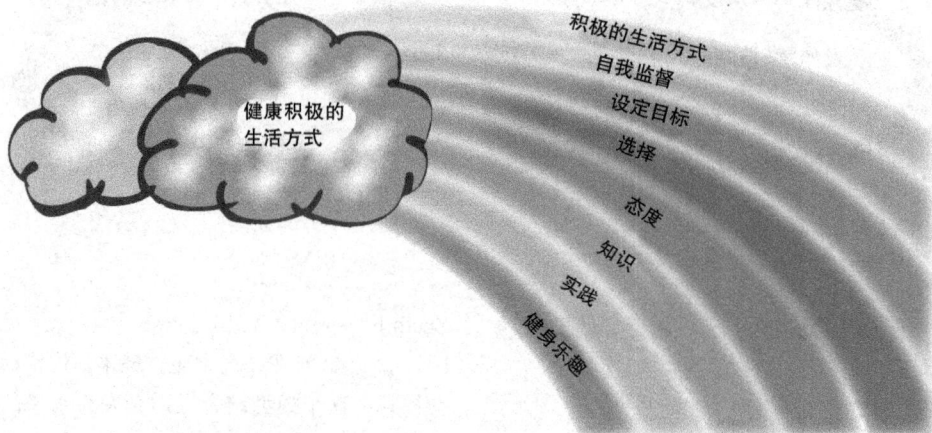

图 3.2　通向青少年健康和积极生活方式的彩虹桥

态度

教师的角色对于培养积极态度尤其重要。一旦孩子在有趣的、鼓励性的环境中经历体育活动，参与练习，并建立了知识的基础，他们就可以开始以这些体验为基础，培养对体育活动的积极态度。在这个阶段，他们全心投入，但可能不太确定自己如何获得进步，是否会成功。你可以帮助保持他们的兴趣，并使他们有信心继续下去。使用本章后面描述的激励策略来巩固孩子们喜欢运动的自然倾向。请记住，要使用多学科团队方法设计体育课程，让学生体验到家庭、社区和学校环境紧密结合在一起，共同支持积极的行为改变。

选择

你想一遍又一遍地重复进行同样的运动吗？要努力避免因无法提供多样性的活动，而妨碍到儿童天生对运动的积极态度。虽然孩子们喜欢重复他们喜欢的运动，但是当感到无聊时，多种多样的体育活动将有助于产生新的兴趣。多种选择让学生有机会来发现他们最喜欢什么，随着时间的推移，他们将学习根据自己的喜好和个人的身体需要来做出自己的选择。因此，在你的课程中，尽可能允许孩子从各种活动和锻炼中进行选择，并让他们决定自己将在每个选择上所花的时间。

设定目标

在某些时候，学生的选择不仅仅由你提供。这时候，应该教会孩子如何设定个人目标并做出有效的选择，以实现这些目标。通过建立目标，学生可以发现自我指导的必要和自我指导对身体发育的意义。学生必须练习独立思考，并根据其个人需求做出选择，最终独立地选择积极的生活方式。通过设定目标，让学生对自己的身体负责。

在任何年龄阶段，建立书面目标都是有效的。目标可以根据与健康相关的身体素质（HRPF）或一般体育活动的组成部分来设定。在帮助学生规划他们的活动目标之前，必须考虑以下几个因素。

- 年龄
- 发育水平
- 动机
- 情绪状态
- 当前的身体素质和体育活动水平
- 活动兴趣

一旦建立了学生当前状态的基线，就可以帮助他们建立 SMART 目标。遵循以下简单的目标设置步骤，以确保成功的学习体验。SMART 是一个容易记住的首字母缩略词，可以保证规划出适合发育水平的教育目标。

目标可以划分为短期（在 1 周内）、中期（在 2~4 周内）或长期（1 个月以上）。因为大多数孩子会对长期目标失去兴趣，所以尝试让他们专注于短期或中期目标。

S——具体（Specific）
M——可衡量（Measurable）
A——可实现（Attainable）
R——现实性（Realistic）
T——时限性（Time Sensitive）

具体

帮助学生清楚地明确他们的目标。目标可能是 HRPF 的一个组成部分，如通过 Fitnessgram 测试的心肺耐力，或者，目标可能是增加白天活动的时间，并记录在学生的活动日志中（见附录）。无论如何，目标都应该是你和学生协商同意的具体行为。

可衡量

一旦建立了具体的目标，就必须确保它是可衡量的。例如，每天增加 15 分钟的体育活动时间，每周至少 5 天，持续 2 周，或者，将1英里跑的时间减少5%。

可实现

确保学生的目标是可实现的。你可以帮助学生实现容易达到的较短期的目标，从而让他们建立成功的信心。一旦他们建立了理想的模式，就可以鼓励他们扩大其目标的范围。例如，学生最初可能是要努力将俯卧撑得分提高1分。为学生提供支持和建议，帮助学生实现他们的目标。

现实性

目标应当是现实的。当孩子们在学习评估自己及其目标时，就会开始学习自强诚信的宝贵技能。例如，对在之前的俯卧撑测试中只得到2分的学生来说，在2周内实现10个俯卧撑的目标是不现实的。与其让学生感到尴尬，还不如帮助他们更多地了解自己，并且根据其个人状态来调整目标。

时限性

目标应该有起点、终点和固定的持续时间。没有时限的目标往往会在每天的学校和家庭生活中被遗忘。截止日期可以灵活调整，但是忘记其目标和时限的学生必须立即回到正轨。建立过程检查点，帮助学生将目标记在心中。

SMART目标示例（中期）

约翰尼将在11月，每周至少5天，每天保持总共60分钟的体育活动或行走12000步，并以他的个人活动日志，或以他的老师或家长记录的数据为考核依据。

自我监督

随着孩子们越来越独立，你可以采用更灵活的教学方法。允许四年级、五年级和六年级的学生自己维护其个人积极生活方式的档案（见附录）。在这个阶段的儿童应该计划、自我评估和跟踪其活动模式。自我监督让儿童学会设定目标来实现自己的个人最佳状态，根据自己的活动偏好来做出决定，并

设计自己的个人体育活动计划。这个阶段对于四年级至六年级的儿童来说是能够达到的。

积极的生活方式

已达到这个阶段的学生表现出对体育活动的真正投入。他们积极参与，渴望提高，乐于帮助他人，对学习新的活动抱着开放的心态，坚持努力达到目标，能够独立锻炼，并且在学习环境中感觉快乐和轻松。虽然他们在中学阶段仍将继续需要支持和强化他们的选择，但他们已打下坚实的基础，几乎肯定会带来一生的健康体质。

什么促使孩子们动起来？

动机（Motivation）一词来自拉丁语Movere，这意味着"活动"。我们可以将动机视为引导、鼓舞或保持行为的事物：它是让学生活动起来并坚持下去的动力。多年来，我们假设儿童具有与成年人相似的锻炼动机。

但儿童不是年轻版的成年人！成年人参加体育活动是为了让自己的外表更好看，改善自己的健康状况，并预防疾病。儿童的活跃是因为他们喜欢玩，需要与同伴交流，希望发展身体能力，并需要通过各种运动形式来表达自己。让我们来仔细探讨其中的每一个方面。

玩耍和乐趣

儿童将玩耍视为生活中的重要组成部分。当活动不会产生伤害，以成功为导向，并且让人十分愉快，孩子们就会变得非常积极。玩耍的欲望是所有人类天生就有的，喜欢玩耍是童年必经的发展阶段。

社交联系

儿童需要有机会通过积极地玩耍来与其他孩子建立联系。在鼓励性的运动环境

中，儿童会形成归属感和接受感，这有助于他们与同龄人建立联系。通过团体游戏所体验到的安全感既可以增强自尊，又可以提高与他人建立积极关系的能力。

身体能力

儿童有着强烈的意愿去培养身体技能。在掌握身体技能的过程中所固有的挑战会激励孩子们继续参与体育活动。孩子们对其能力的感知由他们在活动中投入的时间、努力和重视程度来决定。当儿童在生活中得到重要人物的支持和鼓励时，他们会获得所需的信心来培养积极的生活方式，并坚持所选择的体育活动。

自我表达

毫不奇怪，儿童会自然地通过积极的活动来表达自己。体育活动通常是儿童向朋友、父母和老师表达其感觉和情绪的工具。与青少年和成年人相比，儿童用言语去表达自己的感受或讨论意见分歧的能力较差。因此，他们经常用身体去表达感觉，如高兴、愤怒、沮丧和兴奋。

动机的类型

动机有两种一般形式。外在动机包括个体外的因素，与正在执行的任务无关。内在动机是个体内部对于执行特定任务的愿望[阿姆罗德（Ormrod），2009]。内在动机可以比外在动机更有效地促进长期的行为变化。事实上，学会依靠内在动机的学生更有可能长期坚持积极的生活方式。为了强化内在动机，要培养学生的自信，让他们相信自己有能力完成某些任务；要培养他们的自尊心，让他们相信自己值得拥有良好的健康；还要培养他们的自我胜任感，让他们相信命运掌握在自己的手里。

多年来，体育教师为孩子们提供的锻炼动机不足或不恰当，使他们不愿意去运动，而不是积极地去运动。

以下是不当做法和条件的示例。

· 无聊、重复、类似军训的健身活动（例如，每节课都跑步）

· 分组练习

· 死板的标准

· 在身体素质测试中的最高分者可以获得奖励

· 竞争

· 每年的传统课程（例如，足球、垒球、排球）

· 课堂中的活动水平偏低

· 持续使用直接教学技巧

· 缺乏器材，设施又黑又脏

· 没有热情的教师

在这种环境中，你是否有动力变得积极？

激励策略

在体育课程中，怎么做才可以促进内在动机的产生？让我们来探讨一些易于融入课程中的激励策略，帮助你开始执行计划。

教授基本技能

教会学生基本的技能，比如，如何慢跑，如何做仰卧起坐。若你花时间去指导学生正确的姿势和技巧，他们会认为你真的关心如何改善他们的身体发育。此外，以积极、鼓励的方式去提供个人技能反馈，能够显示出对每个学生的个人关注。

选择以成功为导向的活动

当孩子们感受到成功时，他们将会重复这个活动，并获得信心去完成更困难的活动。为了激励学生，要设计适合其发育水平的活动，包括学生通过练习可以完成的挑战。例如，学生应该可以选择多种活动，如常规俯卧撑、宽距俯卧撑、站姿俯卧撑或者靠墙俯卧撑，以满足他们的身体需要并且确保一定程度的成功。

玩得开心，有趣

我必须强调这一点：孩子们应该在参与体育活动时欢笑、唱歌、玩耍和互动。看看他们在开心和享受课程时有多快地融入你的课堂主题。例如，要锻炼手臂肌肉，就使用降落伞造出波浪，或假装爆米花在弹来弹去（使用操场球，参见第 11 章）。孩子们在获得巨大的乐趣的同时锻炼了肌肉。

添加有创意的器材

添置令人兴奋的新设备，为课堂增添活力。很多时候，体育教师年复一年地使用相同的器材，孩子们对同样的旧东西感到无聊和厌倦。添置橡胶健身器材（见图 3.3）、较重的跳绳、心率监测器和阻力球等物品，让他们重新体会到体育活动的乐趣。

添加新活动

不断地寻找新的活动添加到计划中。包括尊巴舞（参见第 13 章）、直排轮滑、

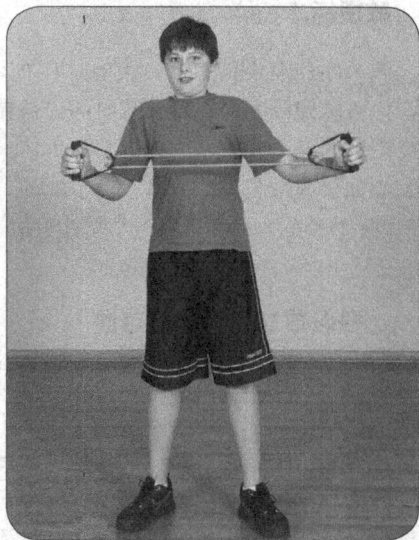

图 3.3 使用橡胶健身器材练习上半身力量

瑜伽（参见第 14 章）、户外教育，以及新的健身游戏，如 Fitnopoly（参见第 12 章）。

创建丰富多彩的环境

用彩色海报、运动图表和公告牌装饰健身房。每月都有一个主题，例如，2 月可以是益心月。每个月都让不同年级的学生与父母一起轮流装饰健身房。为了真正燃起大家的激情，可以组织一个体育艺术展，在健身房里展示每个人与运动相关的艺术项目。

提供激励措施

学生在课堂上的努力是需要支持和鼓励的。偶尔为孩子提供积极、健康的激励措施，表扬他们的积极参与。健身带、自由选择活动或冷冻酸奶证书，都是鼓励学生的好奖品（见图 3.4）。

成为榜样

为全班同学提供积极的榜样。保持健康优雅，与全班同学一起锻炼，在午餐时吃健康的食物，在桌子上摆放营养小食品，并与学生交流你在放学后的活动，如参加排球联赛、慢跑、远足旅行等。帅气的外表也总是会有好的影响！服装要专业，保暖外套和 T 恤要醒目好看，上面印着正面的信息——例如，体育是最好的健康保险。

强调正面的信息

当然，正面的帮助可以强化现有的习惯，也鼓励学生的进步。练习使用在表 3.1 中列出的鼓励性表现和话语。

组建健康俱乐部

使用校内运动模型来组建健身俱乐部，但要针对与健康相关的身体素质需求来进行修改。然后，指定一个俱乐部锻炼区。加入俱乐部的学生可以根据自己的目标进行锻炼，或者参加自己选择的团体体育活

健身奖

鉴于你完成了健身活动，
并百分之百投入去改善自己的健康，
特奖励你获得：

你做到了！

学生

学校

体育教师

图 3.4　类似这种可定制奖励证书的体育活动激励措施有助于鼓励学生
摘自斯蒂芬·J.维尔吉利奥，2012，《儿童身体素质提升指导与实践（第 2 版）》(Champaign,IL:HumanKinetics)。

动，在上学前、课间休息时或放学后进行运动。你的工作是规划团体活动，并帮助参与者设计其个人计划。印有俱乐部名称的 T 恤可以激励更多的学生参加。

表 3.1 鼓励学生的方法

话语	表现
哇！	与学生一起欢笑
做得好！	微笑
干得好！	拥抱
好！	高兴地扬起眉毛
我为你的努力感到自豪！	点头
好样的！	竖起大拇指
就是这样！	举起手击掌
好棒！	握手
好极了！	拍拍背
感谢你的合作！	挥手
好多了！	把手放在肩上
看起来不错！	抬起双臂（触地得分的标志性动作）
漂亮！	凝视并微笑着点头
保持这种好的表现！	举起拳头，无声地欢呼
精彩！	跳起来
我对此印象深刻！	指着学生并点头
非常有创意！	张开双臂站立

鼓励自我指导

让四年级至六年级的学生有机会管理自己的个人积极生活方式档案，这也是一种激励措施。档案应包括个人身体素质分数、每日日志、个人计划、合约、图表及其他学习活动（见附录）。

使用真实评估

全年都使用真实评估，持续向学生提供关于其进步的信息。这样，他们就可以在学年末进行最终评估之前了解自己需要提高哪些方面。毕竟，每个人都重视有机会去提高。此外，让他们逐渐看到进步，这本身就是一种激励。真实评估还可以帮助学生设定现实但具有挑战性的 SMART 目标。

让家长参与

当学生知道自己的父母感兴趣并参与体育活动时，他们会感受到更多的支持和援助。创建一个家长通讯录，建议一些全家可以一起做的家庭活动，让全家都变得更加积极地去运动（参见第 10 章）。

举行特别活动

记住，全校性或社区的特别活动可以让你的计划目标获得所需要的关注。例如，在地理跑（Geography Run）中，学生计算他们在校内外的步行和慢跑总里程，并向你报告结果。然后，你在大地图上画出学校总共完成的里程，每周更新一次，比如说，从纽约到加利福尼亚。鼓励学校午餐工作人员和课堂教师帮助整合关于这次活动的学习体验（参见第 15 章）。

组织合作学习小组

体育活动中的合作学习可以增强自信心和安全性。例如，拉手传圈（Group Hoops），在这个活动中，6 个学生拉手围成一个圆圈，有一个箍圈穿过一双握着的手。学生们逆时针传递箍圈，并且手不松开。可以根据学生的发育水平和身材来改变箍圈的尺寸。鼓励他们合作完成任务——而不是与其他小组比赛。

邀请演讲嘉宾

安排来自社区的演讲嘉宾，他们可能会与学生分享一些专业知识（例如马拉松选手、尊巴舞教练、体育专业教授或卫生保健专业人士的分享）。邀请不同的演讲嘉宾，以便学生可以认同这些榜样。

组织大朋友参加

为每个一年级学生安排一个五年级或六年级的大朋友，通过调整课程表，让他们可以偶尔在一起。

让高年级学生负责教授低年级学生某些概念和练习。大朋友也可以是一年级学生的笔友、网友和学习辅导员。

多种教学策略

因为孩子们有许多不同的学习方式，可使用多种教学策略，如小组学习、独立活动和配对锻炼，以满足学生的需求和兴趣。尝试在整个学年中使用多种教学风格（Mosston 和 Ashworth，2002）（参见第 6 章）。

小结

健康教育不仅仅是提供高度活跃的游戏和练习。目前，高质量体育课程的教育方法包括一个长期行为改变计划，以及鼓励孩子在生活中积极运动的激励策略。与同事、学生家长、管理人员及社区合作，创造一个鼓励性的、健康的学校环境。规划学习体验，帮助儿童创造运动的内在动机，帮助他们制订 SMART 目标，并强调体育活动的内在价值，引领孩子们通过彩虹桥，走向活跃、健康的生活方式！

第 4 章

与健康相关的体能训练原则

我们全国上下的运动量都不足。

我们只是观看，而不是参与。我们开车，而不是步行。我们的生活方式让我们失去了健康生活所必需的最低限度的体育活动。

——约翰·F. 肯尼迪（John F. Kennedy）

让我们简要回顾一下基本的运动原则，以便你可以在体育计划中正确地规划与健康相关的体能训练教学。当你重新设计体育课程时，要教育儿童并培养有关积极生活方式的正面价值观和行为。请遵循本章中的指导，教授安全、高效和适合发育水平的体育活动。调整具体的练习，以满足儿童的个人需要和兴趣。但是，请记住，儿童不需要像成年人那样有特定的运动规定。相反，相较于一节 30 分钟的高强度运动，孩子们更适合全天多次的短时剧烈活动。事实上，强度太大的活动可能对儿童坚持体育活动的积极性产生负面影响。

与健康相关的体育核心原则

虽然核心原则是规划与健康相关的体育活动的基础，但在规划班级体育活动和健身程序时，也必须考虑频率、强度、时间和类型（FITT）这四项运动原则。

本节提供必要的信息，帮助学生获得积极生活方式带来的健康益处。请记住，在建议体育活动和锻炼计划时，你应该始终考虑学生的积极性水平、个人目标、过去的行为（例如，经常久坐）和成熟的阶段，而不仅仅是他们的实足年龄。

为了方便你和学生记住锻炼的原则和准则，我们使用缩写 SPORT-FITT（运动–健美）。

SPORT 代表：

特指性（Specificity）

渐进性（Progression）

超负荷（Overload）

规律性（Regularity）

训练和坚持（Train and Maintain）

FITT 代表：

频率（Frequency）

强度（Intensity）

时间（Time）

类型（Type）

SPORT

首字母缩写的 SPORT 包括运动科学的基本原则，可以帮助你和学生规划一个健全的体育活动计划。孩子们会找到首字母缩略词的乐趣，它将帮助他们在整个学年中记住这些原则。

特指性

特指性原则就意味着，只有正在锻炼的肌肉或身体系统会受益于锻炼。换句话说，你需要锻炼自己想增强的特定肌肉。例如，为了提高心肺耐力，III 级发育水平儿童每周应该慢跑 3 天或 4 天。该活动专门提高腿部的肌肉耐力和心肺系统功能，但对于手臂、胸部和肩膀几乎没有作用。此外，如果某个孩子想要提高棒球的挥棒技术，只锻炼到手臂和肩膀的练习是不够的。该学生应特别锻炼在挥棒动作中使用的所有肌肉。

渐进性

渐进性原则意味着要有进步，儿童应该通过增加频率、强度、时间和类型，逐渐增加他们针对某一身体素质组成部分的体育活动。渐进的速度取决于人。但是，通常可以运用 10% 的规则，每周增加的持续时间不超过 10%。例如，如果学生可以轻松地每天慢跑 10 分钟，每周 5 天，在下一周里，他可以有 5 天是每天慢跑 11 分钟。逐渐增加对于身体的适应是必需的。然而，孩子们的适应或进步速度与成年人不一样。对于长期久坐的儿童，在计划的早期阶段中，增量为 5% 就足够了。

超负荷

无论想提高任何身体素质，身体的锻炼都必须超出正常水平。这就是超负荷原则。可以通过增加锻炼或体育活动的频率、强度、时间和类型来实现任何活动的超负荷。但是，请记住，每次活动并不需要为了达到某个与健康相关的健身锻炼目标而感到筋疲力尽或有压力。应以安全、舒适的方式缓慢增加锻炼量，从而提高身体素质水平。使用渐进性和超负荷原则应齐头并进，密切配合，但请记住，在儿童身上发生的身体变化是有限度的，因此请以此信息作为指导，来帮助儿童进步并保持动力。

规律性

规律性仅仅意味着，利用它或失去它。很不幸，没有人可以把健身的好处保留下来。因此，体育活动必须是终身承诺。若不通过坚持锻炼来维持原有的身体素质水平，它就会降低。停止锻炼会对与健康相关的身体素质有不同的影响。心肺耐力会受到显著影响，因为身体运输和使用氧气的能力在没有心肺活动的情况下会迅速降低。

训练和坚持

坚持运动原则的孩子会有良好的进步，达到身体的最佳状态。然而，一旦学生达到了合适的体育活动水平和身体素质水平，你就必须鼓励他们保持足够的活动水平，并根据他们的个人需求建立适当的长期目标和短期目标。请记住，并不总是越多运动越好。鼓励孩子参与各种各样的体育活动，其中可能包括不同的强度以及不同的肌肉群和身体动作。过多的体育活动可能会适得其反（Corbin 和 Welk，2011）。例如，只是长时间大量地参与一种活动的儿童往往会更频繁地出现关节问题、腱炎和软组织损伤。

FITT 指引

使用 FITT 首字母缩写来帮助你和学生记住与健康相关的体育活动指引：

F——频率（Frequency）

I——强度（Intensity）

T——时间（Time）

T——类型（Type）

请记住，因为这本书面向的对象是学龄前以及学龄儿童的教师，这些指引是为了帮助你规范和监督学生的体育活动水平——不是为了推荐一个在成人运动处方模型描述中常见的训练方案。请记住，小学级别的高质量体育课程的主要目的是强调参与体育活动的过程和价值。不要因为强调结果（身体素质测试成绩，以及为了获得奖励而锻炼）而忽略这一点。

频率

频率是指儿童的身体处于活跃状态的频率。儿童应该在一周的大多数时间里（最好是每天）保持活跃，进行大肌肉活动，如步行、慢跑、骑自行车、玩游戏、跳舞和耙树叶。至于肌肉力量和耐力领域，儿童应该每周只参加 2 到 3 天的锻炼，并且不是连续地参加，让身体有适应的时间。

强度

强度是指孩子在体育活动中锻炼或玩耍的难度。检查心率是在大肌肉活动期间监测身体的压力水平的一种方式。到四年级，学生应该能够测量自己的静息心率，以监测自己的活动水平。

两个最容易找到心率的位置是桡动脉和颈动脉。为了找到桡动脉的脉搏，将手腕稍微向下弯曲，将食指和中指放在手腕的靠拇指一侧（见图 4.1）。为了找到颈动脉的脉搏，将食指和中指滑入喉咙旁边的沟（见图 4.2）。在 10 秒内数出跳动的次数，然后乘以 6，计算出 1 分钟的次数，或者数出在 6 秒内的次数，并在数字后加一个零。

要求幼儿园至三年级的孩子在静止状态按着胸部，感觉自己的心跳，然后在步行 3 分钟后，以及在高度活跃的游戏过程

图 4.1　桡动脉的位置

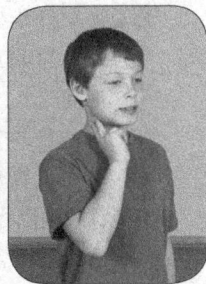

图 4.2　颈动脉的位置

中分别感觉自己的心跳，从而测量自己的压力水平。他们将开始理解与体育活动相关的强度的概念。不建议学龄儿童在体育活动期间计算目标心率区（THRZ）。这种方法与训练的关系更大，在小学级别并不是必需的。计算目标心率区更适合于九年级～十二年级的高中学生。然而，你可以教六年级的学生计算 THRZ，以帮助他们了解强度，并将数学结合到体育课程中。让孩子们了解各种体育活动水平，具体如下。

· 低强度活动——拉伸、拾起玩具、打棒球、掷马蹄铁游戏

· 中等强度活动——玩妨碍球、快步走、打排球

· 高强度活动——足球或篮球、追拍游戏、慢跑、尊巴舞

还有其他两种方式用于测量强度，第一种是在执行某一锻炼时计算重复的次数，并计算秒数，第二种是确定肌肉健身活动的难度。学生可以在屈臂练习中从 1 级黄色健身带（非常小的阻力）升级到 2 级绿色健身带，从而增加强度。

他们还可以将俯卧撑的时间从 10 秒增加到 15 秒。

还有一种方法，使用计步器来教授强度概念。学生可以记录自己在一天中走路的步数，然后设置 1 周或 6 周的目标，每

天增加一些步数。儿童的适度身体活动水平为每天 11000~13000 步，每周 5 天。

时间

时间指应进行活动的时间长度。在 I 级和 II 级发育水平，将每轮高强度活动的持续时间限制在较短的几分钟内，配合 1~2 分钟的间歇休息时间。在 III 级水平，将体育活动时间延长到 10~15 分钟是没问题的。你应该根据所针对的与健康相关的身体素质组成部分和课程目标来调整时间。时间也将取决于活动的强度（低、中、高）。低到中等强度的体育活动时间可以延长，而高强度的活动时间则相应缩短。所有儿童每天保持活跃的总时间应该达到 60 分钟，以获得一般的健康益处。

类型

类型是指在针对与健康相关的特定身体素质组成部分的体育活动，或一般性体育活动中的模式或种类。针对该身体素质组成部分，在课堂上让学生选择可以提高其心肺耐力的活动（例如慢跑、直排轮滑、跳绳或有氧舞蹈）。对于在校外执行的一般性体育活动，建议可以耙树叶、洗车、爬楼梯，或遛狗。

体育锻炼的阶段

无论学生是慢跑、锻炼肌肉耐力、打篮球还是练习踢球技能，都应该教他们遵循体育锻炼的适当阶段：热身活动、主要活动和整理活动。

热身活动

热身的主要目的是让心脏、肌肉和关节为主要活动做好准备。

你可能认为首先应该做拉伸，但重要的是在拉伸之前要先让肌肉暖起来，因为拉伸冷的肌肉会增加受伤的风险。因此，第一步是提高体温并增加对肌肉的血液循环。例如，上课的最初 3 分钟进行中等速度到快速的步行，手臂甩起来大步走，缓慢地奔跑，或者跟随音乐做较轻松的有氧运动。

一旦肌肉温暖起来，还可以选择让全班进行主要肌肉群的几个静态拉伸练习。研究表明，用拉伸作为热身运动带来的好处可能非常少（如果有的话）。但请记住，作为热身的拉伸与柔韧性练习是完全不同的。集中在几个基本的大肌肉静态拉伸，如小腿拉伸、坐位体前屈（腘绳肌）和股四头肌拉伸。只需让这些肌肉保持拉伸 10 秒，以避免过度拉伸冷的肌肉群。如有必要，添加适合特定活动的其他拉伸。如果要做大量的腿部活动，轻轻地拉伸小腿、腘绳肌和四头肌。但不要让肌肉在开始主要活动之前再次冷下来；在热身阶段后立即通过低水平的大肌肉活动慢慢进入主要活动。

目前许多研究人员认为，在活动之前的拉伸根本不是必需的。那么，对于课程的一般建议可能是，先进行几分钟的一系列低水平的大肌肉活动，然后逐渐增加强度，进入主要活动。

主要活动

让学生在主要活动的前两三分钟进行中等水平的活动。这就是我所说的热身与课程中最激烈的阶段之间的桥梁。例如，如果学生要进行慢跑锻炼，先让他们以适度的速度跑几分钟，然后再加速到正常的跑步速度。要踢足球或打全场篮球的学生，应该以前导游戏或主动技能活动来开始主要活动。

有可能的话，根据每个学生的个人喜好和身体需要来调整主要活动。主要活动本身应集中于与健康相关的特定身体素质组成部分，或仅包括高比例的中度至剧烈的身体活动。III 级发育水平的学生若要提高心肺耐力，就应该努力实现其个人目标并保持其活动水平，并使用个人判断决定什么时候休息、喝水和减慢速度。对于 I 级和 II 级发育水平的学生，主要活动应该是在整节课中带有适当间歇休息的活动。

整理活动

在主要活动之后立即通过逐渐减慢速度来开始整理活动。记住，身体的大肌肉（腿和手臂）将血液带回心脏。如果学生在剧烈运动后突然停止，血液将积聚在肌肉中，可能导致头晕或恶心。保持轻量的身体活动通过逐渐将血液挤向心脏而让身体得以恢复。

在剧烈运动后，让学生在低强度水平下进行大约 2 分钟的快步走、慢跑或任何其他大肌肉活动。因为肌肉经过主要活动后已经暖起来，这也是一个让全班执行静态拉伸的好时机。这可以防止僵硬或肌肉痉挛。事实上，这可能是培养柔韧性的最佳时间，因为体温和血液循环处于最佳水平，可以最大化地拉伸肌肉。

与健康相关的身体素质的组成部分

为了让学生体验到体育活动的最佳效果，必须平衡与健康相关的身体素质的组成部分。每个组成部分都是同样重要的。心肺耐力强化心脏和肺。肌肉力量和耐力可以保持身体支撑，帮助学生完成日常任务并参加娱乐游戏及活动。柔韧性帮助肌肉和关节自由活动。最后，适当的营养和日常体育活动有助于维持健康的身体成分。

记住，应该强调过程，而不是结果。让我们更深入地看看与健康相关的身体素质的组成部分，以便你可以在体育课程中制订一个平衡的体育活动计划。

心肺耐力

心肺耐力是指心脏、血管和肺部向身体组织输送营养和氧气并去除废物（例如二氧化碳），从而提供长时间耐力运动所需能量的能力。慢跑、骑自行车、游泳和滑冰都有助于增强心肺耐力。但是，不管学生使用什么类型的体育活动来提高心肺耐力，主要目标总是相同的：增加心脏泵到工作肌肉的氧气量。没有足够的氧气，身体将无法工作很长时间。

幸运的是，保持体育活动对心脏有显著的积极影响。当身体开始运动时，肌肉以更高的速率消耗氧气，使得心脏泵出更多的氧合血液来满足这种需求（Powers 和 Dodd，2011）。由于血液在运动期间继续流动，它有助于改进身体的循环系统，因为静脉、动脉和血管（它输送血液、氧气和营养物）都能保持弹性，没有任何障碍流通，并与身体其余部分和谐地协同工作。

你可以通过以下方式帮助学生提高心肺耐力。

- 连续活动
- 间歇性活动
- 法特莱克变速训练
- 循环训练课程

连续活动

连续活动可以包括有氧和无氧运动。有氧是指"存在氧气的情况下"。连续的、运动时间更长且持久的活动是有氧活动。无氧是指"在没有氧气的情况下"。在无氧活动期间，身体对氧气的需求超过了其自身的供氧能力。无氧运动是爆发性的，持续时间短，如 50 码冲刺、打篮球、垒球中跑到第一垒，还有踢足球。中等速度的无氧活动，配合短暂的休息时间，是非常适合儿童的，因为他们进行短时间活动的能力更强。连续活动的良好选择包括连续使用大肌肉的任何活动和全身运动，例如慢跑、散步、直排轮滑、跳绳、骑自行车、游泳、徒步、有氧跳舞、有氧健身操和活跃的游戏。

间歇性活动

间歇性活动包括交替强度和主动恢复时间的身体动作。换句话说，休息或低强度训练与高强度训练交替。由于与较低强度的训练进行交替，与连续活动相比，间歇性活动实际上可以在更长的时间段内实现更高的总活动强度，但研究人员在这一点上尚未盖棺定论。通过改变距离、强度、重复次数、组数和恢复时间来改变间隔（间歇性程序示例见第 11 章）。

法特莱克变速训练（Fartlek Training）

Fartlek 是瑞典语的"快速执行"，意味着速度的变化。法特莱克变速训练技巧与间歇性活动类似；然而，控制强度和速度的因素是地形，而不是时间。大多数法特莱克变速课程包括上坡和下坡跑。有些课程还包括跳跃或踩踏障碍物，如木头、岩石和树桩。通过法特莱克变速锻炼对挑战和发展不同的肌肉群也是有益的。将法特莱克变速培训纳入体育课程，以增加多样性，从而增加动力。（法特莱克变速课程示例见第 11 章。）

循环训练课程

循环训练课程结合了连续活动与柔韧性、力量及肌肉耐力活动，例如，让学生从一个点慢跑到另一个点。选择连续使用大肌肉运动作为到达一个点后执行的活动，各点之间的距离至少 30 码（27 米）。在户外有充足空间的地方进行循环训练课程，以提高体育活动水平（小学体育馆通常很小，空间有限）。任务卡有助于为学生提供每个点的指引（循环训练课程示例见第 11 章）。

肌适能（肌肉力量和耐力）

在本书中，我已经将肌肉力量和肌肉耐力这两个组成部分合并为肌适能，以更好地描述如何对儿童应用阻力练习。肌肉力量是肌肉或肌肉群在一个动作或重复动作中产生最大的力量来对抗阻力的能力。

肌肉耐力是肌肉或肌肉群在一段时间内产生力量来对抗阻力的能力，这里说的阻力应小于练习者可以移动的最大阻力。从某个角度来看，肌肉力量和耐力是相关的。例如，增加肌肉力量将增强肌肉耐力，但锻炼肌肉耐力对肌肉力量只有很少的好处（Powers 和 Dodd，2011）。

幼儿园到六年级的儿童不应该执行最大举重练习。然而，年龄小至 2 岁的儿童也可以进行阻力练习和活动，以增强肌适能（Virgilio，2006）。先前有人担心，早期的阻力练习会对骨生长板有不利影响，或者会产生高血压，但这种观点已不足为信（Faigenbaum 和 Westcott，2009）。相反的观点反而可能是正确的——阻力练习可能增强儿童的肌肉骨骼发育。研究表明，通过阻力活动和适当的营养可以增强儿童的骨密度，在儿童可以成长到成熟期的过程中可以防止骨骼脆弱（Faigenbaum 和 Westcott，2009）。

我们可以将肌肉收缩分为两大类。第一类是动态收缩或等张收缩，就是当身体某部分移动时由肌肉群产生的力量（例如，大多数运动技能、举重、俯卧撑、引体向上和仰卧起坐）。第二类是静态收缩或等长收缩，这是对不可移动物体施加的力，在这种情况下，不会发生移动（例如，推墙，或将双掌合十，并且尽力互推 8~10 秒）。当没有足够的活动范围时，受伤或残障人士可以使用等长阻力练习来进行身体的恢复。此外，等长阻力练习需要很少的空间，无须器材，并且很容易做到。鼓励课堂老师在 5 分钟的健身休息期间让学生在自己的课桌上进行等长阻力练习，一周练习几次。

提高肌适能的一般好处包括以下方面。

·打开瓶子、倒垃圾和清理车库等日常任务变得更容易，并且更少对关节产生过度压力。

·肌肉的力量和耐力增加。

·改善姿势，因为颈部和背部从强壮、柔韧的肌肉获得了所需要的支撑。

·更强壮的肌肉可以减少对主要关节的压力，特别是膝、肩和髋。

·强壮的腹肌可以保护消化器官。

·发达的肩部、胸部和背部肌肉有助于从整体上提高心肺效率。

·骨密度增加，骨生长和发育得到改善。

·加快代谢。

·控制血压水平。

·跑步、跳跃、击打和表现出突然加速等需要腿部和手臂的力量及耐力的运动水平得到提高（例如篮球、垒球、足球），因为肌肉更强壮，并且可以工作更长时间。肌适能还可以保护关节免于因过度使用而受伤，这是在青少年运动员中经常会看到的伤病。

培养肌适能的两种常用方法是阻力练习和徒手体操。阻力练习通常涉及执行以增加负重（例如哑铃或阻力带）来改变强度的动作。

组和重复次数是在建议练习时的常用术语。重复次数是指重复动作的次数；组是指在休息之前完成的重复次数。例如，如果做 2 组 8 次重复的臂弯举，意思就是做 8 次臂弯举，短暂休息 1~2 分钟，然后再重复 8 次。允许孩子们选择他们感觉舒适的重复次数，并始终检查姿势和技术是否正确。

徒手体操是一种阻力练习，由自己的身体重量和重力提供阻力，例如，俯卧撑、引体向上和海豹行进。

为儿童制订阻力练习和活动时，请遵循以下的关键指引。记住：儿童不应使用结构化锻炼的成人模型，这些模型根据预定的时间表，设定具体的程序以及具体的组数和重复次数。

·确保儿童在任何时候都由被认证的专业人员监督。

·确保儿童在任何阻力练习之前已经进行了适当的热身练习。

·随着儿童的力量的提高和姿势的改进，逐渐将阻力水平提高 5%~10%。

·确保阻力较小，儿童在执行练习时不应该过度劳累或受伤。

·决不允许儿童尝试最大举重（即，在 1 次重复中举起他们可以举起的最大重量）。

·注重正确的姿势和技术。

·确保设备和器材适合儿童。否则，锻炼可能会造成伤害。

·许多专家都认同，1~2 组，每组 5~8 次重复足以满足儿童的需要（Faigenbaum 和 Westcott，2009）。如果孩子只想进行一两次重复，请允许他们这样做，然后继续进行另一项练习。

·选择的阻力练习应针对主要肌肉群：手臂、背部、胸部、腿部和躯干。

·在一周内不连续的日子里加入阻力练习。

·让孩子慢慢地完成练习——每 3 或 4 秒完成一次完整的重复。

·使用多种练习和器材，使练习变得有趣和令人兴奋，如动物动作、游乐场设备、阻力带、药球、瑞士球和降落伞游戏。

柔韧性

如你所知，柔韧性是在整个活动范围内不受限制地移动关节的能力。一般来说，儿童有柔韧的肌肉、韧带和肌腱，但仍然应该鼓励他们每天做拉伸。为了保持柔韧性，学生应该在多种运动体验（例如足球、垒球、游泳、骑自行车、慢跑）中让身体保持活跃。在整个学年的体育课程中安排特定的柔韧性练习也很重要，以实现以下目的。

·增加活动范围。

·预防与肌肉相关的伤病。

·减少肌肉酸痛。

·保持良好的姿势。

·减少对关节的压力。

·提高运动成绩。

如你所见，正常的柔韧性水平可以带来许多与健康相关的身体素质好处，值得投入时间和精力！

但是，请记住，每个关节都有特定的柔韧度。例如，某学生在直背坐位体前屈测试中得 90 分，展示出柔韧的腘绳肌和髋关节屈肌，但他的其他身体部位（如肩膀或股四头肌）可能会柔韧性不足。所以在体育课程中要包括针对多个肌肉群的多种柔韧性练习。

帮助儿童提高柔韧性有两种最常用的技术：静态拉伸和弹震式拉伸。和往常一样，让孩子在拉伸之前用几分钟的大肌肉活动来完成肌肉的热身。

静态拉伸

静态拉伸将特定的肌肉群缓慢、稳定地拉伸到最大位置。教孩子通过拉伸找到自己的极限，拉伸到他们感到轻微紧张而不是疼痛，然后保持 10 至 30 秒。

弹震式拉伸

弹震式拉伸包括以弹跳、猛拉动作来拉伸肌肉。不幸的是，这种作用力可能引起牵张反射，也就是说肌肉由于被拉伸超过其正常长度，实际上会收紧，而不是放松。弹跳也可能对关节施加过度的应力或引起肌肉损伤。出于这些原因，我不建议在柔韧性计划中添加弹震式拉伸，只有一个例外：围绕关节慢慢地、克制地执行动作，弹震式拉伸练习作为体育活动前的热身可能是有帮助的。但是，与弹震式拉伸相比，静态拉伸显然因其可控性质而对关节和肌肉施加更小的应力，因此静态拉伸更安全。

身体成分

身体成分是身体脂肪与去脂体重（例如，肌肉、骨骼和内脏）的比率。特别要注意这种与健康相关的身体素质组成部分，因为身体脂肪水平高不仅关乎肥胖，而且与其他健康问题（如胆固醇水平升高、高血压、心脏病、糖尿病和癌症）密切相关。这些医疗问题的许多早期阶段是在童年出现的。孩子越早获得帮助去解决高比例的身体脂肪问题越好！提醒孩子，遗传学与身体成分有很大关系，并不是我们所有人都有一样的外表。然而，我们都可以通过体育活动和适当的饮食习惯而变得更健康。

要提高体育活动水平、心肺适应能力和肌肉适应能力，这是控制身体脂肪的关键因素。然而，高质量的体育教学计划还应包括营养指导，以帮助儿童保持健康的体重。有许多与身体脂肪评估相关的问题，如隐私、尴尬、组织工作、测试，以及儿童对身体脂肪的认知。许多体育教师已经避开身体脂肪评估，并转移到讲授如何控制体重，解释热量摄入／热量消耗的比率，以及体育活动和身体脂肪的关系。

美国农业部（USDA）开发了一个称为 MyPlate 的标志符号，这是一项倡议的一部分，以《2010 年美国人膳食指南》（*2010 Dietary Guidelines for Americans*）为基础，用来帮助人们做出更好的食物选择（见图 4.3）。这个符号有点像装食物的碟子，被切成 4 个不同颜色的扇形，用于说明美国农业部建议我们在日常饮食中选择的不同食物分组（水果、谷物、蔬菜和蛋白质）。碟子右侧的一个小圆圈类似于一杯牛奶，表示我们要摄入的奶制品。倡议鼓励美国人避免食量过大，并且要保持热量均衡。要增加分量的最重要的食物是水果和蔬菜，这应在食物摄入量中占一半，而谷物中应该有一半是全谷物。美国农业部建议改喝脱脂奶，以减少钠和糖的摄入量。倡议提供针对特定读者的建议，包括一般人群、

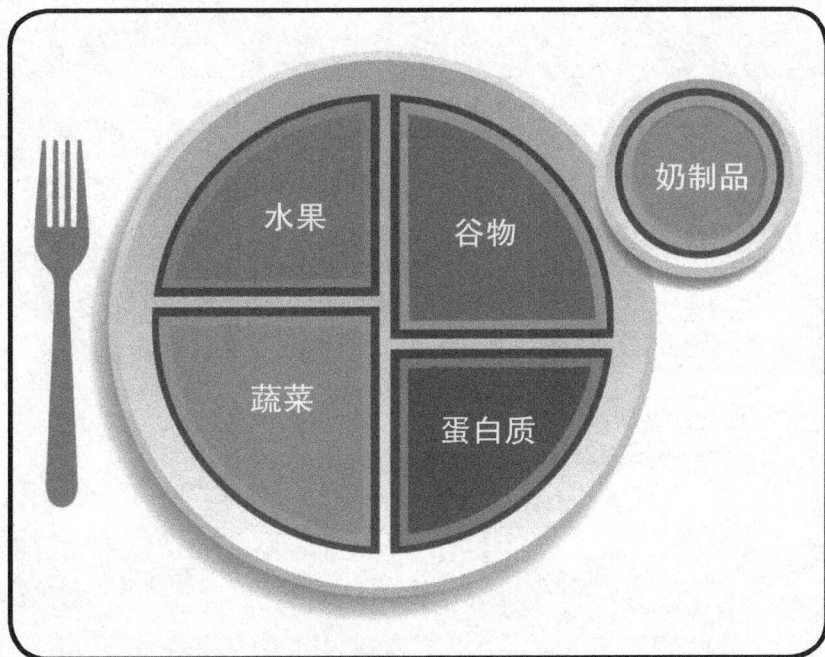

图 4.3　MyPlate 图标是一个醒目的饮食指南，帮助人们做出更好的食物选择
摘自 USDA

孕妇、学龄前儿童和少年。倡议有以下七个健康饮食提示。

- 食用的谷物中有一半是全谷物
- 多种蔬菜
- 重点是水果
- 吃含有丰富钙质的食物
- 食用蛋白质保持苗条
- 食物和体育活动要取得平衡
- 保证食物安全

小结

使用与健康相关的体能训练的基本原则、指引和身体素质组成部分作为规划高质量体育教学计划的基础。在计划具体教学内容时，通常要参考首字母缩略词 SPORT–FITT 及其组成部分的描述，以及所有活动阶段（热身活动、主要活动和整理活动）的指引。然而，最重要的是，要记住孩子不需要坚持特定的运动处方。尝试根据儿童的个人需要来定制活动。事实上，死板的健身方法通常会让他们失去对体育活动的兴趣。只需鼓励和督促他们每天进行 60 分钟的体育活动，并在大多数日子里帮助他们解决与健康相关的身体素质组成部分的问题，同时教育他们积极生活方式的价值。

第 5 章

残障儿童的体能教育

> 除非你愿意，否则没人能伤害你。
> ——埃莉诺·罗斯福（Eleanor Roosevelt）

今天，体育教师所面临的最困难的挑战是，要满足每个学生在身体、精神和社交方面的需求。在小学级别，儿童在身体发育、心智和社交能力、运动技能、体育活动行为和身体素质水平等方面的差异很大。这使得规划典型的体育课程成了一项挑战，通常需要在教学上进行调整，以确保所有学生都能参与。

有些孩子未能达到传统体育活动课程的要求，因为他们有发育障碍。在本章中，我们将讨论如何为有特殊需要的儿童计划体育活动。我们将涵盖特定的残疾和健康限制，包括肥胖、哮喘、自闭症、脊髓残疾和智力残疾。有关更多信息，我建议大家阅读《特殊儿童体育与运动》（*Adapted Physical Education and Sport*）（Winnick，2011）和《特殊儿童体育活动、娱乐与运动》（*Adapted Physical Activity, Recreation and Sport*）（Sherrill，2004）。

美国国会在 1975 年通过的《所有残障儿童教育法》（*The Education for All Handicapped Children Act*）（公法 94-142）被重新批准为"公法 108-446"，即 2004 年《残疾人教育改进法案》（*Individuals With Disabilities Education Improvement Act of 2004*）。它要求所有 5~21 岁的残疾人士可以在最不受限制的环境中接受适当的教育。最不受限制就意味着儿童可以在尽可能接近正常的环境中成功且安全地参与教学。这项法案促成了主流化的教育实践，为残疾儿童提供了与无障碍儿童在同一班级中互动和发展的机会。

个性化的教育计划

为了符合联邦法令，美国的每个学区都必须寻找、识别和评估所有残疾学生。必须有一个专家团队与课堂教师合作，制订出个性化的教育计划（IEP），以便在确定儿童就读学校之前执行这项法令。最近，体育教师被纳入 IEP 团队，以帮助制订、评估和审查每个学生的 IEP。IEP 的格式因学区而异，然而，根据 Winnick（2011），每个 IEP 都必须包含以下 7 个组成部分。

1. 目前的成绩水平：这部分通常包括基本的身体素质和运动技能的测试结果。评估可以是标准化测试和教师设计的测试的结合。应通过标准化测试来确定特殊的需求，并为确定就读学校提供更有力的理由。参见《包容性策略》（*Strategies for Inclusion*）（Lieberman 和 Wilson，2009）。

2. 年度目标：年度目标是一般性陈述，侧重于由目前的成绩水平（PLP）评估所确定的学生的弱点。例如，如果 PLP 报告学生的柔韧性不足，那么制定与投掷技能相关的年度目标是不合适的。

3. 短期目标（STO）：短期目标是对预期结果的具体陈述：例如，"鲍比在本课结束时将完成总共 3 个仰卧起坐，并表现出良好的姿势和技术。

4. 服务陈述：在这个阶段，IEP 团队将学生置于最不受限制的环境中。此时，它还会建议特殊的教学材料、器材和媒体。最后，它记录所需要的特殊服务，如物理治疗、心理辅导、语言和听力治疗。

5. 服务时间：IEP 指定服务何时开始和结束，并建立时间表，列明指定的日期、频率和时间。

6. 主流化程度：IEP 团队计算残疾儿童在常规课程中所花时间的比例。这部分应说明 IEP 团队是否建议定期参加体育课。

7. 评估的标准、程序和时间表：IEP 必须具体说明教师如何以及何时评估学生的进度。监测应持续进行，IEP 团队必须审核每个儿童的计划。

包容实现指南

多年来，残障儿童一直未获得参加体育活动的机会。

作为体育教师，你有法律和道德上的责任，向有特殊需要的儿童提供必要的健康和健身指导，以改变这种状况。请接受这个简单的包容理念：所有儿童都有权通过在学校、家庭和社区中的体育活动来增强身体素质，保持健康。

以下指引将有助于制订让残疾学生可以参与的体育活动计划。

复查永久记录或累积记录

仔细检查学生的学校记录。找出是否有医疗问题或服用过何种药物。然后研究学生的 IEP。如果 IEP 格式中不包括身体素质和技能，请与 IEP 委员会接洽，以建立评估标准。

让家长参与

家长将向你提供其孩子的残疾病史，以及如何帮助孩子的建设性意见。因此，要建立学校和家庭之间的沟通，让父母了解你在与健康相关的体能训练方面的努力。如果可能，在学年开始时与家长安排一次会议，讨论 IEP 以及如何帮助学生在整个学年中取得进步（参见第 10 章）。

采用团队合作

首先请加入 IEP 委员会。与课堂老师、特殊教育顾问和特殊服务专业人员定期讨论学生的进步。与他人的沟通将帮助你为学生规划和制订高质量的体验。

安全第一

针对残疾儿童可能需要有一些特殊的考虑，以确保他们的安全和健康。确保所有学生都有必要的专用器材，如头盔、手套、护膝垫、垫子和安全眼镜。确保场地设施让每个人都可以自由地参加体育活动。

修改健身程序、技能和游戏

为了让所有人都能够参与课堂活动，你可能需要修改某些健身程序、技能和游戏。例如，让目标更大，使器材更轻（例如塑料球拍、泡沫球），缩短学生必须踢球或掷球的距离，或者允许学生走路而不是跑步，从而放慢游戏的节奏。具体的思路请参见《包容性体育活动》（*Inclusive Physical Activity*）

（Kasser 和 Lytle，2005）。

改变教学行为

在计划中应包括更多的视觉和演示技巧来解释技能并给予指令，当有智力障碍和听力受损的学生参加课程时尤其如此。要亲身示范活动，而不仅仅是解释指令。每一步都提供直接和简洁的口头提示。要特别注意清晰明确地沟通内容，这将有助于所有的学生进行学习。

保持敏感

为残疾学生提供大量的正强化的内容。与他们谈论他们的朋友、兴趣、爱好或在学校喜欢的科目。残疾儿童在体育课上感受到归属感和温暖感时，就会发展技能并增加体育活动。

建立积极和鼓励性的课堂环境

建立一个课堂环境，让每个人都发挥出团队精神，彼此帮助和支持。尝试不要特别注意残疾儿童或对他们过于谨慎：这可能是非人性化的。将所有学生视为班级里的平等成员。关注身体的需要，而不是残疾。规划学生可以做的活动，不要总是盯着学生做不到的事情。

设立班级辅导员

可以从许多来源找到班级辅导员。每个班级的学生可以互相辅导，这些同龄辅导员可以为残疾学生提供个人关注和一对一反馈。

大朋友是指经过训练后与低年级的学生一起练习的高年级学生。对于将与残疾儿童一起练习的学生，要给予必要的特别指示。

如果学生的需求超出了同龄辅导员或大朋友的能力范围，则为学生找一个成年助手。学区可以雇用助教，或者可以找一个志愿者。选择有爱心且耐心的人，并确保助理要接受有关特殊教育的特殊培训。如果找不到合适的人，可以邀请家长帮助收集和整理数据，管理器材或监督学生，让你可以完全专注于有特定需求的学生。

肥胖症

儿童肥胖是当今最严重的健康问题之一。事实上，本章一开始就提到了肥胖症，因为它是小学生中最常见的健康问题。

如第 1 章所述，身体质量指数（BMI）超过 30，或者体脂超过 30%，就会被定义为肥胖症。根据目前的统计，几乎 17% 的美国儿童可以归类为肥胖，超过 15% 的人超重。这个数字还在上升！可能没有必要使用皮褶卡尺或其他身体测量手段来评估肥胖儿童。但是，你也可以使用视觉筛选。如果一个孩子看起来肥胖，他就是肥胖。尴尬的测试和测量可能会让孩子觉得更加羞耻，在肥胖儿童的眼中造成对体育的负面印象。

肥胖的儿童在年龄较小时看起来相对健康。然而，他们通常在之后的生活中出现严重的医疗并发症。例如，这些儿童患上冠心病、呼吸损伤、糖尿病，或者出现骨科问题、胆囊疾病和某些类型的癌症的风险较高。

肥胖也可能会在青春期形成严重的心理并发症。其他孩子经常嘲笑、挑逗和羞辱超重的孩子。这对儿童的自我概念和对需要体育活动的感觉会产生明显的影响。

采取行动

在学校中识别出肥胖学生是很容易的。但你如何才能帮助他们？当你开始采取行动时，请遵循以下重要步骤。

早期干预

开始干预的时间越早越好。仔细观察幼儿园到三年级的孩子，一旦确定了学校里的肥胖学生，就要设计一个行动计划。早期干预也有助于预防严重的心理问题。

制定一个团队方法

组织一个委员会来帮助设计行动计划。这个委员会应该由学校护士、营养师、心理学家和你（体育教师）组成。尝试让孩子的家庭医生参与；这将让委员会更有公信力，并且可以获得更多临床观点。

争取家长的支持

请委员会与每个学生的家长会面。这次会面对于正确实施计划至关重要。表明你对学生的情绪和身体健康的关注，问家长是否愿意提供帮助。如果他们愿意，你就可以开始了！向家长提供讲义，说明计划目标，并强调他们的责任清单。至少每3个月组织一次后续会议。如果家长不能到场参加会议，则组织电话会议并通过邮件发送家庭进展报告和资料。专门为这个群体组织"家庭健康之夜"，并请教师和专业人员一同参与。儿童可以和自己的家长一起学习如何作为一个家庭一起吃饭，一起锻炼。如果家长不与你合作，请继续在学校和学生配合，并将资料寄送到家中。家长可能需要时间来认识问题的严重性。

设计一个计划

该计划应涉及三个主要干预领域：饮食行为、体育活动模式和行为策略。每个专业人员都应负责在其专业领域制定具体的战略和活动。

编制档案

档案将帮助列出学生的进度，使你的努力更可信。该档案可以包括简档、合约、用于记录饮食和活动模式的日志表，以及一个列明短期和长期目标、日程表和具体活动的计划（见附录）。其他委员会成员可增加相关文件和教学材料。这个档案是学生的财产，但要保存在教室里，除非学生要在家庭作业中使用它。

安排额外的时间

你将需要花额外的时间与肥胖学生进行交流，帮助他们提高体育活动水平。在上学的时段里要求与学生单独会面，或安排与小组（每个小组3个或4个学生）会面。在课间休息、自由活动时间、你规划的时间、上学前的早会、放学后的活动或正常的上课时间里，寻找可以安排特殊体育活动课的时间。与校长和课堂教师密切沟通，以帮助安排肥胖学生的特殊时间。

安排讨论时间

除了额外的体育活动时间，安排与肥胖学生进行单独讨论或小组讨论会。每个会议都应该有一个主题，并配合一个学习活动。可能的主题包括责任、结识新朋友、自信、做出健康的决定和培养自我概念。例如，为了增强自我概念，要求孩子完成"我的树"（Me Tree）活动（参见第122~123页）。

提供反馈信息

一旦学生开始与委员会合作，就一定要提供反馈，以保持动力和进步。使用图表来说明在体重、活动模式和饮食习惯等领域的改善。给学生徽章、贴纸、帽子作为完成计划的某些方面的奖励。随着学年的继续，开始逐步停止奖励，并强调减肥的内在价值，如健康、自信、增加能量，以及在游戏和运动中取得更大的成功。

活动指南

指南将帮助你为肥胖学生设计有用的活动。大肌肉群参与的活动是最有益的，因为它们消耗最多的热量，举几个例子，慢跑、徒步、游泳、跳绳和追拍游戏等活动。然而，要从低强度活动开始，例如以适当的速度行走。

在初始阶段不要求或期望达到一定的成绩。相反，例如，在户外设施周围设计一个微型跑道，并要求学生在跑道上行走和慢跑，直到他们感到不舒服。让他们记录自己完成的圈数，并计算是否有进步。

了解他们喜欢什么类型的体育活动。一旦知道他们的喜恶，就能够计划出更多精彩、有趣的课程。例如，尝试通过使用较慢节拍的音乐来进行个性化有氧舞蹈，以维持适度的活动水平。只要它的要求不太高，音乐是最新的，活动环境是鼓励性的，学生似乎会喜欢这样的活动。当涉及肥胖学生时，特别重要的是要强调体育的多样性和乐趣。介绍多种活动，比如直排轮滑、组织化程度较低的游戏、舞蹈和节奏活动、预备运动和娱乐活动（如自然徒步），以展示保持活跃的多种方式。不要使用对成绩的期望和竞争来激励肥胖（或任何其他）学生。

自我监督是巩固学生活动水平提高的好方法。让学生在自己的档案中每天记录其体育活动时间，坚持几个星期。建议总共20~30分钟的连续大肌肉活动，学生可以将这些活动分几次完成（例如，在一天中的任何时间完成3次8~10分钟的活动）。

在肌肉力量和耐力部分包括阻力练习，使用小重量和多重复次数的形式。橡胶阻力器材和轻型哑铃（2~3磅，即1~1.5千克）是理想的器材。学生应该执行5种不同的练习，每个练习执行1组，每组10次重复，每周应有2次或3次全身锻炼。3周后，逐渐增加到2组，每组10次（具体练习见第11章）。

很多体育教师在制订针对肥胖学生的体育活动计划时会忽略柔韧性练习，因为他们的重点是增加大肌肉练习。然而，你的计划应该包括柔韧性练习，因为肥胖学生的活动范围通常因关节周围的脂肪过多而受限。鼓励学生每天进行一系列拉伸练习，7至10分钟（同样参见第11章）。

每2周或3周评估一次每个学生的进度。与学生安排简短的私人会议，偶尔让家长也参与，一起审查档案。强调积极的成功，谈论家庭活动，并鼓励学生评估和监测自己的进步。

哮喘

超过600万美国儿童患有某种形式的哮喘，并且这个数字正在上升。哮喘让呼吸道收缩，减少进入和离开肺部的空气流，引起心悸、气喘或咳嗽。

多年前，教育工作者不鼓励患有哮喘的儿童锻炼或参加正常的体育活动。过去15年的研究证明了这种做法是错误的。今天，让哮喘患儿定期运动，这让他们可以承受更长的体育活动时间，并降低哮喘发作的严重程度（Rimmer，1994）。

然而，你应该知道一种名称为运动性哮喘（EIA）的病症。在这种情况下，高强度或持续时间较长的锻炼可能使支气管收缩，引起哮喘发作。然而，患有哮喘的学生在遵循特定指引的情况下是可以参加体育活动的。

采取行动

要开始帮助患有哮喘的学生，请咨询学校护士，并仔细查阅学生的医疗记录。记下学生目前服用的特殊药物及任何体育活动限制。注意使用气溶胶药物的学生，他们应该在运动前30~60分钟使用这种药物，并在整节体育课上随身携带这种药物。

活动指南

有EIA倾向的学生需要在运动前做好热身活动，突如其来的高强度活动将增加他们的发病风险。让他们比同班的其他人有更长的时间去热身——至少15分钟的低强度活动，如散步、徒手体操，并进行中等强度的大肌肉运动。活动的强度应逐渐升级到不超过目标心率的50%，只有在身体准备好时才升级到60%。

你可能希望他们使用心率监测器来确定适合的体育活动水平。

在第4章中讨论过的间歇性活动是哮喘学生的理想选择，因为强度水平在整个练习过程中不断变化。拆分主要活动，或限制每次活动的时间为5分钟，每组练习后休息3~5分钟。对于更严重的病例，要缩短活动的时间，并增加休息时间。同样重要的是，最后要有10分钟的放松运动，使用类似于在热身中进行的练习。这将使学生能够逐渐、舒适地将心率恢复到正常范围，防止可能对身体造成不适当压力的任何突然变化。专家建议，哮喘学生可以参与典型时长的体育课，并且他们在一周的大部分时段里保持身体活跃的时间应达到60分钟——在正常频率、强度和持续时间的下限。

某些类型的与力量相关的活动可以使哮喘儿童受益。例如，锻炼腹部、胸部、背部和肩部肌肉可以帮助学生更有效地进行呼吸。还有另外一些活动应该不会让哮喘儿童觉得非常困难，包括巡回式或分站式的活动、翻滚和体操、阻力练习，以及垒球和排球运动。

最后，作为额外的预防措施，要制定应对哮喘发作的紧急程序。可以要求家人提供额外的吸入器，以及配套的说明书。如果吸入器不能立即舒缓患者的症状，则准备好叫救护车。

尽管有许多潜在的问题，但哮喘儿童应该参与良好平衡的体育教学计划。当他们学会自我调整时，他们将意识到并享受体育活动的许多好处。为了让他们形成对于身体能力的积极态度，你的专业指导和支持是至关重要的。

自闭症障碍

体育课可以为自闭症儿童提供一些培养社交技能、认知技能和身体技能的机会。在开放环境中与同龄人的互动将改善自闭症儿童的社交过程，自闭症儿童开始社交体验的年龄通常较迟。专家认为，在培养自闭症儿童的社交技能方面，同龄人的互动可能比成人指导的效果更好。作为老师，要尽量有耐心，允许其他孩子在课堂上带头，并通过班级游戏和活动来促进社交过程。

虽然一些自闭症儿童可能智力正常，但大多数都有多种认知缺陷，并且可能伴有语言障碍。以缓慢、有序的方式为孩子提供一些简短、简单的步骤，并在每个步骤中给予积极的反馈。此外，自闭症儿童常常有动作迟缓的问题。通过练习和适当的指导，这种动作迟缓是可以得到纠正的，要给予他们必要的信心和支持，以进一步发展他们的社交和语言技能。

采取行动

与校内为自闭症儿童服务的专业团队密切合作。请注意一些潜在的困难或危险可能会让班里的其他孩子不开心，或者对自闭症儿童造成身体伤害。例如，对噪声或触摸敏感的自闭症学生可能会变得兴奋，并且在受到噪声或身体接触的过度刺激时表现出异常行为，例如不规律的摇摆或旋转。在更极端的情况下，自闭症儿童可能会变得过度兴奋或紧张，他会表现出伤害自己的、不稳定的身体行为，比如踢、咬、撞头和抓挠。在这种情况下，助教应将学生带出教室。

活动指南

洛兹（Rouse，2009）建议了下列的策略。请记住，所有的策略都可能会无效。你可能必须每天调整和修改自己的技巧，以满足学生的需求。

强调社交互动

为自闭症儿童创造尽可能多的与同龄人互动的机会。有一种效果不错的技巧，就是给孩子分配同龄辅导员。一定要帮助辅导员了解自闭症儿童的状况和特点。此外，如果自闭症儿童的压力似乎在上升，请提供简单的安全预防措施或步骤的清单。

调整沟通方法

因为自闭症儿童可能有难以理解代词的问题，用第三人称角色和他们说话时可能会有帮助。例如，你可以说"苏珊可以踢球"，而不是"苏珊，踢球"。下达指令和上课过程中要使用一致的语言。尝试使用非常简短的语句去表达，因为太长的句子可能会扰乱孩子并造成不必要的压力。最后，在传达基本指令（如停下、开始、是或否）时要使用简单的手语。全班都可能会学习到这些提示，并与自闭症学生沟通。

允许更长的反应时间

在对自闭症儿童给出口头或视觉指示后，允许他们有几秒的反应时间。此外，每次应该只有一个人与自闭症儿童进行互动。如果没有给出反应，请重复该过程。如果仍然没有反应，告诉学生你想让他做什么。

使用正强化

自闭症儿童的注意力常常会固定或锁定在诸如小雕像或钥匙链等物品或玩具上。使用这些物品作为动力，让他们完成一项任务。一旦任务完成并且他们遵循了指示，就允许他们和这些物品坐在一起玩几分钟。使用一些正强化表达来保持他们的积极性（例如，"做得好""你今天很棒""你度过了一天超级体育日"或"我喜欢你踢球的方式"）。

使用书面语言策略

书面语言是与自闭症儿童交流的绝佳方式。为了在体育教学中降低孩子的压力水平，让他在课前阅读任务卡上关于课程活动的简单列表。下面是一个例子。

五年级

1. 伴随音乐通过自由活动热身

2. 健身站姿

3. 控球技术

4. 下课

事实上，任务卡对所有学生都有帮助。此外，你可以使用图片或图形作为指令和任务，以及可选的活动。需要更多具体指示的学生可能对社交故事有更好的反应。社交故事是针对一些自闭症儿童难以掌握的社会情境的基本故事。每个故事都有一个大主题，包括对各种情况的潜在反应。这种技术是由格雷（Gray，2000）开发的，可以帮助学生了解社交情境，帮助纠正不当行为或提供额外的指导。以下是一个行为管理的社交故事：

我的名字是汤姆。我必须停止在体育课上推我的朋友。如果我继续这样做，可能会有人受伤。他们也将不再做我的朋友。

自闭症儿童需要体育教师的支持和理解。如果计划得当，他们将能够参加高质量的体育课程，并获得所有的好处。

脊髓残疾

脊髓残疾由脊柱的椎骨或神经的创伤性损伤或疾病造成（Kelly，2011）。例如，由于车祸、潜入浅水或跌倒而造成严重受伤的儿童可能经历永久性神经损伤，导致某种瘫痪。如脊柱裂（一块或多块椎骨在胎儿发育期间不能完全闭合）等疾病也可能引起类似的瘫痪。椎骨变得非常不稳定，使神经和组织严重受损，导致运动能力的丧失（Rimmer，1994）。无论残疾的原因是先天缺陷还是受伤，脊髓残疾的学生的上身运动都会受到限制，并且通常要使用轮椅。

采取行动

以下指南将有助于为脊髓残疾儿童设计适当的体育活动计划。请记住，你应该根据学生的身体素质水平、病史、身体能力和个性来定制练习建议。你还应考虑到某些安全预防措施和器材限制。

活动指南

首先，脊髓残疾的儿童可能无法控制他们的膀胱。如果他们没有导尿管，你可以建议课堂老师，让学生在每节体育课之前上一次洗手间。为了帮助在运动期间的肾功能和温度调节，脊髓残疾的学生必须在中途休息并补充水分。作为一个预防措施，学生应该在运动水壶中装好冷水，并带在轮椅上。

通常，脊髓残疾的学生会有肌肉耐力不足。所以在运动的开始阶段，要减少阻力练习的重复次数以及有氧舞蹈中的手臂运动次数，以确保成功并继续体育活动。通过仔细观察，评估学生可以使用哪些肌肉、这些肌肉的力量和耐力，以及如何在体育课上使用它们。通常，脊髓残疾的学生由于要操控轮椅，会过度使用所需的肌肉，导致肌肉的不平衡。为这样的学生提供一些肩部、背部和髋部屈肌的柔韧性练习（注意：不要鼓励背部大范围屈曲，因为过度伸展的非功能性肌肉可能无法保持对背部提供良好的支撑，从而导致其他的身体问题）。

要特别注意植入了脊柱棒或做过脊柱融合术的学生所受到的限制。屈曲和旋转可能对这样的学生的身体状况产生不利影响，在体育活动期间造成更危险的情况。在移动过程中要密切观察躯干的平衡和控制，这会有所帮助。如果轮椅上的学生在体育活动中需要额外的支持，请在腰部绑上 2~3 英寸（5~7.6 厘米）的软垫护腰带，以保持儿童在轮椅上的稳定性。

脊髓残疾的学生应遵循与非残疾儿童相同的基本运动原则和体育活动阶段（热身、主要活动、放松）（参见第 4 章）。然而，有些残疾儿童必须维持适当的强度，一是为

了保持运动安全，二是防止过度用力，导致正常功能下降（Miller，1995）。以下练习可能适用于脊髓残疾的学生。

柔韧性练习

柔韧性对于脊髓残疾的学生同样重要。不幸的是，这种身体素质的组成部分经常被忽视。对于使用轮椅的学生来说，拉伸有助于维持肌肉平衡并改善某些功能性能力。

躯干侧拉伸练习

一只手臂慢慢地向上举起，手指伸直。保持另一只手臂的肘部弯曲。

将躯干稍微弯向侧面，举起的手臂稍微伸过另一侧。见图 5.1。

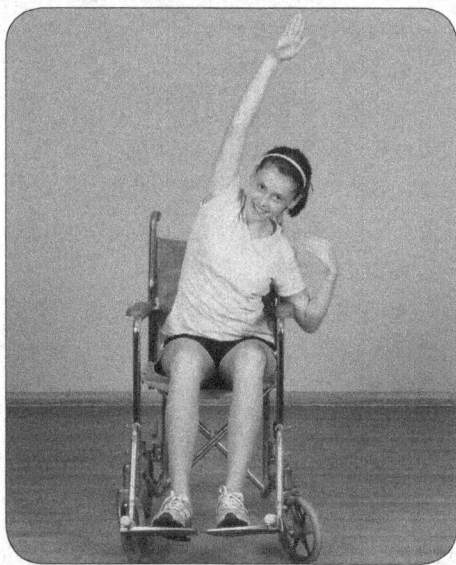

图 5.1 躯干侧拉伸练习

背部拉伸练习

保持向着上胸部收下巴，并且背部平直和稳定。从髋部向前弯，用手抓住脚踝支撑上身（见图 5.2）。小心保持平衡，避免跌倒（注意：姿势的改变可能会影响血压，并引起头晕）。

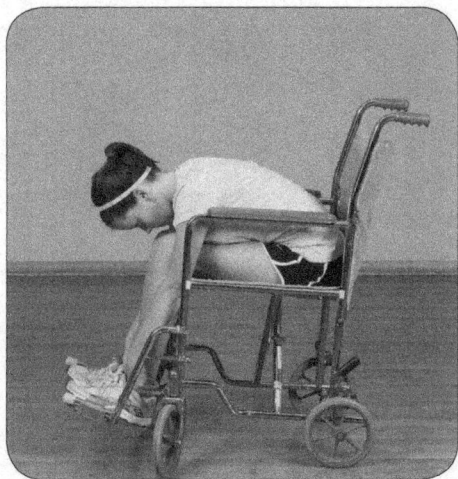

图 5.2　背部拉伸练习

前臂和肩部拉伸练习

在身体前侧大约肩部高度处握住双手，手掌向外。手臂向前并稍向上伸展。见图 5.3。

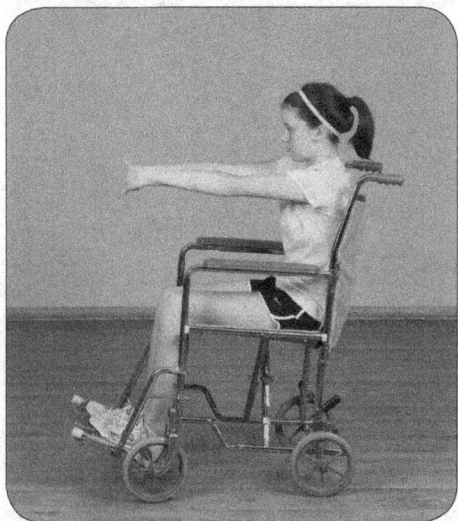

图 5.3　前臂和肩部拉伸练习

肩部和胸部拉伸练习

双臂向后伸，并在中背部区域的后面伸直，手掌朝上。轻轻抬起手臂，拉伸肩

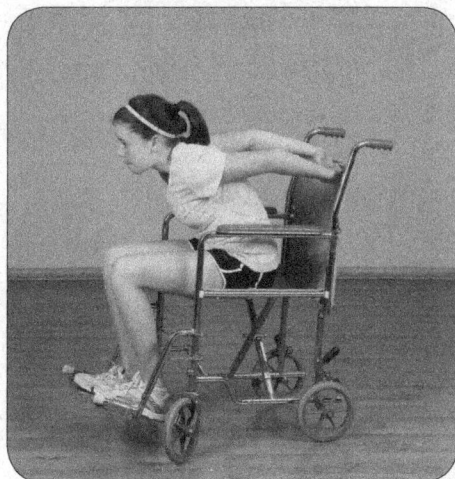

图 5.4　肩部和胸部拉伸练习

部和胸部。见图 5.4。

腘绳肌拉伸练习

坐在椅子的边缘，一条腿伸直，脚趾向上。保持膝盖稍弯曲。身体轻微前倾，保持背部稳定。见图 5.5。

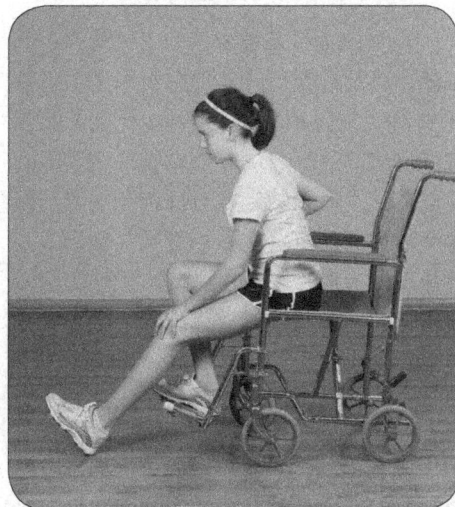

图 5.5　腘绳肌拉伸练习

=== 小腿拉伸练习 ===

用毛巾或带子包着一只脚的前脚掌，并伸直这条腿，将带子拉向胸部。见图5.6。

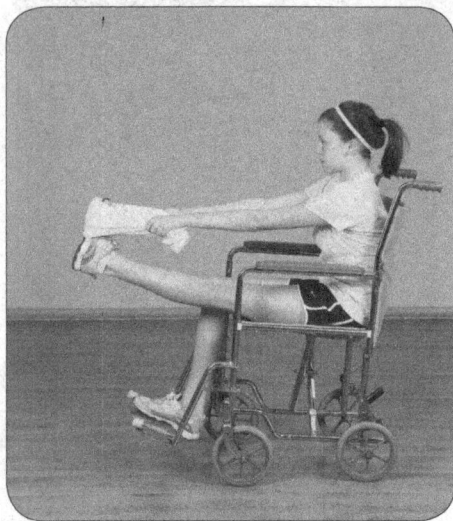

图5.6 小腿拉伸练习

肌适能（肌肉力量和耐力）

以下的练习锻炼身体的主要肌肉群。但是，我没有列出具体的阻力水平、组数或重复次数，因为这些取决于个人的能力。记住，学生应该缓慢且可控地进行练习，并且不应该锁定或过度伸展关节。保持身体两侧的重复次数均等，并提醒学生保持正确的坐姿。照片中使用了来自SPRI Quik-Fit for Kids 计划的橡胶阻力带和健身器材。也可以用其他阻力器材代替。

=== 针对肩部的弓箭拉伸练习 ===

抓住手柄，一只手臂向侧面伸直，好像握着弓。将手柄拉过胸部，拉到另一侧肩膀（见图5.7）。保持3秒，换一侧并重复。

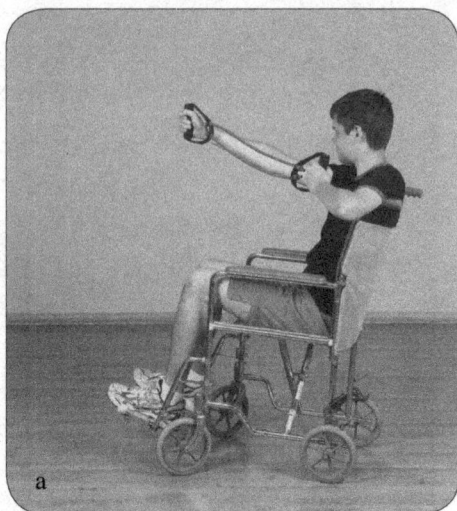

a

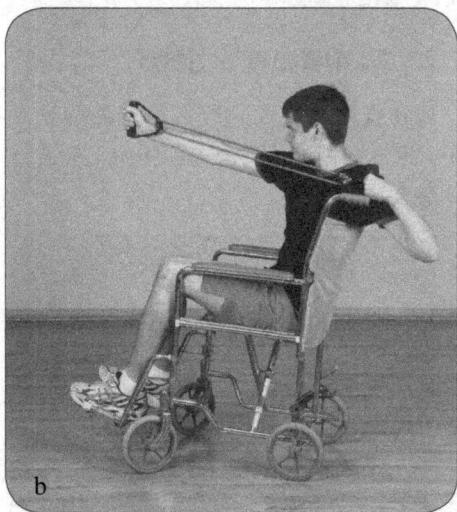

b

图5.7 针对肩部的弓箭拉伸练习的动作顺序

=== 针对胸部和背部的前扩胸练习 ===

双手在身前握住手柄，手掌朝内，肘部略微弯曲。将手柄向两侧拉开（见图5.8）。保持3秒，慢慢回到起始位置。

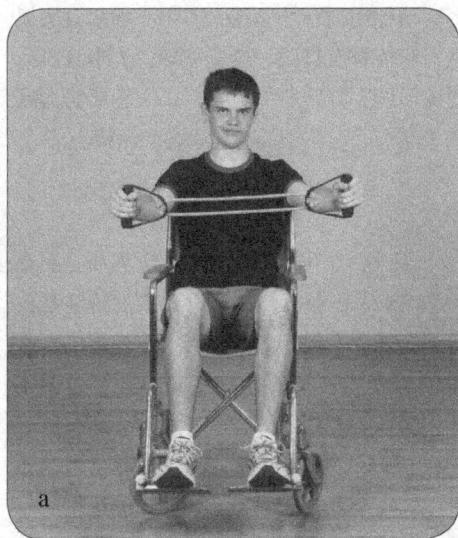

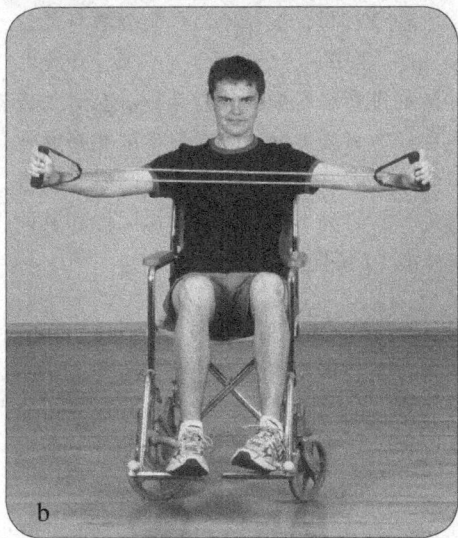

图 5.8　针对胸部和背部的前扩胸练习的动作顺序

针对背部和手臂背面的过头扩胸练习

在头部上方抓住手柄，手掌朝外。伸直手臂向下并向侧面拉，使拉力器落在身体后面（见图 5.9）。保持 3 秒，慢慢回到起始位置。

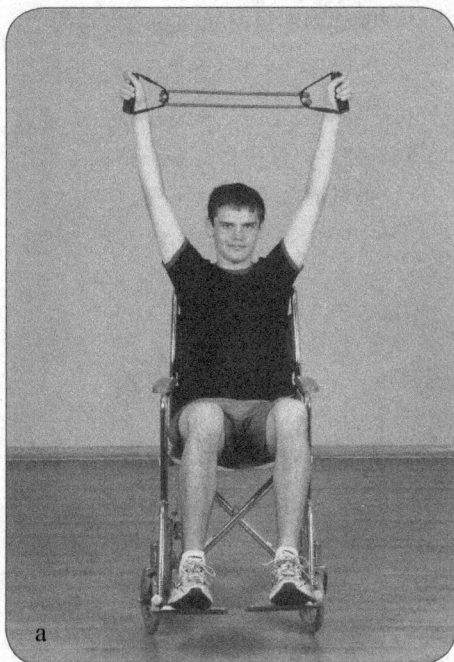

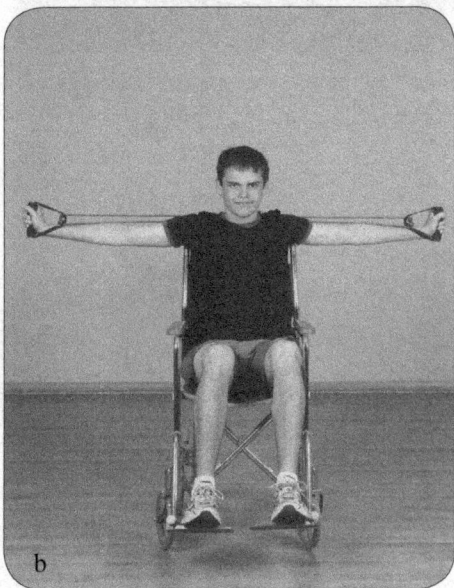

图 5.9　针对背部和手臂背面的过头扩胸练习的动作顺序

针对胸部和手臂背面的胸前推练习

将拉力器直接放在背后，中心的垫子正好位于肩胛骨下方。握住手柄，手掌向内。双臂伸直，保持肘部略微弯曲（见图5.10）。慢慢地返回到起始位置。

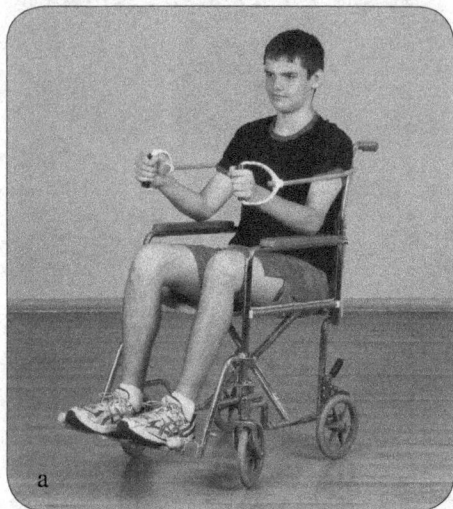

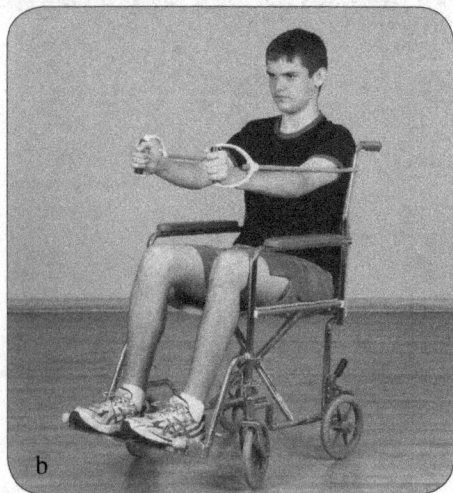

图 5.10 针对胸部和手臂背面的胸前推练习的动作顺序

心肺活动

身体残疾往往会对下半身的大肌肉运动造成限制，使得心肺耐力难以培养。以下活动使用较小的动作来获得心肺耐力的提升：轮椅有氧舞蹈、轮椅篮球、上半身肌力测试（即手臂蹬轮椅车），以及轮椅肌力测试（即在固定轮子的情况下移动轮椅）。

智力障碍

根据美国智力和发育残疾协会（AAIDD），智力障碍这种残疾的特征是在智力功能和适应行为方面有明显的限制，这涵盖了许多日常的社交和实践技能。多年来，衡量智力功能的标准一直是智商测试。70~75分表明智力功能受限。标准化测试还可以确定在3种技能类别中的适应行为的限制：概念技能、社交技能和实践技能。

在学校里，被诊断为可接受教育的、IQ测试达到50~75分的儿童通常被主流化，并被安排参加常规的体育课程。在运动表现和身体素质方面，轻度残疾的儿童通常与同龄人差3~4年。许多智力障碍儿童也有肥胖、姿势不良、大动作协调性和其他身体能力的问题。

采取行动

以下指南将帮助你为智力障碍儿童制订适合其发育水平的活动。这些孩子可能会发现运动很有意义，因为他们可以取得一定程度的成功和成就感。

活动指南

在教导智力障碍儿童时，要确保他们明白你的口头指示和反馈提示。例如，大多数智力障碍儿童不理解"在一英里跑过程中自己调整节奏"或"做尽可能多次俯卧撑"这样的基本指示。慢慢地说出简洁的指引。如有必要，请重复你的指示。

演示技能或概念，而不是单纯地进行解释，这可能有助于孩子理解活动。在参加活动之前，帮助学生一步一步地完成游戏、技能训练或健身活动，使其对相关动作有一定的了解。

抓住每一个合理的机会，对智力障碍儿童的努力、参与和成就给予表扬和正强化。当他们成功完成任务或 IEP 的目标时，奖励他们贴纸、纪念品或类似的奖品。在整个学年中更大方地对这些孩子使用外在奖励，以保持他们对任务的投入和动力。

对于有智力障碍的儿童来说，在受控的学习环境中保持一致的上课流程特别重要。一定量的重复可以产生安全感和信心。以下是可用于帮助智力障碍儿童的固定程序的几个示例。

· 让学生排队进入健身房，并在开始上课的时候站在他自己的位置上。

· 始终使用相同的考勤和热身程序。

· 使用哨子发出只有一个字的一般性指令："停，看，听。"

· 始终在同一位置结束课程。

· 让孩子们牵手组成合作伙伴、小组或大圈。

· 使用呼啦圈或在场地或球场上的一个固定位置标示个人空间。

最后，为智力障碍儿童在与健康相关的体能训练领域制订小的每周目标。记录每个学生的进步，强调进步，以激励他们参加体育活动。每当看到学生取得进步时，奖励积极的行为，并设计一个继续提高的计划。这里有一个例子：第一周，体育活动 10 分钟，5 次；第二周，体育活动 15 分钟，5 次；第三周和第四周，体育活动 30 分钟，每周 5 次。如果学生的技能水平和身体素质水平较低，要缩短每轮的运动时间，并有更长的休息时间。休息时间是提供即时反馈的好机会。

为了记录学生的进步，要与特殊教育团队合作制订适当的课程计划，并确保学生每周有四五天安排了体育课程。

社区的机会

具有中度智力障碍的儿童应该拥有与其他儿童同等的机会。营地、游乐场、健康俱乐部和其他项目都应该有经过培训的人员，能够满足这些孩子的特殊需求。

多年来，肯尼迪基金会（Kennedy Foundation）赞助的特殊奥林匹克（Special Olympics）计划和国际特殊奥林匹克运动会（Special Olympics International，简称特奥会）在世界各地取得了巨大的成功。每年有超过 100 万人参加这个计划，包括 8 岁以上的孩子和成年人。他们的智商低于 75，特奥会赞助了 14 项比赛，包括游泳、保龄球、滑雪、滑冰、曲棍球和轮椅比赛。最近，特奥会制订了全年的运动和健身计划。有关详细信息，请联系你所在地的特奥分会。

小结

不论儿童的肤色、性别或能力，提高所有学生的体育活动水平，并鼓励他们坚持健康的生活方式，这仍然是学校的主要目标。研究表明，残障儿童面临的疾病风险更高，因为他们与健康相关的身体素质水平较低，更容易导致肥胖。因此，你应该特别关注残障儿童，设计出满足其个人需求的体育活动计划。

使用本章中针对肥胖症、哮喘、自闭症障碍、脊髓残疾和智力障碍的学生的指南、安全预防措施和活动建议，针对这些学生个性化和调整体育课程。记住，在你作为教师的职业生涯中，始终用这句简单的哲理来指导自己做出教学和道德上的决定：所有的孩子都有权通过体育活动获得良好的健康，并且在学校、在家里和在整个社区中都应该有机会积极运动。

第二部分

体能教育的规划和教学

第 6 章

教学策略

> 教育就是当学到的知识全部忘掉后还保留下来的东西。
> ——B. F. 斯金纳（B. F. Skinner）

在过去十年中，我们的社会一直非常关注儿童肥胖问题。为了解决这个问题，体育教师在其课程中安排更长的体育活动时间，并强调最新的身体素质测试方法。作为体育教师，我们已经讨论过一些主要问题，诸如奖励制度、测量身体成分，以及用哪些具体测试项目获得关于学生的身体素质水平的最有效的数据。多年来，我们一直通过全国身体素质测试计划来教孩子们进行体育活动，这可能是过去几代人对体育活动感到泄气和缺乏动力的原因。

够了！现在是时候改变教学方法，并用最新的方法来让学生产生对体育活动的内在兴趣。

传统教学模式

传统的体育教学模式已被证明是不成功的。你是否了解以下介绍的模式？不幸的是，它们在你的学区中可能还很常见。

军训模式

军训模式使用直接命令来让孩子们运动。军队式体育教师将儿童编成小分队，并统一进行练习，使用体育活动作为不遵守课堂秩序的惩罚。此模式是不成功的，因为它不包容个体差异。此外，它迫使儿童按命令去进行练习，但他们并没有真正理解体育活动的价值。事实上，许多儿童的感觉是受到这种方法的威胁。它肯定无法形成长期积极的体育活动行为。

课前测试和课后测试模式

有些体育教师在学年开始时进行一次课前身体素质测试，在学年结束时进行一次课后测试。为了让孩子们为这些测试做好准备，这些老师通常在几节课中针对测试练习教授正确的技巧。在其余时间，他们很少教导与健康有关的身体素质或将这些内容纳入其传统的教学单元计划中。这种模式已经被证明是不成功的，因为它使孩子将身体素质简单地理解为区分健壮与否的东西。提高身体素质得分和获得奖励是这种模式的唯一动机。

5 分钟热身模式

在 5 分钟热身模式中，课程从 5 分钟的徒手体操和短跑开始，通常老师会同时点名进行考勤。这种模式导致重复和不适当的练习。学生就像机器人一样进行练习，

谨以本章纪念一位朋友兼同事玛斯卡·莫斯托恩（Muska Mosston）。

通常导致无聊和较差的运动技巧。使用这种模式的老师很少提出身体素质的概念，因此，学生从来没有了解过自己为什么要锻炼。此外，因为教师通常很少关注这一阶段的课程，学生最终会认为锻炼是不重要的。

健身单元模式

有些体育教师设计一个4~6周的健身单元，将其作为年度课程的一个独立组成部分。因此，儿童倾向于将健身视为孤立的对象，而不是作为在日常生活中重要的持续性活动。也就是说，在一个学年中启动健身计划的良好策略就是，在9月安排一个健身教学单元，并在整个学年中继续灌输相关的概念和活动。

游戏和运动模式

游戏和运动模式使用游戏和团队运动来教育锻炼的价值并提高体育活动水平。由于班级人数多、时间限制和参与者责任有限，游戏的时间通常很短，只有最少量的儿童达到了适度的体育活动水平。在游戏模式下，最积极的参与者通常是技能最熟练和身体素质最好的儿童，结果大部分儿童并不活跃——通常是最需要培养技能和提高体育活动水平的儿童。这种模式将游戏和团队运动本身作为目的。更好的方法是教育学生如何通过某些活动（如游戏和团队运动）提高与健康相关的身体素质并实现积极的生活方式。

健身概念模式

有些体育教师认为，如果孩子知道身体的工作原理并理解基本的运动原则，他们将变得活跃，因为他们了解运动的价值和需要。然而，仅仅靠丰富的学术知识这种方法本身是不够的；它只是高质量的体能教育计划的一个组成部分。孩子们需要体验健身，通过运动与同龄人互动，并通过实践来学习。因此，我主张采用本书所

介绍的更全面的体能教育模式。

人文主义的健身教学方法

人文主义不是一个理论，它是一种教学方法。人文主义的体育教师重视儿童而不是活动，重视体育活动而不是身体素质分数，并且，重视学生的选择和责任，而不是班级的控制。在这种心态下，人文主义的体育教师可以帮助儿童对体育活动在其生活中的作用建立一种积极的长期态度。

教师的作用

根据罗杰斯（Rodgers，1994）的观点，当你对学生和他们的学习采取三种基本态度时，就会明显提高学习效果：真诚，尊重个人，并表现出同理心。

第一，真诚。尽可能公开和诚实地与学生分享你的想法和感觉。当学生行为不端，将你的沮丧和失望告诉他们，同时要表现出热情、关怀和鼓励。如果你犯了错误，就要承认它，道歉，并继续后面的课程。如果你无法回答某个健身问题，坦白地说出来，并和全班一起寻找答案。

第二，尊重个人。学习尊重每个学生——无论他们的技能、想法或感受如何。罗杰斯认为这是一种"无条件的积极尊重"的态度，这意味着对他人保持开放的、非批判性的、无戒备的方法。例如，如果某个学生在有氧运动课上胡闹，其实她非常需要得到关注和尊重。这名学生可能非常害怕由于自己表现正常的行为而被排斥。要意识到各种行为背后的需求。

第三，表现出同理心。尽可能多地让自己站在学生的立场去思考。力求理解他们的感觉，并努力以具体实际的方式向他们表达这种理解。不要只是说，"我知道你的感觉"，要描述感觉并提出建议。这样做可以慢慢建立学生与教师之间的信任关

系。例如，如果一个超重的学生在上课时难以完成慢跑任务，要与他私下谈论他可能感受到的沮丧和焦虑，并分享你自己读书时可能在数学课上有过的类似体验。再次表明你接受他这个人，并提供你的支持。在你的帮助下，学生将很快接受规划自己的健身目标的责任。同理心是一股很强的力量，可以为真正的学习和发展建立平台。

教学应用

有几种方法使体能教育更加人文主义化，或更加以学生为中心。从学生认为重要的地方开始，学生能更好地理解与其个人发展有关联的教育目标。例如，通过卡通人物、动画和演戏来教一年级学生有氧舞蹈。使用包含流行迪士尼动画人物或其他最新媒体资源。

提供多种资源，以满足学生的各种需求，从而改善学习环境。例如，使用书籍、讲义、运动视频、图表、特邀演讲嘉宾和特殊器材（例如药球、健身带），以及公用数码摄像机录下学生做活动的过程。

此外，不要总是将课堂时间用于传统教学。让学生决定如何实现他们的个人目标和计划目标，从而为计划注入多样性。例如，偶尔安排一次"开放健身房（Open Gym）"活动。在游乐区设立 8~10 个健身站。让学生以任何顺序选择任何健身站，如果计划安排了足够多的项目并强调个人选择，就可以避免学生聚集在某些健身站。还要安排"练习时间"课程，让学生有时间练习健身舞步，或者他们认为需要额外关注的身体素质或动作技能的任何方面。

多样性必须不仅仅来自使用多种资源和改变课堂时间的使用方式；你还可以改变教学策略。但从哪里开始呢？让我们来看一看一些简单实用的教学方法，它们以莫斯托恩（Mosston）和阿什沃思

（Ashworth）的教学风格谱系为基础（Mosston 和 Ashworth，2002）。

教学风格谱系

因为可能不是每个学生都接受你的首选教学风格，你需要使用多种风格。拓展自己，在不同时间让你的方法与不同的学习风格相匹配。你的课程将会更有趣，所有的学生都可以接受，并且学习效果将相应地提高。

然而，在为特定课程选择特定教学风格之前，必须先确定课程的学习目标，明确界定学生将要学习的内容。无论教学风格如何，当你清楚地说明活动的目的时，孩子们都会学到更多。学习目标应该是具体的，你可以通过观察和评估来确定学生是否达到学习效果。此外，制订的课堂目标应代表学习的 3 个主要方面：认知（知道）、情感（价值观）和精神运动（行动）。以下是 III 级的学习目标示例。

· 认知：学生将能够找到自己的二头肌并识别锻炼这些肌肉的一个练习。

· 情感：学生将在放学后、周末或休息期间每天独立完成至少 60 分钟的体育活动，并在个人的积极生活方式档案中报告其活动（见附录）。

· 精神运动：学生将按自己最大能力的速度步行或慢跑 1 英里。

请记住，在选择教学风格时，并不表示一种方法优于另一种方法。事实上，每种风格都有其优点和缺点。根据目标选择一种风格。凭借经验，你将能够选择一种适当的风格或风格组合，以获得自己想要的结果。当然，优秀的教师可灵活运用广泛的风格和技巧。要保持创新，使用多种技巧为学习体验增添刺激（Mosston 和 Ashworth，2002）。

指挥风格

指挥风格完全以教师为中心。学生直接根据你的指挥在短时间内准确地完成任务。你使用演示和解释技巧来指导学生的全体行动。在这种风格中，对学生要执行的每个动作发出指令和信号。这种方法的优点是，它可以高效地利用时间，培养听力技巧，增加安全性，并简化班级管理。

当你引入新的活动或教授某些类型的课程（如游泳、集体练习或有氧舞蹈）时，指挥风格会很有用。

实践风格

实践风格让学生在学习任务中愿意承担更多的个人责任。与指挥风格一样，由教师决定学习目标和课程内容。然而，与指挥风格相反，教师要允许学生按自己的节奏执行任务。让学生独立、配对或以小组形式完成任务，从而增加多样性。每次让所有人处理相同的任务，或同时进行几个不同的活动。

有一种简单方法可以同时组织多个活动：结合站点方法与任务卡来帮助教学。任务卡让学生练习独立学习，这使实践风格比指挥风格更加以学生为中心。在每张任务卡上列出指示，让你可以更自由地提供反馈（见图6.1）。在一张大索引卡片上或在健身房中的海报上写下任务。使用图片、图形和色彩，使任务卡更具视觉吸引力。这种风格的主要优点是，它让你有机会注意到每个学生。

对等风格

在对等风格中，教师决定学习目标和课堂内容，但学生承担互相教学的责任。

使用对等风格的第一步是制订一个标准清单，供学生用来向其合作伙伴提供反馈，其中包括重要技能组成部分的简单分解（见图6.2）。图片也可能有帮助。你可能需要将每个清单夹在写字夹板上。用薄卡片压着表格，让学生用可擦除的高架投影仪记号笔在上面写字，这样你就可以擦干净卡片，并在未来几年内重复使用。标准清单在教授某些练习的特定动作时特别有效。你也可以在健身房的墙上张贴一张很大的任务卡，以帮助补充和强化适当的技巧。

在对等风格中，学生配对练习，组成教学合作伙伴，所以下一步就是随机配对班上的学生。与他们讨论担任教师工作是多么重要，并且你需要他们的帮助。要求每一对学生决定谁将是首先执行活动的人，谁将首先担任观察者或教师。执行者根据你的指示执行体育活动，观察者提供反馈并使用清单作为教学资源。经过几次试验后，让学生调换角色。尽量不要干扰"执行者—观察者"关系，避免降低这种风格的效果。你作为老师的角色是保持中立，并充当协调员。因此，对等教学风格是完全以学生为中心的。

自我检查风格

在自我检查风格中，将更多的决定权转移给学生，以培养更强的责任感。这种风格的目的是鼓励自力更生和自我完善，并告诉学生如何诚实和客观地评估自己的表现。

自我检查风格为你和学生提供了很大的自由度。你可以自己设计学习目标和活动内容。让所有学生完成同样的任务，或包括多种活动。也可以使用在对等风格中使用的标准清单（另一个例子见图6.3）。

确保在尝试自我检查风格之前已经就所选择的技能或活动上了几节相关的课。这为安全和高质量的独立练习奠定了基础（记住，执行得不正确可能会导致受伤）。然后让学生在整个游戏区域中执行所分配的任务，并定期停下来查看清单，以评估自己的表现。学生可以换到另一个任务，或为了纠正自己的表现而重复原来的任务。

在游戏区内循环，让学生独立发展；只有当学生的行为不安全或需要采取惩戒性行动时才提供反馈。

与合作伙伴的方式相比，自我检查风格允许学生更好地设定自己的节奏。给予学生充分的时间来完成任务，达到让学生自己满意的结果，从而表现出对个人差异的尊重。若使用自我检查风格，你可以通过观察他们的独立行为来了解关于学生的情感、认知和精神运动的发展的许多趣事。

自我检查的延伸是个性化学习合约。一旦你了解你的学生，就可能想使用学习合约来给他们更多的独立性，加速他们的个性化健身发展。你要根据每个学生的需

姓名＿＿＿＿＿＿＿＿＿＿＿＿＿＿＿＿＿＿＿＿　日期＿＿＿＿＿＿＿＿＿＿＿＿＿＿＿＿

班级＿＿＿＿＿＿＿＿＿＿＿＿＿＿＿＿＿＿＿＿

III 级

上半身力量

执行图表所述的每项练习，在每个已完成的任务旁边打钩（√）。完成后上交你的卡。

练习	任务	完成情况	备注
A. 常规俯卧撑或屈膝俯卧撑	完成的最大次数＿＿＿＿		
B. 屈臂悬吊	最大悬吊时间＿＿＿＿		
C. 绳梯	穿越一次或梯级数＿＿＿＿		
D. 爬绳网	一个来回（上下）		
E. 接药球	10 次单独接球并掷球		

图 6.1　实践风格：上半身力量的个人任务卡

摘自斯蒂芬·J. 维尔吉利奥，2012，《儿童身体素质提升指导与实践（第 2 版）》（Champaign, IL:Human Kinetics）。

执行者 1＿＿＿＿＿＿＿＿＿＿＿＿＿＿＿＿＿　　日期＿＿＿＿＿＿＿＿＿＿＿＿＿

执行者 2＿＿＿＿＿＿＿＿＿＿＿＿＿＿＿＿＿　　班级＿＿＿＿＿＿＿＿＿＿＿＿＿

III 级

慢跑标准

观察者：给执行者一些关于跑步姿势的指示，使用图表中的提示来帮助你。尽量友好。

执行者：以中等速度慢跑。当教师发出信号时，放慢速度；然后调换角色。

	执行者 1		执行者 2	
	是	否	是	否
1. 跑步时身体保持挺直，并略向前倾。				
2. 从髋部带动摆腿，膝盖弯曲。				
3. 脚跟落地，重量从脚的外侧部分转到脚趾。				
4. 脚趾指向正前方，落地时脚跟在膝盖的正下方。				
5. 直接向前和向后摆动手臂，双手要放松。				
6. 以均匀、可控的节奏呼吸——如果可能的话，尽量用鼻子吸气，用嘴呼气。				

图 6.2　对等风格：慢跑技术的标准清单

摘自斯蒂芬·J. 维尔吉利奥，2012，《儿童身体素质提升指导与实践（第 2 版）》（Champaign, IL:Human Kinetics）。

姓名＿＿＿＿＿＿＿＿＿＿＿＿＿＿＿＿＿　　日期＿＿＿＿＿＿＿＿＿＿＿＿＿＿＿

班级＿＿＿＿＿＿＿＿＿＿＿＿＿＿＿＿＿

III 级

自我检查：柔韧性

说明：按照下表中的步骤操作，每条腿练习 5 次。完成后，在右侧的方框中打钩（√）。

腘绳肌拉伸	正常	感觉不舒服
1.坐下，伸直左腿；右膝弯曲，并将右脚的脚掌放在左膝旁边的地板上。		
2.勾起左脚，脚趾向上，靠在墙壁、箱子或其他支撑物上。		
3.从髋部向前弯曲，保持下背部挺直。弯曲的膝盖可能会稍微向外旋转。		
4.放松并保持正常呼吸。你不应该感到疼痛！		
5.保持拉伸 10 秒。换一条腿重复。		

图 6.3　自我检查风格：柔韧性的标准清单

摘自斯蒂芬·J. 维尔吉利奥，2012，《儿童身体素质提升指导与实践（第 2 版）》（Champaign, IL:Human Kinetics）。

要包括一定数量的选项，并以此为依据提前设计合约（见图6.4）。

包容风格

包容风格的基础是每个人都有权参与课堂活动并获得成功。针对这种风格，要为每个健身活动建立不同的成绩水平。然后学生根据自己的偏好和身体能力选择其入门水平。你的角色是鼓励他们评估自己的表现，鼓励有困难的学生保持同样的难度。困难的部分（如果你自然地倾向于以指挥风格进行教学）是让学生选择自己的活动水平。请记住，这种风格让学生有权选择完全掌握某个特定的水平，然后继续提高。在不同站点使用任务卡也有一定的帮助（见图6.5）（有关包容残障学生的方法，请参见第5章）。

引导式发现和问题解决

引导式发现和问题解决代表着迄今为止已讨论过的技巧的重大变化。当使用引导式发现和问题解决时，你要求学生对主题事项进行不同的思考。过程或学习本身变得比最终的结果或成绩更重要。

引导式发现

在引导式发现中，要对问题有一个预定答案。然后安排一系列的问题（Q）和预期反应（AR），这些反应将使学生找到最终的答案。在预期反应后列出了你的回复（YR）。

Q：你的身体里最大的肌肉是什么？

AR：腿部肌肉。

YR：正确！

Q：腿的背面有什么肌肉？

AR：腘绳肌。

YR：非常好！

Q：假设你的爸爸要你从车库搬几个盒子。你如何接近盒子把它拿起来？

AR：弯曲膝盖，保持后背挺直。

YR：好！

Q：应该使用什么身体部位来到达较低的位置去拿起盒子？

AR：腿。

YR：是的！

Q：那么，当我们拿起某件东西时，我们用什么肌肉来完成大多数的工作？

AR：腿部肌肉。

YR：很好。现在我们来进行练习。

问题解决

在问题解决风格中，答案是没有限制的。你仍然选择一般的主题内容，提出具体的运动问题让小组或个别学生去解决，这个问题可能有数百个正确的答案。你必须仔细策划课程，并密切监督课堂的安全和组织。但是，一旦学生参与到问题中，就不要干涉，否则会破坏学习过程。举个例子，在 III 级程度的小组式问题解决可能只是要求孩子们使用 4 个箍、2 条跳绳和 2 个 8.5 英寸（22 厘米）的操场球来设计一个高度活跃的游戏。可能的理解有无数个，并且都是正确的。

使用开放式合约，允许学生制订自己的目标并设计达到这些目标的活动（见图6.6），从而为基本的个性化学习合约添加问题解决的方面（参见图 10.5 中的家庭健身合约）。

教学技术

鉴于科技的日新月异，NASPE（2009b）制订了状态报告书，指导教师在体育课中使用新科技。无线技术、计算机投影系统、交互式白板和体育活动监测设备的出现使得体育教师能够将最新的教学技术带入健身房。

姓名＿＿＿＿＿＿＿＿＿＿＿＿＿＿＿＿＿　　日期＿＿＿＿＿＿＿＿＿＿＿＿＿＿

班级＿＿＿＿＿＿＿＿＿＿＿＿＿＿＿＿＿　　水平＿＿＿＿＿＿＿＿＿＿＿＿＿＿

我，＿＿＿＿＿＿＿＿，同意执行由我的体育教师＿＿＿＿＿＿＿＿＿＿设计的以下活动，希望以此可以提高我的体育活动水平或身体素质水平。

我意识到，我必须坚持执行任务，尽自己的最大能力完成计划。

本合约将于＿＿＿＿＿＿＿＿＿＿＿＿＿＿＿＿开始，并到＿＿＿＿＿＿＿＿＿结束。

我将在每个课时内执行以下活动。

热　身：慢跑 2 分钟

肌适能：最少 1 分钟的仰卧起坐

　　　　跳绳 1 分钟

　　　　俯卧撑——1 组，尽可能多次

　　　　障碍跑——2 圈

运动项目（选择一个）：

　　　　　　　　　篮球：2 对 2 游戏或个人练习

　　　　　　　　　足球：射门练习

　　　　　　　　　垒球：跑垒或对墙掷球

　　　　　　　　　整理活动：步行 2 分钟；做 3 分钟的静态拉伸。

如果我成功完成这个计划，我将得到一张证书和一段自由体育课的时间。

学生签名＿＿＿＿＿＿＿＿＿＿＿＿＿＿＿＿＿＿＿＿＿＿＿＿＿＿＿＿＿＿＿＿

教师签名＿＿＿＿＿＿＿＿＿＿＿＿＿＿＿＿＿＿＿＿＿＿＿＿＿＿＿＿＿＿＿＿

图 6.4　个性化的学习合约

摘自斯蒂芬·J. 维尔吉利奥，2012，《儿童身体素质提升指导与实践（第 2 版）》（Champaign, IL:Human Kinetics）。

姓名＿＿＿＿＿＿＿＿＿＿＿＿＿＿＿＿＿＿　　日期＿＿＿＿＿＿＿＿＿＿＿＿＿
班级＿＿＿＿＿＿＿＿＿＿＿＿＿＿＿＿＿＿
III 级

俯卧撑：上身力量

说明：选择任意一种颜色的俯卧撑，执行尽可能多次。在右侧提供的空间中记录得分。当你掌握一种颜色时，尝试选择另一种颜色。

	重复次数
A. 蓝色：90 度屈臂俯卧撑	
B. 绿色：屈膝	
C. 红色：宽距	
D. 黄褐色：撑起来并坚持（以秒计）	
E. 黄色：椅子俯卧撑	
F. 棕色：靠墙俯卧撑	

图 6.5　包容风格的俯卧撑任务卡

摘自斯蒂芬·J. 维尔吉利奥，2012，《儿童身体素质提升指导与实践（第 2 版）》（Champaign, IL:Human Kinetics）。

姓名_____　　日期_____

班级_____　　水平_____

体育活动 / 健身合同

我，_____，想提高我的体育活动水平或与健康相关的身体素质。我明白我需要在_____方面做更多的练习。我的长期目标是_____
_____。

我明白我会增加上课时间来实现这个目标。我也承诺每周至少 3 天在校外执行练习，以实现我的目标。（选择 3 天：周一 周二 周三 周四 周五 周六 周日）

本合约将于_____开始，到_____结束。

我同意每周向我的教师报告我的进步以及我用来实现目标的具体活动。我将每天在我的体育活动日志上报告这些信息。

如果我实现了我的目标，我会奖励自己_____。

学生签名_____

教师签名_____

父母或监护人签名_____

图 6.6　开放式学生自选合约

摘自斯蒂芬·J. 维尔吉利奥，2012，《儿童身体素质提升指导与实践（第 2 版）》（Champaign, IL:Human Kinetics）。

运动电玩的发展（即视频游戏变成体育活动竞赛）又增加了另一种健身房应用的可能性。"舞蹈革命（DDR）"活动和舞步以及 Wii Fit 软件现在可以在体育馆安装的大型投影屏幕上使用。计步器和心率监视器（手表或戒指样式）已经成为更准确且可负担得起的工具，用于在各种活动期间监测身体活动和心率水平。Fitnessgram/Activitygram（Cooper Institute, 2010）软件提供了另一种监测学生的身体素质和体育活动水平的技术。你还可以通过制作一个模板并将其放在闪存驱动器上，来帮助学生记录他们的体育活动以使他们可以在整个星期观察自己的水平（参见附录的示例）。

NASPE 的立场是，科技可以增强体育教学的效果，其指引概述了确保在参照国家标准且适合发育水平的实践中适当使用这些科技的 4 个关键原则。

·指引 1：在体育中使用教学技术的目的是提供一种提升教学效果的工具。

·指引 2：在体育中使用教学技术的目的是对有效的教学进行补充，而不是取而代之。

·指引 3：在体育中使用教学技术应为所有学生提供机会，而不是让少数人受益。

·指引 4：在体育中使用教学技术可以证明对于维护与基于标准的课程目标相关的学生数据是一个有效的工具。

以上内容转载自 NASPE 2009。

课程结构

一旦你确定了特定的课程适用于哪种风格的教学，就可以安排课程了。将课程计划分为 3 个部分：引导、课程重点和结束。

引导

如果孩子们在事情发生之前就知道会

发生什么，他们会更有安全感。所以，要明确地安排每节课。回顾全班在上一个活动中完成了什么内容，然后介绍为这一节课计划的内容。使学生了解他们将要做什么、他们将如何做，以及为什么这样做很重要。这里有一个针对 II 级发育水平学生的例子："上周我们学习了锻炼对我们心脏的重要性。今天我们要学习如何测量我们的心率，我们称之为 HR，并在我们的篮球技能课之前和之后计算我们的心跳次数。在准备下课的时候，我会给你一个在家与父母一起完成的学习活动。记住，你必须照顾好自己的心脏，它是身体里面最重要的肌肉。即使是勒布朗·詹姆斯（LeBron James）也需要一个强大的心脏才可以每天打篮球！"

课程重点

一定要安排好上课时间，把课程的重点内容放在首位。换句话说，不要试图在一节课中完成所有的事情。如果课程的重点是教孩子测量心率，那么花大部分时间去实现这个目的。如果时间允许，可以增加其他相关的学习目标来帮助理解和延伸课程的重点。

结束

为了有效地结束一节课，可以简要回顾一下在课程中尝试的内容和完成的效果。如果合适的话，表扬学生的努力，但不要批评。介绍下一节课的内容，使他们渴望参加下一次体育课。如果课程非常艰苦，则使用这段时间让学生冷静下来，放松，然后离开。

这里是一个针对 II 级学生的结束示例："好吧，让我们完成这一节课。请过来坐在这棵树下。我认为，我们今天上了一节很棒的课。每个人似乎都有兴趣找到自己的心率，并在一分钟内计算心跳次数。下周我们要玩一个名为'圆圈循环'的游戏，了解心脏如何在我们的身体中泵血。今晚，当你在家时，告诉你的父母如何测量他们的心率，让他们计算自己的一分钟静止心率。祝你们有愉快的一天，记得要坚持有益自己心脏的行为！"

小结

事实已经证明，传统的体能教育模式和教学策略对于提高儿童的身体素质水平和培养其体育活动模式并不成功，因为它们强调的是结果（即身体素质水平），而不是培养长期的积极体育活动行为的过程。但是，有方法可以取代传统的体能教育方法！让我们强调如何教育儿童参与体育活动，确保我们使用多种教学风格来满足我们的教育目标。在规划高质量的体育教学计划之前，应接受人文主义哲学，它将每个学生的个人需求和能力放在首位。莫斯托恩（Mosston）和阿什沃思（Ashworth）介绍的教学风格谱系提供了许多有创意的选择，针对每一组目标，从中选择合适的教学风格。

第 7 章

体能训练课程的计划设置

> 我们的计划流产了，因为它们没有目标。
> 当一个人不知道自己的目的地是哪个海港时，所有的风向都不会是顺风。
>
> ——塞内卡（Seneca）

课程的内容设置是当今体育教师们面临的最艰巨的任务之一。过去，体育教师通常认为，运动技能、游戏、舞蹈、体操和各种运动项目提升了与健康有关的身体素质水平，并保持儿童的体育活动模式。在本书中一直支持的一种更现代的方法是，在整个学年中，应该同时教授与健康有关的身体素质概念和运动技能。

本章提供了示范课程，包括针对 III 级发育水平的年度计划示例，其中结合了与健康相关的身体素质概念及多种技能主题。我们还将看一看针对 I、II 和 III 级发育水平的体能教育范例和体能整合课程计划。记住，每个年级的孩子在其发育水平方面的差异很大。尽管如此，我将级别划分如下。

I 级发育水平：幼儿园和一年级

II 级发育水平：二年级和三年级

III 级发育水平：四年级～六年级

体能教育课程计划只专注于提供与健康相关的体能训练。体能整合课程说明如何在一节以技能或运动项目为主题的课程中整合与健康相关的体能训练并提高体育活动水平。在本章中，你将学习如何整合健身、价值观、体育活动概念和技能主题，以设计出高质量的体育课程。

III 级发育水平的年度计划示例

在学校日历上划出课程的主要组成部分的时间段。考虑整体的身体发育，并努力制订一个平衡的课程。如果技能相关课程包括高比例的激烈体育活动，则寻找将技能活动与体能活动结合的机会。例如，节奏和舞蹈单元可以包括有氧舞蹈的内容。

表 7.1 显示了一个针对 III 级发育水平的年度计划，设计为每周 2 次、每次 30 分钟的课程。

讨论与健康相关的身体素质概念的详细课程计划（I、II 和 III 级）见第 8 章。

本章后面是针对各个级别的体能教育课程计划示例：I 级（超级泵）、II 级（回到基础）和 III 级（益心）。随后是一个示例体能整合课程计划，对应着同一个年度计划的第12周~第14周。这种结构化的 体能教育内容和连续性。
课程规划方法将确保体育课程具有适当的

表 7.1　针对 Ⅲ 级发育水平的年度课程计划

周	课程重点	体能活动	身体素质概念
1	引导性活动，合作性游戏	柔韧性拉伸	健康概念
2~3	与健康相关的身体素质课前测试	坐位体前屈、俯卧撑、仰卧起坐、PACER、身体成分	体育活动和健康练习的技巧
4~6	体育活动、生活方式活动、与健康相关的身体素质组成部分和概念	体能循环训练，肌肉力量和耐力	阻力练习和柔韧性练习的适当技巧，要避免的练习
7~8	与健康相关的体育活动和概念，使用积极生活方式档案	心肺耐力（CRE）	体能训练原则（身体素质组成部分、FITT、心率、间歇性活动）
9~11	足球技能	活跃的足球技巧和前导游戏	体能训练原则（静止 HR、HR 恢复、预防受伤）
12~14	篮球技能	上半身练习，下半身练习	运动科学：上半身解剖学和下半身解剖学；介绍个人的积极生活方式档案
15~17	排球技能	药球练习，健身游戏	运动科学：专项性、渐进性、超负荷、规律性、训练和坚持（SPORT），以及骨骼解剖学
18~20	翻滚和体操	俯卧撑程序、柔韧性、健身游戏	健康食品
21~22	新游戏	体能循环训练	做出健康的食物选择（教导哪些是不健康的食物、小吃和饮料的替代品）
23~27	节奏和舞蹈	有氧舞蹈、踏板操	家庭体育活动：父母和社区参与
28~31	垒球技能	自由选择体能活动自由选择体能活动	保持更新个人的积极生活方式档案
32~34	通过体育活动实现健康生活方式	自选体育活动的个人合约	永远健康：做出选择和决定
35~36	与健康相关的身体素质课后测试	（见课前测试，第 2~3 周）	复习主要的体能训练原则、夏季体育活动、夏季安全、休闲娱乐机会
36	运动会	全身发展	维持身体活动水平（每天 60 分钟）

课程计划设置示例

本节包括体育课程计划和体能整合课程计划中的示例。每个示例都包括来自 I、II 和 III 级发育水平的课程。请记住，这些课程是从单元计划中提取出来的一节课。

由于上课时间长度不同，我建议课程各部分的时间分配比例如下：

引导	15%
体能教育	30%
发展运动	45%
结束	10%

每个教师都有自己的课程计划格式，内容可以与课程的不同部分整合。然而，不管是哪个级别或什么内容，某些指引都应该保持一致。

· 课程重点：这是应该直接指导班级的具体内容。

· 目标：本节介绍的课程计划使用以学生为中心的目标。这些目标从认知（知识）、精神运动（运动和身体发育）和情感（价值观）方面描述了学生在课程活动后将会做什么。

· 器材和设施：此类别列出了上课时需要的所有器材、教学材料和设施，包括器材与学生的比例。

· 安全注意事项：正确的安全规划有助于防止事故发生，保持课程顺利进行。

· 引导：也称为"设定期望"，引导的目的是激励孩子，使他们了解他们将学习什么，为什么它是重要的，以及他们将如何完成学习目标。

· 程序：本节详细介绍活动、教学策略、时间分配和课程管理提示。

· 结束：由于时间限制，通常很难有一个正式的结束部分，但是由于许多原因，它又是必需的。首先，这是回顾课程内容的一个好时机。第二，它将帮助你评估学生是否掌握了课程中学习的概念。第三，它可以用于告诉学生课程与他们的日常生活有何关联。最后，在结束部分中简要预告下一节课中令人兴奋的活动，这是让学生为下一节课的活动做好准备的好机会。

在你阅读以下课程计划时，请考虑如何更新自己的课程计划才可以包含每个基本组成部分。记住，在整个学年都将体能训练融入你的课程中。

体能教育课程

超级泵（1级）

课程重点

通过创造性的、有表现力的动作和练习提高体育活动水平，并了解心率在运动中的作用。

目标

◆认知：学生知道体育活动可以增加心率，从而让心脏得到锻炼。

◆精神运动：学生参加多种活动以提高体育活动水平。

◆情感：学生认为体育活动既是强化心脏的手段，也是表达创造性的一种形式。

器材和设施

音乐、音乐播放器和有界线标记的开阔游戏场地。

安全注意事项

检查游戏场地是否有任何危险。确保学生穿着适合运动的服装。

引导（3分钟）

说："所有的肌肉都很重要，并且都应该锻炼，但心脏是身体中最重要的肌肉。"让学生围坐成一个圆圈，请他们按着左侧胸部感觉自己的心跳，让他们注意到心跳的节奏。强调在心跳的强拍时，心脏会向肌肉输送燃料。说："你有没有觉得自己的腿真的很累？它可能说明你需要运动，以强化你的心脏肌肉。今天，我们将积极地加强心脏，将通过音乐来让这个过程更有趣。"

程序

热身（5分钟）

学生站起来并围成一个圆圈，指示他们执行以下操作。

沿着圆圈走。	30秒
沿着圆圈快步走。	30秒
沿着圆圈边走边跳。	30秒
沿着圆圈侧跨步。	30秒
沿着圆圈跳步。	30秒
快步走加向前出拳。	30秒
快步走加臂弯举。	30秒
执行正步走。	30秒

活动1：音乐创意运动（8分钟）

让学生分散在整个游戏区域内并留在自己的个人位置。当音乐停止时，学生进行海豹式行进。

执行	指令
播放音乐	走路。
	绷紧双腿走路。
	交叉腿走路。
	只用脚后跟着地走路。
	踮起脚尖走路。
	走直线。
停止音乐	海豹式行进。
播放音乐	轻轻地慢跑。
	轻轻地慢跑，和一个朋友击掌。
	慢跑，假装你是一只鸟。

　　　　　　　　　慢跑，假装你是一辆车。

停止音乐　　　海豹式行进。

播放音乐　　　像袋鼠一样跳。

　　　　　　　　　像兔子一样跳。

　　　　　　　　　像青蛙一样跳。

　　　　　　　　　你能想出另一种动物来模仿吗?

停止音乐　　　海豹式行进。

播放音乐　　　假装很高兴地走路。

　　　　　　　　　假装非常伤心地走路。

　　　　　　　　　假装非常生气地走路。

　　　　　　　　　假装在阳光明媚，温暖的日子里走路。

　　　　　　　　　假装在多云，阴雨的日子里走路。

活动 2：心连心（7 分钟）

　　将学生配对，让他们分散在整个游戏区中。向学生提出一系列运动要求。说："当我命令'心连心'，找到一个新的搭档，两人的左肩膀挨着，并将右手放在自己的心脏区域，感觉它的跳动。"尝试以下指令。

◆向前 3 大步。

◆向后 2 大步。

◆单脚站立并保持平衡。

◆快速变向走。

◆心连心!

◆在健身房里边走边跳。

◆像马一样跳步。

◆像士兵一样正步走。

◆心连心!

◆向前 5 步。

◆向后 5 步。

◆向侧面 5 步。

◆心连心!

◆跳 2 步；然后青蛙跳 1 步。

◆沿着地板上画好的线走。

◆沿着地板上的线向后走。

◆找到班上任何一个人，和他握手。

◆心连心!

整理活动（2 分钟）

　　说："每个人都安静地走，感觉自己的心跳。这种更快的跳动意味着你正在锻炼自己的心脏。"（播放放松的音乐。）

结束（3分钟）

让学生围成一个圆圈站好。进行以下讨论。

"什么动作使你的心脏跳得更快？哪些其他类型的活动使你的心脏跳动得更快？每个人都再次感受自己的心跳（把你的右手放在自己的胸口处），感觉它如何减慢。这是因为我们在休息。心脏需要休息，但我们应该每天都锻炼我们的心脏！下周我们将使用降落伞练习，并且玩一个有趣的健身游戏。"

回到基础（II级）

课程重点

提高整体的体育活动水平，并正确执行针对颈部和背部健康的练习。

目标

◆认知：学生知道如何执行特定的练习来防止对颈部和背部造成压力。

◆精神运动：学生参与每个站点特定的心肺耐力活力、肌肉力量和耐力活力和一般体育活动。

◆情感：学生根据个人身体素质水平做出个人的活动选择。

器材和设施

◆大的活动场地、1个绳梯、4张任务卡、音乐、音乐播放器、4~6张翻滚垫。

◆每4个学生：1个呼啦圈、1条跳绳、1条飘带、1个足球、1个篮球。

◆每个学生：1个直径8.5英寸（22厘米）的操场球、1个泡沫足球。

安全注意事项

确保垫子干净。检查活动场地、所有器材和绳梯。

引导（3分钟）

向班级同学解释，本课程将帮助开发以下身体素质组成部分：心肺耐力、肌肉力量和耐力。每个站点将有一个体能目标。说："有人知道因运动而受伤的人吗？有时运动会伤害我们的身体，因为我们做得不正确。"示范屈膝的仰卧起坐，而不是直腿仰卧起坐，并示范颈部练习——低头，向上看，颈部倾斜（不是头部直接向后）。提醒学生正确地进行这些练习，以避免对背部或颈部造成压力（请参阅第11章了解更多要避免的不安全练习）。

程序

热身（5分钟）

让学生绕篮球场排成一行。每次他们完成一圈，就让他们改变活动。指挥学生做以下练习。

◆绕着篮球场区域的外侧走路。

◆绕着篮球场区域运球。

◆绕着篮球场区域踢泡沫足球。

活动：循环训练（16 分钟）

将学生分成 4 个小组。在这个小组活动中，在每个站点用颜色标识各项选择。在活动过程中播放音乐，告诉学生："当音乐停止时，移动到下一个站点。"在全班学生之间走动，向学生提供个人反馈。应在每个站点张贴活动选择，并附有提醒学生尽力做到最好的语句。

站点 1：上半身肌肉力量和耐力

黄色　　　　走过绳梯，2 圈。

红色　　　　屈膝俯卧撑——执行 2 组最大重复次数。

绿色　　　　海豹式行进，在翻滚垫上完成 1 个或 2 个来回。

站点 2：心肺耐力

黄色　　　　围绕球场区域慢跑 3 圈。

红色　　　　跳绳，3 组，每组 15 次，中间有休息（如果学生难以完成跳绳，则使用跳过地上的界线来代替）。

绿色　　　　绕着指定区域以慢跑的速度运球（足球或篮球），到时间后换到下一个站点。

站点 3：腹部耐力

黄色　　　　仰卧起坐——重复 5、10 或 15 次（视学生能力而定）。

红色　　　　仰卧起坐扭身——重复 5、10 或 15 次。

绿色　　　　斜卷腹——重复 5、10 或 15 次。

站点 4：自由发挥体育活动

学生选择想用的器材并创建体育活动。

黄色　　　　呼啦圈

红色　　　　操场球

绿色　　　　飘带

整理活动（1 分钟）

让学生沿任何方向在游戏区域内四处走动。

结束

说："为什么正确地进行练习很重要？我们在开始上课时提到的两个危险练习是什么？为什么它们很危险？记住，正确地进行练习，这样就不会对你的颈部或背部造成任何额外的压力。下周我们将玩一个积极的游戏来提高体能。"

益心（III 级）

课程重点

通过间歇性活动增加心肺耐力。

目标

◆认知：学生了解用间歇性活动的技术来增强心肺耐力。

◆精神运动：学生按自己的能力水平参加间歇性活动。

◆情感：学生将间歇性活动作为提高自己个人极限的方式。

器材和设施

秒表、音乐 [艾德温·斯达（Edwin Starr）的《还要走 25 英里（Twenty-Five Miles to Go]）》]、音乐播放器、10 个训练锥、口哨、户外游戏区（检查设施可用性）。

安全注意事项

检查游戏场地是否有玻璃、碎片、坑洼和其他危险。

引导（3 分钟）

说："有没有人想过像篮球、足球和地板曲棍球等运动是如何做到大量地跑动，并且中间只有很短的休息时间？比如篮球，场上球员一直都在积极跑动，直到比赛出现暂停、节间停歇或出现犯规，然后所有的跑动都停止一会儿。这就是一种间歇性训练的形式。今天我们将进行间歇性活动，它将增强你的心脏和肺部，也许会让你在参加某些运动项目时不至于那么快就感觉到累了。"

程序

热身（5 分钟）

让学生在游戏区域周围排成一行。然后让他们听着艾德温·斯达的歌曲《还要走 25 英里》绕游戏区域走动。

活动 1：换队长（3 分钟）

将学生分组，每组 5 人，并让每个小组分别排成一行。排在最前面的人（队长）开始以中等速度向任意方向慢跑。说："当我说'换人'时，排在最后的学生成为队长，而之前的队长成为这一行中排在第二的人。"每 30 秒换一次队长。你也可以要求队长改变动作，例如，允许他们边走边跳、跳跃、侧跨步、海豹式行进或蟹行。

活动 2：走路与慢跑间隔（8 分钟）

在户外使用训练锥标示出大型跑道的界线。让学生分散在跑道上，要求他们不要聚在一起。说："我们首先沿着跑道走。当我吹口哨时，开始以适合你自己的节奏慢跑。当我再次吹口哨时，你们要再次快步走，继续这样交替。"以 45 秒的间隔交替走路和慢跑，继续 7~8 分钟。

活动 3：选择目的地（7 分钟）

站在场地中间，要求学生快步走向你，以获得下一个活动的进一步指示。向他们解释，在下一个活动中，他们可以选择目的地。为他们提供一些可以选择的慢跑目的地。确保所有目的地都在你的视线范围以内，以便你可以正确监督。下面是一些例子。

◆大橡树。

◆球场上的篮球架。

◆学校大楼的北边。

◆引体向上用的单杠。

◆足球门。

◆垒球场后挡网。

说："以中等速度慢跑到你的目的地，然后以更快的速度跑回这个地方。但这不是一场比赛！"然后让学生选择自己的目的地。

整理活动（3分钟）

要求全班以中等速度从场地走回球场区域。

结束（2分钟）

问学生是否喜欢间歇性活动。然后说："我们参加的哪些其他活动可以被视为间歇性活动？你在家里做什么类型的间歇性活动？[可能的回答：骑自行车、溜旱冰。] 下周，我们将学习另一个运动原则：心率恢复。我们将在运动前、运动期间和运动后测量我们的心率，并计算出我们所说的恢复指数。"

体能整合课程

心脏的跳动（I级）

课程重点

跳跃、青蛙跳、做支撑动作、各个级别的移动、识别形状和字母，通过跳绳活动锻炼心脏肌肉。

目标

◆认知：学生知道心脏是需要锻炼的肌肉，并且知道各种运动形式、级别和支持。

◆精神运动：学生参与要使用跳绳的各种运动以及高度活跃的游戏，从而提高体育活动水平。

◆情感：学生将使用跳绳的活动和与游戏相关活动视为锻炼心脏且保持活跃的方式。

器材和设施

音乐、音乐播放器、每个学生 1 根跳绳、平坦的游戏场地。

安全注意事项

检查跳绳和游戏场地是否有危险；确保没有人戴首饰。

引导（3分钟）

介绍使用跳绳来培养运动技能和保持身体活跃。复习身体用于跳跃的肌肉。要求学生收紧大腿肌肉，并在肌肉收紧时将手放在肌肉上。让学生握拳，并把拳头放在胸部的左侧。说："这是心脏的位置，你的拳头和你的心脏一样大。心脏是一个以肌肉组织为主的器官，当你跳跃时可以锻炼心脏。"

程序

热身（3分钟）

让学生围成一个大圈子。使用音乐和指挥提示，让学生绕着圈子走，然后快步走，一边走一边摆臂，一边走一边跳、兔子跳，以中等速度慢跑。

活动1：绳子形状（15分钟）

让学生分散在整个游戏区域内并留在自己的个人位置。配合使用引导式发现与这些独立的跳绳活动。

◆将你的绳子摆成一个圆圈。

◆你能把身体的其中1个部位放在圆圈里吗？2个？3个？4个？

◆你能进入你的圆圈吗？

◆你能变多小？

◆你能变多大？

◆你能绕着你的圆圈慢跑吗？

◆找出可以绕着圆圈外侧移动的方式。

◆将你的绳子摆成一个正方形。

◆你能用一大步跳过你的正方形吗？

◆告诉我如何跳进和跳出正方形。

◆把绳子放成一条直线。

◆你可以像马戏团走钢丝的人那样在你的绳子上走吗？

◆你能向后走吗？

◆如果绳子比较低，你能在绳子上走吗？

◆如果绳子比较高，你能在绳子上走吗？

◆你能在绳子上横着走吗？

◆将你的绳子摆成字母V。

◆你能跳过字母V最宽的部分吗？

将学生分成3组：

◆你能把3个字母放在一起吗？试着组成一个单词。

◆走过这些字母，但不要碰到绳子。

◆你能绕着这些字母慢跑吗？

◆你能走进走出这些字母吗？

活动2：生命线（7分钟）

将学生分成4个或5个小组，每组有1根标准跳绳。解释这个游戏："每个组中的一个学生拿着跳绳的一端，跳绳就是生命线。听到信号'开始！'时，拿着跳绳的那个学生在整个游戏区域中跑动，在地上拖动跳绳并摇动它。小组中的其他学生试图拾起跳绳的另一端，拾起生命线的学生带着绳子跑。"确保小组中的每个学生都有轮流带着生命线跑的机会。提醒全班："跳绳被称为生命线的原因是，跳绳对于心脏是一种很好的运动，运动会改善你的生活，让你保持健康。"提醒学生让跳绳保持触碰地板。

整理活动（2 分钟）

让学生在场地中找到一条线，走在线上面，把这条线当成钢丝绳。让他们横着走、向后走、踮起脚尖走、用脚跟走，以及蹲着走。

结束（2 分钟）

强调跳绳对培养体能的价值。问："当你跳绳或跑步时，除了腿部肌肉以外，还锻炼了什么肌肉？[心脏。] 在下星期的课上，我们会尝试跳大绳。即 2 个学生摇绳，另一个学生跳绳。"

降落伞！（II 级）

课程重点

控球、扔球和接球技能，提高肌肉力量和耐力。

目标

◆认知：学生知道肌肉力量和耐力对于完成生活中的各种活动是很重要的。

◆精神运动：学生参与各种控球技能，并通过降落伞活动培养上身肌适能。

◆情感：学生获得对控球技能的信心，并了解锻炼手臂和肩部的需要。

器材和设施

1 个大型降落伞、2 个中型降落伞、每个学生 1 个直径为 8.5 英寸（22 厘米）的操场球、1 个大型游戏场地或草地。

安全注意事项

检查降落伞是否有小裂缝或小洞。向孩子们展示如何用正手握住把手。

引导（5 分钟）

说："今天我们要使用操场球和降落伞来培养我们的控球技能，以及我们的上半身力量和耐力。为了享受这一堂课，我们需要团体合作。"

问："有什么家务要求你使用手臂和肩膀？[洗车、吸尘、清洁窗户。] 哪些体育活动需要强壮的手臂和肩膀？[投掷垒球、击打垒球、排球的扣球、投篮。] 你还有什么其他类型的事情需要强壮的手臂和肩膀？[爬树、在操场的器械上悬吊、挖坑、游泳。] 为了做所有这些事情时不会觉得累，你需要锻炼手臂和肩膀。今天，我们将在课堂上使用降落伞来帮助我们的上半身变得更强壮。"

程序

热身（3~5 分钟）

让学生站在大降落伞周围。要求他们绕着降落伞走路、边走边跳或慢跑。然后，让所有的学生用双手抓住降落伞，将它举过头顶，并降低到腰部位置 2 次。接下来，让所有学生用左手抓住降落伞，并在抓住降落伞的同时逆时针慢跑——边走边跳、跳跃、跳步。

活动 1：带球（12 分钟）

让学生分散在整个游戏区并留在自己的个人位置，每个学生都有 1 个直径为 8.5 英寸（22 厘米）的操场球。提出以下问题并要求学生解决。

1. 双手在腰部高度持球，走进公共空间而不让球掉下来。

2. 重复 1，带着球慢跑。

3. 将球放在地板上或放在你面前的地板上，找到一种方式去越过球而不会碰到它。

4. 持球并让球在身体的不同部位上滚动。

5. 将球抛到空中，让它在地上弹起来一次，然后接住它。

6. 将球抛到空中，并在它落地前接住它。

7. 将球抛到空中，计算你在接球之前能拍手多少次。

8. 你可以将球抛到空中，并在奔跑过程中接住它吗？

9. 将球抛到空中，在高、中、低 3 种不同高度的位置接住它。

10. 坐着抛球，然后站起来接住它。

11. 找到让球保持不落地的方法，但不准使用手。

活动 2：小组降落伞接球（5~7 分钟）

将全班分成人数相等的两组，让每个小组各抓住 1 个中型降落伞。两个组间隔约 10 英尺（3 米）站立。开始游戏时在一个降落伞中放置一个操场球。

目标是有球的那一组要将球弹到另一组的降落伞上。强调团队精神与合作，说："看看在球落地之前，我们这两个组可以接住多少次球。看看你们能不能打破自己的纪录！"

活动 3：爆米花（5~7 分钟）

让学生站在大型降落伞周围。将几种类型的球放在降落伞上，让学生用正手握住把手并抓住降落伞。解释："当我说'慢慢沸腾'时，你们摇晃降落伞，摇出小波纹。当我说'大火烧'时，不仅摇出波纹，还上下抖动，让球移动得更快。当我说'爆米花'时，通过挥动手臂和跳起来做出快速的大波浪，将球直接弹起来，尽量保持爆米花在锅里。当我说'弹出来'时，将球弹到降落伞外。"

整理活动（2 分钟）

让学生放下降落伞，并绕着它走，同时执行手臂交叉运动和过头手臂拉伸。

结束（1~2 分钟）

说："你们的手臂感觉有点累了吗？很好，这意味着你刚才锻炼了你的手臂和肩膀肌肉。但你也需要休息。每当你感觉不好或疼痛时，都应该停下来并告诉成年人。谁能说出使用圆球，并且需要手臂和肩膀的力量和耐力的游戏和运动？"（篮球、排球、棒球、垒球、绳球、降落伞游戏）

篮球猫（III 级）

课程重点

练习篮球技巧（上篮和运球），锻炼上身肌肉力量和耐力，通过篮球运动提高体育活动水平。

目标

◆认知：学生知道分别从左右两侧上篮的正确技巧，可以识别肱二头肌和肱三头肌，以及进行锻炼这两块肌肉的练习。

◆精神运动：学生使用正确的姿势和技术练习上篮和运球技巧。

◆情感：学生在小组活动中与同学合作。

器材和设施

◆ 18 个训练锥、6 个呼啦圈、15 个塑料保龄球瓶、4 张任务卡、1 卷健身胶带、口哨、篮球场和篮球架。

◆每 4 个学生：1 根黄色管、1 根绿色管、1 根红色管。

◆每 2 个学生：1 个 2 磅（1 千克）药球、1 个 3 磅（1.4 千克）药球、1 个 5 磅（2.3 千克）药球。

◆每个学生：1 个初级篮球、1 个 3 英寸 ×5 英寸（8 厘米 ×13 厘米）索引卡、1 根跳绳、2 个 2 磅（1 千克）哑铃和 2 个 3 磅（1.4 千克）哑铃。

安全注意事项

检查所有器材和设施场地是否有危险。在活动站点和健身房墙壁之间要有足够大的缓冲区。确保学生在穿越障碍物路线时保持适当的距离。

引导（1~2 分钟）

说："有没有人家里或附近的游乐场有篮球架？这是保持活跃和练习在体育课中学到的篮球技能的一种非常好的方式。今天的课程目的是练习能助你把篮球打得更好的技能，让你可以在学校和家里与朋友及家人享受篮球带来的乐趣。"

程序

热身（3 分钟）

让学生在健身房里排队，每个人都有 1 个初级篮球。让他们在健身房里运球慢跑 2 圈。当他们在健身房完成第 2 圈时，让他们进入篮球运球障碍路线（见图 7.1）。让学生在障碍路线内慢跑并运球。提醒他们要缓慢移动，不要赛跑。

活动 1：篮球运球障碍路线（7 分钟）

区域 1——在训练锥中穿行：让学生运球绕过训练锥。

区域 2——呼啦圈运球：呼啦圈之间至少间隔 3 英尺（1 米）。让学生在每个呼啦圈中运球一次，并在换到另一侧时改变用来运球的手。

区域 3——半月形左侧然后右侧：半圆形左侧，半圆形右侧，即让学生运球绕过放在左侧曲线的训练锥，然后绕过放在右侧曲线的训练锥，使用离训练锥较远的手。

区域 4——保龄球瓶迷宫：将 15 个塑料保龄球瓶摆放成一个迷宫，用胶带在两侧贴出直线，作为边界。让学生尝试运球而不能将那些保龄球瓶撞翻。

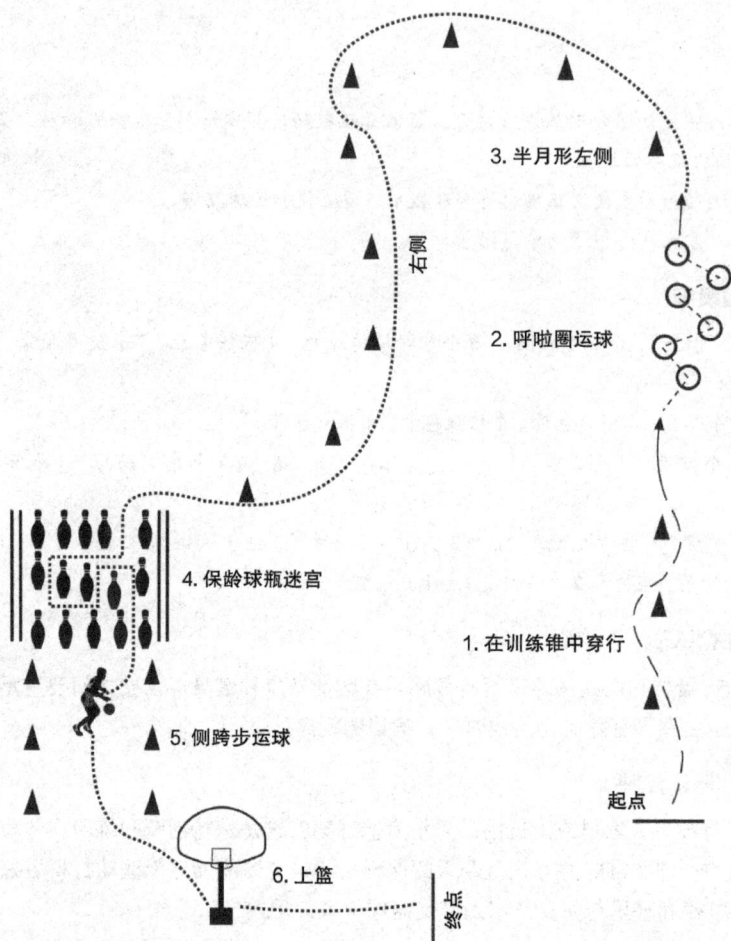

图 7.1 篮球运球障碍路线

区域 5——侧跨步运球：在一条大约 15 码（13.7 米）长和 2 码（1.8 米）宽的狭窄通道上放好大训练锥。让学生试图用侧跨步通过该区域，同时用优势手运球。

区域 6——上篮：让学生尝试一次右侧上篮。

活动 2：站点练习（16 分钟）

将学生分为 4 组，每个组的人数相同。为每个站点提供技能和体能训练指示的任务卡。要求学生以正确的姿势执行练习，时间不限。让他们在一张索引卡上记录自己在每个肌适能站点所执行的组数和重复次数、重量和练习类型。

站点 1——上篮（右侧和左侧）：让学生在距离篮球架 20 英尺（6 米）的位置排成两行，每行的人数相同。一行练习上篮，另一行练习抢篮板。让学生在排队等待时练习运球。

站点 2——快速投篮上篮挑战：给每个学生 30 秒完成尽可能多次的上篮。让两个学生立刻投篮，允许他们以任何角度站在任何一侧。让学生在排队等待时进行单独的跳绳活动。

站点 3——中路上篮，学生排成两行：让一行学生从罚球区顶部的线执行中路上篮。让另一行学生在篮球架的左侧排队抢篮板球。提醒学生，他们在中路上篮后的投篮应该让球刚好越过篮筐的前边缘。也可以选择使用篮板。

站点 4——肌肉：让学生选择一个以猫科动物为名称的组，以及他们希望执行的组数和重复次数。每个组都有 1 张解释肱二头肌和肱三头肌的任务卡。用文字和阴影来标记这两块肌肉，以突出它们。

美洲虎：使用不同颜色的阻力管表示各种阻力等级（黄色 = 简单；绿色 = 中等；红色 = 难）。让学生做臂弯举（肱二头肌）和臂拉伸（肱三头肌）。

美洲狮：让学生从 3 个不同重量的药球（2 磅、3 磅或 5 磅，或 1 千克、1.4 千克或 2.3 千克）中选择 1 个，并选择 1 个朋友抛球（具体活动参见第 11 章）。

山狮：让学生做俯卧撑，可以选择屈膝或直腿的形式。

山猫：让学生使用 1 磅、2 磅或 3 磅（0.5 千克、1 千克或 1.4 千克）的重量做哑铃臂弯举（肱二头肌）和臂拉伸（肱三头肌）。

整理活动（2 分钟）

让学生在球场上慢跑 2 圈，并执行腘绳肌拉伸、四头肌拉伸、小腿拉伸和臂交叉拉伸。

结束（2 分钟）

强调基本技能对篮球比赛的重要性。说："篮球是一种你将来可以坚持很多年的运动，特别是如果你家里或附近的游乐场有篮球架。如果你想加入本地的篮球联盟（公园小区或社区中心球队），我这里有联系方式和申请表。这将是一种提高篮球技巧的好办法。谁能告诉我臂弯举锻炼了什么肌肉？［肱二头肌。］臂拉伸呢？［肱三头肌。］这似乎不重要，但手臂力量是篮球运动的一个重要因素。谁知道职业篮球运动员勒布朗·詹姆斯？下次看到他打篮球时，看看他的肱二头肌和肱三头肌的大小！下周我们将学习腿部的肌肉。"

小结

你可以通过改变体育课程计划的方法来改革体育课程。在规划如何将与健康相关的身体素质纳入全年的技能和体育活动时，可以将本章中的 III 级年度计划示例作为一个参考。接下来，在设计体能训练单元时，以传统的体育课程计划为参考。记住，体能训练单元是开始学年的一个好方法，使得你更容易在整个年度中整合体能训练。

然后，在你力求将体育活动、体能训练活动和概念整合到与技能及运动项目相关的单元时，你只需遵循体能整合课程计划。采用这种新的观点，即在体育课程中包括体育活动和体能概念，你的整体计划一定会获得巨大的好处。记住，为了我们的体育教学计划能够让情况产生改变，谨慎仔细的规划必须是首要优先事项。

第 8 章

教育与健康相关的健身理念

一年之计，莫如树谷；
十年之计，莫如树木；
终身之计，莫如树人。

——中国谚语

现在让我们讨论一下如何在体育课程中，针对与健康相关的健身理念和积极的生活方式进行规划。为了帮助你开始，我会提供适合每种发育水平的实用学习活动的示范。然后，在第9章中，我们将讨论与健康相关的健身理念，讨论如何与你的合作伙伴（课堂老师）合作。

正如我们在第3章中所讨论的，要教导儿童坚持积极生活方式所必需的技能和行为，知识是基础。每个主要学习领域（认知、情感和精神运动）对于平衡的、高质量的体育教学计划很重要。尽量不要落入陷阱：为了确保充足的体育活动而忽视课程的认知组成部分。相反，应花时间教育孩子们与练习相关的内容，从而帮助他们通过新的活动获得最大的好处。事实上，学生需要具备与健康相关的健身理念的强大知识背景，才可以了解体育活动的价值和重要性。反过来，这种理解又将帮助他们在课程计划结束后继续追求积极的生活方式。

必须仔细规划课程的体育活动组成部分，让各个活动以适当的顺序出现，同样，也必须规划知识组成部分。使用"通向青少年健康和积极生活方式的彩虹桥"（参见第3章）来指导你选择适合发育水平的、与健康相关的健身理念。从与适合I级发育水平的积极乐趣和创造力相关的简单学习体验开始。进展到II级发育水平，要达到具体的实际水平，针对所教的概念提供相关例子和活动。最后，通过给予他们解决问题和做出决定的机会，使学生独立，这正是III级发育水平的特征。记住，与健康相关的健身理念和积极生活方式的教育要贯穿整个学年，要将它们纳入课程的每一个单元。

教育健身理念和积极生活方式的策略

你可以通过以下5项基本策略将概念纳入体育课中。

· 引导

- 可教学时刻
- 课堂活动
- 结束
- 课室教学

引导

引导涉及引入与健康相关的健身理念,并提供具体的例子来产生对课程目标的兴趣。换句话说,不要只告诉学生将要学习什么;告诉他们为什么,把概念与正在教授的单元内容联系起来。

让我们来看一个对II级发育水平学生的引导。首先,让学生找到他们的静息心率。然后进行两三分钟的足球活动,让学生再次测量自己的心率。解释心率为什么会升高,说,"足球运动要求大量跑动。"然后帮助学生联系概念来理解,说:"足球运动对于心脏是一种很好的锻炼。不论参加哪种运动项目,要有好的表现,就必须保持积极且定期的锻炼。今天在课堂上,我们将执行的几个技能训练都将需要大量的跑动。这将让你为足球比赛做好准备,也有助于保持心脏健康。"

还可以将引导作为介绍某个概念的演讲。视觉辅助和道具将帮助你阐明观点,并增加学生对课程的兴趣。简明扼要,限制小演讲的时间长度,I级发育水平的学生不超过3分钟,II级发育水平的学生为4分钟,III级发育水平的学生为5分钟。

可教学时刻

融入健身理念的一个好方法是可教学时刻。凭借经验,你可以在课堂上识别出学生准备好真正开始学习的时刻。这可以是健身理念教学的一个绝佳机会,因为事实上,大多数孩子都很难在体育课上坐好听几分钟课!

例如,在I级发育水平的学生中,你可能会发现一个安静、害羞的孩子在游戏活动中开心地大笑。让学生知道,看到他享受体育课是多么美好的一件事情,从而强化这种行为。然后,询问他在和朋友一起玩耍和运动时的感觉。这种类型的互动将开始让学生对体育活动产生积极的感觉。在III级发育水平的学生的篮球活动中,你可能会注意到一个学生总是被其他人从手中拿走球而不断失去控球权。通过私下的教学,向学生示范保护球的具体技能。然后,帮助学生增加手腕和前臂的力量(具体练习参见第11章)。向他解释,需要肌肉力量和耐力来控球、抢篮板,甚至投篮。学生将感激你的关注并感受到支持。

课堂活动

将健身概念纳入课堂活动本身。任务卡可以帮助介绍或强化概念,例如,在体能训练站的肌肉识别(参见第6章)。与游戏相关的活动,如"慢跑通过循环系统"活动将帮助儿童了解运动对心血管的益处(参见本章后面的介绍)。通过让学生积极参与游戏(如学习食物组合和健康零食知识),用游戏来加强健身的理念。在整个学年的每节课中都融入体能教育的内容。

结束

在每节课的结束部分,不要只是简单地总结活动:使用这个重要的课程组成部分来教育或强化健身理念。你可以简要回顾在这一节课的引导部分所介绍的概念。或者,可以把与健康相关的健身理念示例与全班刚刚完成的特定运动或游戏活动结合起来。对于III级发育水平的学生,你可能会说:"同学们,我觉得每个人的运球技能都有进步。记住要保持抬起头,让自己可以看到整个球场。此外,记住保持锻炼,因为篮球需要很强的心肺耐力。什么类型的心肺耐力训练有助于篮球运动？谁能说出对篮球运动员有帮助的其他类型的训练？"在这个例子中，你提到了班级目标（发展运动技能）和身体素质的概念（心肺耐力）。另一种技巧是，让一位大学校队的篮球运动员参加你的课程，讨论他的运动习惯、赛季前和赛季中的训练，以及这些训练如何帮助他成为一名高效的球员。

课室教学

有时，在健身房的常规课上的几分钟讲话并不足以教育健身理念。因此，偶尔可以在课室里上一节课，鼓励学生参加即将到来的课堂活动，并帮助他们做好准备。借此机会，通过各种课室技术和视觉辅助，更深入地介绍某个概念。DVD、PowerPoint、交互式白板、书籍、讲义、演讲嘉宾和合作学习小组都可以帮助你拓展一个概念。但是，要避免只有在出现恶劣天气或场地设施问题时才安排课室教学。如果你将健身理念教育作为替代课程，学生得到的信息将会是，概念只是在发生了某种问题时的一种补充手段——而不是有价值的教学。相反，每月至少有一天安排这些课室教学时段——作为在体育课程的每个单元中定期纳入健身理念的另一种方式。（参见第 9 章和第 10 章，了解如何获得家长和课堂教师的合作，将这些理念整合到其他科目和日常生活中。）

范围和顺序

表 8.1、表 8.2 和表 8.3 分别表示 I、II 和 III 级发育水平的范围和顺序示例。表格中包括标题和可能的相关概念的示例。本章的其余部分描述了许多（但不是全部）这样的例子。每个月都以与健康相关的不同健身理念为重点。当你计划好了一个健身理念主题时，就可以在整个月份中轻松地组织几个相关的学习活动，以帮助理解主要的概念。随着儿童的发育进展，你可以重复主要概念，添加适当的信息来加深学生对概念的理解。

研究以下学习活动示例，更加深入地了解如何将健身理念纳入全年的体育课。想想如何才能最好地将这些概念融入你的课程计划中。

表 8.1 I 级发育水平学生的健身理念：体育活动是乐趣

标题	理念	月份
健康是乐趣	推广积极的生活方式。传达信息：体育活动是与朋友和家人一起享受的乐趣	9 月
身体部位识别	身体部位识别，身体意识。锻炼对于生长和发育很重要	10 月
我很重要——从内到外	孩子们学会对自己及其身体感觉良好	11 月
体育锻炼对每个人都有好处	所有儿童必须参加体育活动。培养对他人的敏感性	12 月和 1 月
超级泵	心脏的工作原理，听心跳，体育活动的价值，练习的类型	2 月
安全第一	休息、练习、安全预防措施（例如，高温、补水休息、适当的鞋子、交通安全）	3 月
体能的燃料	吃健康零食，做出良好的食物选择，体重控制	4 月
夏季体育活动乐趣	游泳，夏天健身理念，骑自行车，游泳，远足。复习主要理念	5 月和 6 月

表8.2 Ⅱ级发育水平学生的健身理念：成为最好的自己

标题	理念	月份
超级拉伸	静态拉伸技巧，柔韧性练习	9月
疯狂肌肉	识别肌肉及配套练习	10月
心脏的那点事	心脏的基本解剖，循环，锻炼的效果，安全（例如，在高温中锻炼）	11月
回到基础	颈部和背部护理，解剖，姿势，举重技巧，危险的练习	12月和1月
有益心脏健康的习惯	有益心脏健康的饮食和锻炼	2月
运动技术	动作的关键组成部分，正确的身体对齐和定位	3月
身体系统	体育活动如何影响各种身体系统：骨骼、肌肉、神经、循环、消化、呼吸	4月
我的选择	促进学生对体育活动的选择、决策和责任	5月
休闲时间	选择休闲活动来促进积极的生活方式（例如，远足、游泳、骑自行车、个人和团队运动项目、直排轮滑）	6月

表8.3 Ⅲ级发育水平学生的健身理念：一起来益心

标题	理念	月份
健康	健康理念：身体、心理、社交、情感、精神。运动技术。建立个人的积极生活方式档案	9月
益心	心脏病的风险因素、解剖、好胆固醇和坏胆固醇、有益心脏健康的食物、小吃。运动对心脏的影响	10月
与健康相关的体能训练原则	为什么要做体能训练？与健康相关的体能训练原则组成部分：FITT（频率、强度、时间、练习类型）。间歇性技巧、心率、训练心率、锻炼的恢复阶段。识别、预防和治疗伤病	11月和12月
运动科学	解剖和生理学基础。运动基础、独特性、渐进性、超负荷、规律性、训练和坚持	1月和2月
健身食物	有益心脏健康的营养食品，实现积极的生活方式。MyPlate指南、小吃的选择、燃料食品	3月
家庭体育活动和社区参与	家长和学生的家庭作业，家庭活动，亲子学习体验	4月
个人积极生活方式档案检查	回顾目标设定，设计个性化计划，记录饮食和锻炼模式。观察身体素质水平。复习主要运动概念	5月
永远健身	了解健康的身体素质区域，提高分数的技巧，设计独立的活动计划，制订负责任的生活方式，规划夏季健身	6月

Ⅰ级发育水平学生的健身理念：体育活动是乐趣

健康是乐趣

理念

学生表达他们为什么喜欢体育课中的体育活动。

器材

大张的彩色横幅纸、数码相机、胶带、记号笔、杂志以及每个学生 1 把剪刀。

活动

为此项目选择一个年级。拍摄每个学生在活动中的个人照片，将照片贴在每个班级的彩色横幅纸上。在横幅上写着"健康是乐趣"。请学生从杂志上剪下活跃人士的图片，粘贴到拼贴画上。然后让学生在他们的照片下写一个单词或画一幅画来形容体育活动。最后，让学生写出他们最喜欢体育的哪些方面。（你可能需要让年龄较小的学生口述，然后帮他们写下来，或者让大朋友们这样做。）

在学年开始前的开放日里就很适合进行这个活动。将你选择的每个年级的横幅放在健身房或走廊上。

身体部位识别

理念

学生练习识别身体部位并培养身体意识。

器材

粉笔、户外活动场地、大卷彩色横幅纸、记号笔。

活动

上课前，用彩色粉笔在户外活动场地面画一个大约 15 英尺（4.6 米）长的大孩子画像。将全班同学分成两半，第一组为"心"，第二组为"益"。喊出特定的指令，例如，"心组走向膝盖；益组跳到耳朵。心组跳到肘部；益组跳到脚踝。"提醒学生留在自己在队中的个人位置上。

让学生两两配对。在横幅纸上给每对学生划分一个区域，并给他们一支记号笔。让其中一个学生躺在纸上，另一个学生则在纸上勾画出他的轮廓。当他们完成后，让他们画出所学到的身体部位，然后要求他们口头识别各个身体部位。

我很重要——从内到外

理念

学生知道，随着他们年岁渐长，身体会变得更强壮，使他们能够进行高级的体育活动。

器材

5~6 英尺（1.5~1.8 米）的绳子、5 个衣夹、5 只不同大小（婴儿 ~ 成人）的袜子、5 张索引卡片、记号笔。

活动

把绳子钉在墙上，或将其固定在两根支柱之间，类似于晾衣绳。把 5 只不同大小（婴儿 ~ 成人）的袜子挂在绳子上。将索引卡贴在每只袜子上，标出适当的年龄，让学生说出袜子之间的差异。他们会注意到，穿袜子的人岁数越大，袜子就越大。要求他们描述人们在年龄增长时所经历的变化：身体、心理和社交。提问："婴儿、6 岁、10 岁、16 岁和成年人分别可以做什么样的体育活动？为什么 6 岁的人跑步和攀爬的速度比不上 10 岁的人？"他们可能会说，"因为 10 岁的人更大。"强调一点，体育活动促进成长，使骨骼和肌肉更强。提问，"还有哪些身体部位的大小会随着年龄增长而发生变化？"

体育锻炼对每个人都有好处

理念

学生了解人与人之间的身体差异。

器材

垫子、操场器材、操场球。

活动

让学生想想他们周围的人。请他们描述这些人：矮、高、深肤色、浅肤色、金发、黑发、瘦、胖。提醒全班，每个人都是不同的，这是生活中美好、自然的一部分。说："正如人们有不同的外貌一样，他们也有不同的身体能力。想想我们班的同学。有些人强壮，跑得快，或反应快，有些人很优雅并且协调性非常好。在接下来的几分钟内，想想你最擅长的活动，并练习这种活动。"几分钟后，请学生逐一展示并解释他们最擅长的活动。

每个学生应该被引导到一定的身体能力。例如，有体重问题的学生可以使用重的阻力带锻炼，或者有足够力量，可以抬起翻滚垫。技能不熟练的学生可能柔韧性非常好。受轮椅限制的学生可以进行手臂练习。在活动结束时，强调练习、游戏和运动项目对每个人都有好处。有些学生拥有特定的能力，但所有学生都有自己的个人优势。

安全第一

理念

学生学习运动休息、运动中用水和交通安全。

器材

15~20 个训练锥、每个学生 1 个中型呼啦圈、纸质停止标志。

活动

在健身房地板或户外设施上画出一条简单的路线。使用训练锥创建行车道，并在一些十字路口处放置停止标志。为每个"驾驶员"提供一个中型呼啦圈用作方向盘。让学生告诉你他们开的是什么类型的车（给他们提示：卡车、吉普车、面包车，等等）。

第一次让 4 个学生一起通过行车道。学生在超过其他学生或调头时只允许慢跑，不允许冲刺。当他们来到停止标志前，他们必须完全停下，然后看左边、右边、再看左边。

设置一个补水站，让汽车可以冷却和休息。提醒学生："每个人都需要水和休息时间，这样才可以保证运动安全，特别是在炎热的天气里。"要加强人身安全教育：让几个学生扮演在十字路口过马路的行人。学生必须按左右左的顺序观察有没有迎面而来的汽车。

II 级发育水平学生的健身理念：成为最好的自己

超级拉伸

理念

学生应认识到柔韧性即关节的活动范围。拉伸防止肌肉和结缔组织损伤，增大活动范围以充分受益于活动，并且防止过度伸展导致的肌肉酸痛。

器材

1 磅（0.5 千克）未煮过的意大利面、1 磅（0.5 千克）煮熟的意大利面、1 个网球（保持温热）、1 个网球（从冰箱拿出来）。

活动

解释在体育活动之前需要热身。说："在拉伸之前，我们需要通过几分钟的大肌肉活动（如慢跑或快步走）来提高肌肉的温度。温暖的肌肉受伤的可能性较低，因为需要有更大幅度的力量和拉伸才会撕裂肌肉。现在专家们相信，为了提高柔韧性，我们最好在锻炼或活动后直接进行拉伸，因为当时肌肉温暖，并且循环会加快。"给出典型活动的例子，如小联盟比赛、体育课、家务和园艺。然后，证明冷暖肌肉之间的差异。拿起 1 磅（0.5 千克）未煮过的意大利面，代表一组冷肌肉纤维。注意肌肉纤维低温、僵硬且脆弱，对任何动作都造成限制。现在拿起 1 磅（0.5 千克）煮熟的意大利面，向全班展示温暖和柔韧的肌肉如何可以更自由地移动和弯曲。

用两个网球演示相同的概念。首先，让温热的球弹起来。要求全班同学注意它弹跳的高度。然后，让冻过的球弹起来。强调这两个网球之间的性能差异。

让学生练习典型的热身：

◆绕一个大圈子走（30 秒）

◆大步走（30 秒）

◆快步走（30 秒）

◆边走边跳（30秒）

◆横跨步（30秒）

◆慢跑（30秒）

疯狂肌肉

理念

学生练习肌肉识别，学习肌肉收缩和放松之间的差异，并学习手臂肌肉的具体练习。

器材

1个长气球、用于贴任务卡的海报板、记号笔、几个运动拉力器（橡胶阻力练习器材）。

活动

要求学生伸出一只手臂，手掌朝向天花板。向全班指出肱二头肌的所在位置，让学生把另一只手放在这块肌肉上。注意，现在肌肉看起来是平的。现在请他"鼓起肌肉"，将手一直放在肱二头肌上。当肌肉鼓起时，解释肌肉正在收缩。

吹起长气球，抓住两端并拉伸它。告诉全班学生，气球被拉长（拉伸），就像肌肉放松的时候。然后解释一个概念，肌肉在收缩状态将缩短和变宽。告诉学生，气球现在要收缩。轻轻推两端，使气球稍微缩回去。让学生描述为什么气球变宽了（Meeks 和 Heit，2010）。

设计一个体能训练站，以手臂的肌适能作为其主要重点。制作一张任务卡说明肱二头肌，上面有整只手臂的图片。用红色标示肱二头肌，并用文字标记它。使用运动拉力器示范臂弯举练习（请参见第11章），并在任务卡上进行说明。要求学生用自己选择的阻力拉力器执行3~5次臂弯举。

心脏的那点事Ⅰ

理念

学生学习良好循环的好处：运动增加整个身体的血流量，并有助于防止静脉和动脉阻塞。

器材

两条约2英尺（0.6米）长的橡胶管、小块模型黏土、两杯（480毫升）蔓越莓汁、健身胶带、呼啦圈、海报、记号笔、训练锥、2个箱子、网球、纸球。

活动

握住两条长约2英尺（0.6米）的橡胶管。告诉学生，"橡胶管代表动脉，运输来自心脏的血液。"在其中一条管里放上几块模型黏土，保持另一条管畅通。将一杯蔓越莓汁倒入畅通的橡胶管内。问，"看看果汁是否很容易通过？"现在，将一杯果汁倒入有模型黏土的橡胶管，果汁会慢慢地流。解释："运动可以帮助保持动脉畅通，以便血液到达身体的各个部分。吃脂肪含量高的食物（例如，奶酪、汉堡、冰激凌）并且没有足够的运动，就会堵塞动脉。还有什么其他脂肪含量高的食物可能堵塞你的动脉？"

慢跑通过循环系统：让学生扮演通过心脏、动脉和静脉的血液（见图 8.1）。解释："动脉和静脉是血液流过的单向高速公路。"提醒学生以下概念："动脉将血液从心脏带走；静脉将血液带到心脏。血液将氧气携带到身体的工作部位。当你跑过肺部时，拿起氧气（网球）并放下（留下）二氧化碳（纸球）。当你进入身体的工作部位时，放下氧气并拾起二氧化碳。按照健身房地板上的红色箭头指示，慢跑通过整个系统。阅读指示牌，上面会告诉你循环系统的各个方面。明亮的红色指示牌表示含氧的系统部位，浅棕色指示牌表示没有氧气的部位"（Kern，1987；Ratliffe 和 Ratliffe，1994）。图 8.2 显示了心脏的解剖图。

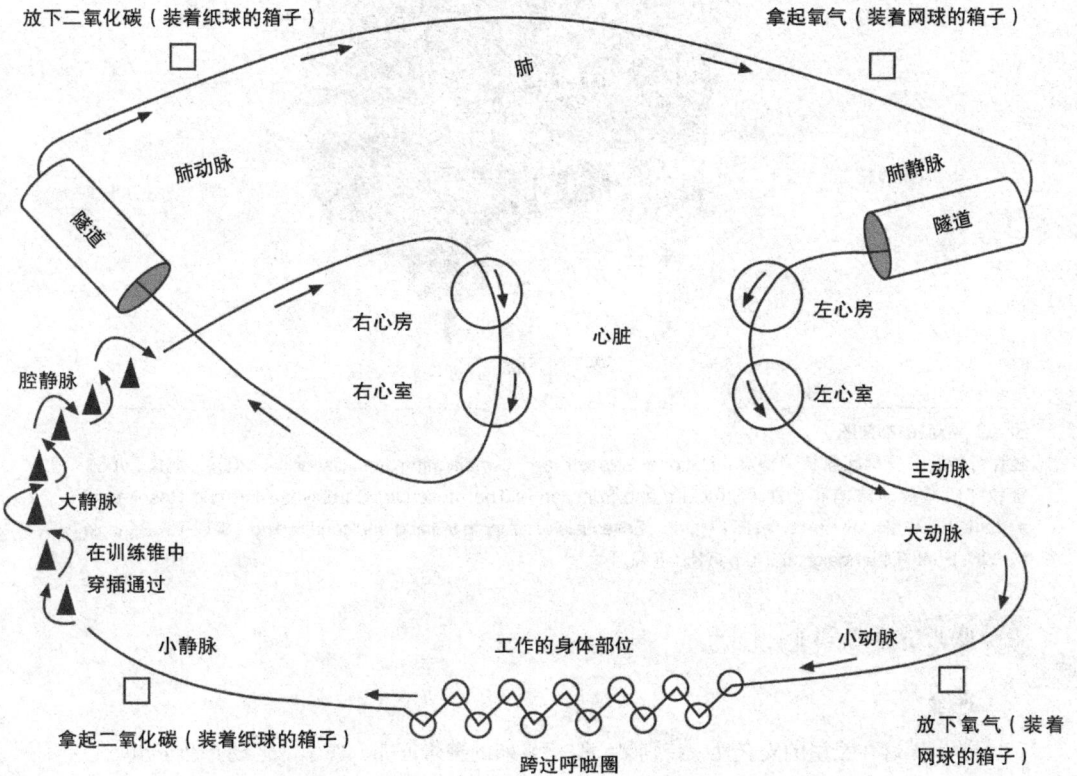

放下二氧化碳（装着纸球的箱子）　　　拿起氧气（装着网球的箱子）

肺

肺动脉　　　肺静脉

隧道　　　隧道

右心房　　　左心房

心脏

右心室　　　左心室

腔静脉

大静脉　　　主动脉

在训练锥中穿插通过　　　大动脉

小静脉　　　工作的身体部位　　　小动脉

拿起二氧化碳（装着纸球的箱子）　　　放下氧气（装着网球的箱子）

跨过呼啦圈

图 8.1　"慢跑通过循环系统"活动的路线设置

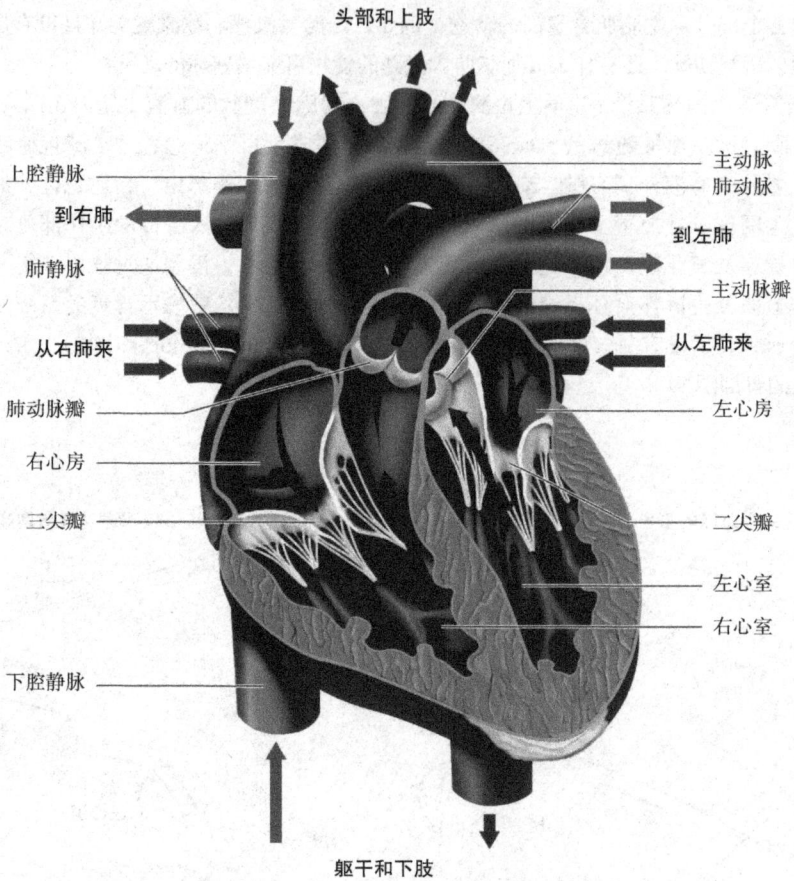

图 8.2 心脏的解剖图

经许可转载自美国国家体能协会（National Strength and Conditioning Association），2008，肌肉、心血管和呼吸系统的结构和功能（Structure and Function of The muscular, Cardiovascular, and Respiratory systems），作者 G.R.Hunter 和 R.T.Harris。Essentials of strength training and conditioning，编辑 T.R.Baechle 和 R.W. Earle (Champaign, IL:Human Kinetics), 14。

心脏的那点事 II

理念

学生探讨在家里的安全性，特别是心脏病发作的警告征兆，并学习运动有助于预防心脏病。

器材

6 个训练锥。

活动

与学生讨论，当在家里有紧急情况时，他们应该打"911"，不要挂断电话，并将具体的信息告知话务员，如自己的名字和地址，以及具体的情况。

复习让我们知道别人心脏病发作或病情很严重的警告征兆。

◆ 呼吸急促

◆ 捂着胸口左侧

◆ 放射性疼痛延伸到左臂

◆ 头晕

◆ 晕倒

心脏警报：通过活跃的游戏强化该讨论。用训练锥在健身房标出边界，选择 2 名学生作为"它"，充当捉人者。解释："在听到信号'开始！'时，'它'试图捉住其他人。第一次有学生被抓到时，被抓到的人要捂着自己的胸口。第二次，被抓到的人要抓住自己的左臂。第三次，被抓到的人要捂着自己的喉咙，并大叫'心脏警报！心脏警报！'然后另一个学生跑到他身边，他们都执行 10 次用力跳跃（直接向上跳得尽可能高）。在完成用力跳跃后，有心脏警报的学生是无症状的，但其他被抓到的学生要保持先前被抓到时的症状。当两个学生在做跳跃练习时，他们可以是安全的，不会被抓到。"使用随机选择过程（如从帽子中抽取名字），每 2 分钟换一次人担任"它"。

回到基础

理念

学生学习背部解剖和正确的姿势，特别是椎骨和椎间盘是整个上半身的支撑柱和缓冲垫，并且了解正确的姿势对于背部健康非常重要。

器材

4 个冰球、桌子、3 个果冻甜甜圈、每个小组一根 5.5 英尺（1.7 米）长的白线、1 个 3~5 磅（1.4~2.3 千克）的小哑铃。

活动

要求全班学生将手伸向背部，感受自己背部的骨头。然后，向他们展示在桌子上叠在一起的 4 个冰球。解释："当你跑步或跳跃时，冰球（骨头）压在一起。为了防止骨头压（推）向彼此，有一种像软果冻的物质位于每对骨头之间，它被称为椎间盘。"现在将果冻甜甜圈放在冰球之间，并说："果冻甜甜圈代表椎间盘。防止椎间盘受伤的一种方法（使得它们不会被骨头压迫）是保持良好的姿势。如果椎间盘承受太多的应力，它们可能变得脆弱，并漏出液体（果冻）或变位，对神经施加过度的压力。"按压椎骨（冰球），并向学生演示椎间盘（果冻）的漏液和移出。解释："这就是为什么我们要学习如何正确地进行练习——这样我们才不会对我们的颈部或背部施加太多的压力。"

姿势不良可能导致背痛。柔韧性和强壮的颈部和背部肌肉对于保持良好的姿势非常重要（具体练习请参阅第 11 章）。将一个重物绑在一根白线上，白线的长度与较高的学生身高一样。让学生配对，或者以 3 或 4 人为一个小组，让一个学生将白线举过站在旁边的另一个学生的头顶。或者，你可能想单独评估每个学生。无论哪种方式，让白线沿着学生的身体一侧直线垂下，请检查以下姿势点。

◆头部抬起，与身体成一条直线，还是向前或向后倾斜?

◆上背部和肩部像白线那样保持平直，还是向前或向后弯曲?

◆髋部与白线对齐，还是向前或向后倾斜?

如果发现任何严重的不平衡，要向学校护士和家长报告。你可能需要单独评估每个学生，以避免任何尴尬的情况。

身体系统

理念

学生探讨运动对消化系统的影响。

器材

一条26英尺（7.9米）长的白纱。

活动

对着你的身体肠道所在位置撕碎纱线。解释："白纱代表肠道。肠道的其中一部分被称为小肠，食物在这里被吸收到血液中。另一部分称为大肠，食物在这里离开身体。"让两个孩子拿住白纱并拉成一条直线。让学生猜测小肠和大肠的长度 [大肠 = 5 英尺（约1.5米）长，小肠 = 21 英尺（约6.4米）长]。

解释活跃的游戏和剧烈运动可以帮助我们彻底地消化食物，让血液均匀地流动，使肠道可以更好地工作。提醒学生，在吃完饭后，他们应该至少等待一小时，然后才能参加剧烈的体育活动。消化系统需要一段时间的血液流动来处理食物，锻炼会干扰这个过程，并可能导致恶心。提问："什么运动会帮助改善消化?"（散步、慢跑、骑自行车、游泳、远足、活跃的游戏、任何连续的大肌肉活动。）向学生解释，要求他们做仰卧起坐的原因之一是为了加强腹部肌肉，支撑肠道区域。强壮的腹部肌肉可以保护消化系统，并让肠道保持在正确的位置，使它们可以正常地完成消化功能。说："如果腹部肌肉松弛和软弱，肠道会下移，无法正常工作。此外，身体器官之间的脂肪过多会引起消化问题。这就是为什么有些成年人会有胃痛问题。"

III 级发育水平学生的健身理念：一起来益心

健康

理念

学生要考虑接受朋友本来的样子，而不是他们表现出来的样子，并认识到游戏和运动是与老朋友享受愉快时光的一种好方式和结交新朋友的一个机会。

器材

1 卷纱线、1 本封面很普通的书、1 本有彩色封面和空白页的书、1 个大型降落伞。

活动

向全班展示两本书，一本是封面很普通的书，而另一本的封面则色彩缤纷。问道："你们更喜欢哪本书？为什么？"（大多数学生会喜欢这本彩色的书。）现在给他们看看这本漂亮的书里面的内容：只有空白的纸张。现在向他们解释，封面普通的书是著名作家的重要作品。解释："某个人只是身体有点重或者戴着眼镜，这些并不会使他比别人差。这只是外表，真正重要的是内涵。"问道："你听说过'美丽是肤浅的'或'你不能用封面来判断一本书的好坏'的说法吗？这些古老的说法即使在今天也是对的！"

友谊结

让学生围坐成一个大圈子。拿出 1 卷纱线，把它绑在你的食指上，并说出你喜欢的朋友的特征——例如，诚实。现在让纱线绕过圈子，让每个学生绕自己的食指打个结，并说出他或她重视的积极特征。当每个人都有发言机会之后，问全班同学阐释纱线做了什么工作。（它将我们联系起来。）向学生们解释，学校里的班级应该团队一样团结合作，互相帮助，发展亲密的友谊。

降落伞慢跑

让每个学生用内侧的手抓住降落伞。告诉他们，全班一起慢跑到大树那里，然后跑回来。并说："在班里有些人速度较快，但在这个活动中，所有人必须作为一个班，保持在一起。"第一次引入这个活动时，你要和全班一起慢跑，以强调作为一个团队的合作和一些在课堂里曾提到的积极概念。

团队概念

举起一张上面写着 TEAM（团队）的海报。在海报的背面告诉全班 TEAM 代表的意义：Together Everyone Achieves More（大家团结在一起可以取得更大的成就）。要求学生描述团队对于玩游戏或团队运动项目的好处。请他们说出一支受欢迎的专业球队，这支球队的成员合作能完成很好的比赛，并且是良好体育行为的一个很好的示范。团队合作的另一个例子是一个家庭在一起合作，完成家里的日常工作和承担责任。

与健康相关的体能训练原则的组成部分

理念

学生要学会：与健康相关的身体素质的组成部分是心肺耐力、肌肉力量和耐力、柔韧性和身体成分，并且学生可以将特定的练习纳入平衡的体育活动计划中，以培养每个组成部分。

器材

4 个箱子，每个箱子被标记为一种身体素质组成部分（心肺耐力、肌肉力量和耐力、柔韧性和身体成分），并用彩色装饰箱子；20 张索引卡，每张索引卡标记为一种活动或食物（例如，1~5 个俯卧撑、1~5 个仰卧起坐、原地慢跑、冷冻酸奶、坐位体前屈）。

活动

将学生划分为几个小组，并为每个小组安排一个学习站。设置 4 个身体素质组成部分的箱子。将任务卡面朝下地递给学生，让他们选择其中一个。让他们把卡片翻过来，执行卡片上说明的活动，然后将卡片放在适当的身体素质组成部分箱子中。每个小组成员至少有 2 张卡，以便学生可以重复此过程。当学生完成后，检查箱子里的任务卡。如果你发现有错误，不要问是谁放错了，只需要强调正确的答案。

与健康相关的体能训练原则：练习强度

理念

学生要学会：运动强度是指活动必须较为剧烈才能培养特定的身体素质；他们的锻炼强度水平可能对于个人需求而言过高；而且过高的强度可能会有危险并经常导致肌肉损伤。

器材

为每个学生准备纸和铅笔；如果可能的话，每个学生 1 个心率监测器（如果没有这个条件，学生可以共享心率监测器，还可以几个班轮流使用）。

活动

说："为了保证安全、高效的体育活动，你应该监测自己的锻炼强度水平。了解身体对活动的反应也有助于制订自己的个人健身计划。监测心肺功能的其中一种方法是检查心率。"（参见第 4 章中关于测量脉搏的描述。）

让学生在运动时计算自己的心率。

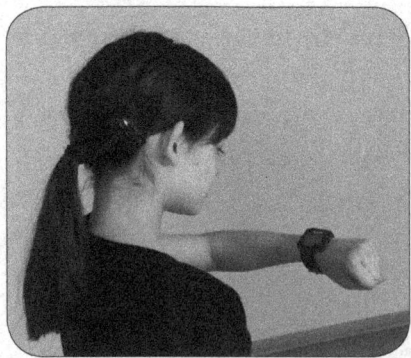

图 8.3　手表监测器可以测量心率

让他们配对练习，检查并记录心率。此外，让几个学生佩戴心率监测器或手表监测器（见图 8.3），并在"3 个活动"部分下载他们的心率。

在上课期间为学生提供 3 个级别的体育活动，每个级别持续约 5 分钟。首先是一个低级别的活动，如中等速度的步行、与合作伙伴配合接球或基本的柔软体操。然后让他们检查自己的心率并进行记录。

接下来是中等水平的活动，如跳跃、以适度的速度慢跑或者进行足球运动技能训练。然后让他们检查自己的心率并进行记录。

最后，让学生进行高级别的活动，如跑步、打三人篮球或者进行一个高度活跃的追拍游戏。然后让他们检查自己的心率并进行记录。

让学生将结果绘制成图线，并说明不同的体育活动如何表示不同的强度水平，正如他们的 3 个心率水平所示。

与健康相关的体能训练原则：心率恢复

理念

学生知道，如果他们坚持使身体活跃的生活方式，他们的心率在运动时会上升得少一点，并且在运动后会更快地恢复到正常水平。

器材

秒表、每个学生 1 条长凳 [或 1 个箱子，离地面 8 英寸（20 厘米）]、每个学生 1 把椅子（或长凳）（可选：节拍器）。

活动

（注意：有膝关节问题的学生不应该参加这项评估。）这是一项基础评估，教给学生心率恢复的概念。首先进行 3~5 分钟的热身。然后说："在听到信号'开始！'时，先用左脚踏上箱子（或长凳），然后再下来（4 次：左—右—上，左—右—下）。继续上上下下，以每分钟 24 步（每 5 秒 2 步）的速度交替双脚，并持续 3 分钟。"节拍器可以帮助保持节奏，或者学生可以一起数数。停止在 3 分钟的标记处，让学生坐在他们的椅子（或长凳）上。在完成测试后 1 分钟，让学生测量自己的脉搏 30 秒，然后乘以 2，计算出 1 分钟的心率恢复得分。

10~19 岁的男孩的平均心率恢复得分应该是每分钟 72~88 次。相同年龄段的女孩应该是每分钟 82~96 次。高于该水平的心率可能意味着学生需要增加体育活动，以增强心肺耐力。分数越接近下限，表示越高水平的心肺耐力和心率恢复。使用这些数据来帮助学生，而不是对他们进行评分或分类。

如果决定要定期重新测试，记住要使用相同的条件、器材、时段、完全相同的热身程序和测试程序来进行评估。大多数人的心率是不同的，因此应使用此评估作为教导心率恢复概念的一种方式。切勿使用结果去给学生分类或将其用作训练活动。

运动科学：超负荷原则

理念

学生要学习超负荷原则——为了提高心肺适能和肌适能，他们必须以高于正常水平的强度来运动。这包括在练习中使用更高的阻力，逐步在身体发育方面取得进展。

器材

1 磅（0.5 千克）的常规意大利面、1 磅（0.5 千克）的天使面、每 2 个学生 1 条带有手柄的阻力练习管（橡胶管）、每个学生 1 条阻力带。

活动

让学生配对练习，一个学生站在另一个学生后面。前面的学生将一条阻力练习管放在腰部，后面的学生握住橡胶管的手柄，施加轻微的阻力（见图 8.4）。告诉互相配合的两个学生要朝同一个方向快步走。要指出，前面的学生应该体验到在橡胶管的阻力影响下，走路会更加困难。调换角色并重复。阻力对正常的步行运动提供超负荷作用。

拿起 1 磅（0.5 千克）的常规意大利面。解释："每一根意大利面条代表一条肌肉纤维，肌肉由许多纤维组成。当你增加对肌肉的阻力时，肌肉纤维会长得更厚。"举起 1 磅（0.5 千克）天使面。注意，"这是肌肉纤维在开始针对肌适能的阻力计划之前的样子。"现在举起常规意大利面。说："当你逐渐增加在肌适能力量练习中的阻力时，纤维（就像意大利面）会变得更强大。"这将在青春期初期开始变得很明显——并且男孩子会更明显，因为他们的睾酮水平升高了。

向全班解释，若没有一位受过训练的指导员在旁边监督，举重或使用锻炼器械可能是危险的。举例说明学生如何能够安全地实践这个原则，他们可以稍微增加慢跑距离，多做两个宽距俯卧撑，或者使用下一个颜色级别的橡胶阻力运动拉力器或阻力带。

让学生采用站姿完成几个前踢腿、后踢腿和侧踢腿；进行齐步走；并做横踢。现在让他们使用适合其水平的阻力带，做同样的腿部运动练习。（请参阅第 11 章的说明。）问："你的腿部肌肉对增加的阻力有何感觉？"（更用力，更重。）解释："这种阻力会帮助你锻炼的特定肌肉群提高肌肉力量和耐力。"

图 8.4 阻力行走

健身食物

理念

学生要学习：根据 MyPlate 模式进食，可以限制他们饮食中的脂肪、钠和糖分，并创造蔬菜、水果、谷物、蛋白质和乳制品的平衡。正确的饮食将提高身体机能和能量水平，并将有助于控制体重。

器材

每个学生一张 MyPlate 图、4 个训练锥、4 个纸质食品袋、用不同颜色的纸袋、粉笔或健身胶带将各种食品图片分组、1 张大的 MyPlate 图放置在健身房地板或户外地面上，如第 43 页的图 4.3 所示。

活动

向每个学生提供 MyPlate 图的复本。解释饮食平衡的重要性。讨论如何通过吃面包、面食、水果和蔬菜来摄取更多的热量，而不是通过吃零热量且高糖含量的食物，如巧克力蛋糕、冰激凌和糖果棒来增加能量水平。提醒学生使用营养日志（在他们的个人积极生活方式档案中）来观察他们的日常饮食（见附录）。

碟子的力量：上课前，将各种食物的图片粘贴在彩色纸上。让学生帮忙从以前上课用过的杂志中剪出图片，这样可以强化营养概念，同时节省你的时间。使用 4 种不同颜色的纸，以便每个团队都有自己的颜色。为每个团队将食物图片放进一个纸质食品袋中。在健身房地板上放一张 MyPlate 的大图，并标记出各个部分。

将全班同学分成 4 组，给每个团队一个纸质食品袋。让 4 队学生排队站在距离 MyPlate 图 25 码（23 米）的位置。使用训练锥标出每队的排队位置。说："在听到'开始！'的信号时，每队的第一个学生向下伸手，拿出一张食物图片，然后跑到该食物在碟子上的所属位置。然后学生跑回来，和队伍中要出发的下一个学生击掌。"第一支完成任务的队伍并不是获胜者（在活动开始之前就要提醒学生这一点）。

走到碟子那里检查放在图中各部分的食物图片，并通过颜色来辨认团队。让全班走到碟子处，并给出正确的答案。竞争不是这个游戏的目的。有时，你可能会看到哪些组得到最正确的答案。说："大家可以把它看成是另一种典型的接力赛！"

小结

我们必须在体育课程中增加更多与健康相关的健身理念内容，以便我们的学生拥有他们所需的知识，以坚持健康、积极的生活方式。但是如何在不减少体育活动时间的条件下找出时间增加这些内容？答案就是一个设计良好的课程计划，其中包括在整个小学阶段每年按顺序安排重要的概念。参考针对每个发育水平的年度计划示例和学习活动示例，既能将体能教育纳入计划中，又无须牺牲宝贵的体育活动时间。

鼓励儿童实现他们的个人体能目标，提高他们的体育活动水平，这是体能教育计划中非常重要的目标。但是，我必须强调的是，知道为什么要进行某些活动，与活动本身一样有价值。然而，最重要的是，知识为理解和重视与健康相关的健身理念奠定了基础。这反过来又增加了学生养成健康和积极的长期行为的可能性。将体能教育整合到你的课程中，因为你希望自己的学生在未来的许多年中仍将健身和体育活动融入他们的生活中。

第 9 章

与课堂教师配合

> 阅读只是用堆积的知识来充实大脑；只有思考才能让我们读过的东西真正成为自己的。
>
> ——约翰·洛克（John Locke）

我们大多数人根本没有足够的时间去完成每年体育课程的认知、情感和精神运动目标。小学的课堂教师是可以帮助你实现计划目标的重要盟友。当然，如果你打算让自己的学生对体育活动形成长期的积极态度，那么课堂教师应该成为你的团队成员（Virgilio，1996）。

本章提供了与课堂教师发展合作关系的实用策略，以及一个心血管健康专题单元的示例，其中包括适合于 II 级发育水平学生的教学活动，以帮助你开始协作关系。这个跨学科单元将围绕主要主题的内容融入几个分主题领域。本章还提供了如何将与健康相关的健身理念整合到其他级别的主题内容领域的示例。

与课堂教师的互动

课堂教师作为学生的优秀榜样，具有作为变革促进者的非凡潜力。除了家庭成员，很少有人比小学教师对儿童的健康有更大的影响。作为一名前小学体育教师，我曾在许多公立学校与数百名小学教师合作，而作为教师的教育者，我通过专业会议、研讨会和讲习班与数千人进行了互动。一般来说，我发现小学教师是很有爱心的人，对其学生的需要很敏感，并易于接受新的想法。课堂教师对体育教学目标尤其感兴趣，因为他们在教室中可以清楚地看到学生在学习和健康方面所获得的好处。

与课堂教师建立密切关系是你的责任，你必须发起这种互动。课堂教师通常不熟悉与健康相关的体能训练主题。作为体育领域的权威，他们希望你在这方面发挥带头的作用，让学生和教职员工了解积极、健康的生活方式的好处。

行政支持

为了确保成功，要获得校长和学校健康委员会的行政支持。与校长安排一次私人会议，讨论你计划在自己的工作中纳入课堂教师，以满足体育课程目标。要强调，学生的健康应该是整个学校和社区共同的目标。一旦你获得校长的支持，就可以请求与学校的健康委员会开会。

确定自己的角色

体育教育者往往孤立于学校其他课程和课堂教师，只是因为他们的课程被视为一个特殊科目。体育教师也认为自己在学校中的角色是独立的或不同的，因为体育教育中学生的学习媒介是体力，而不是智力。这种传统的模式化观念会抑制合作。因此，作为体育教师，你必须将自己视为学校和社区中真正的专业人士和有价值的成员。当你以这种方式看待自己时，别人也会如此！

沟通策略

就像对待家长和社区一样，沟通是与课堂教师建立良好关系的关键。按照以下介绍的策略打开沟通渠道。

学校健康委员会

建立一个学校健康委员会，由来自学校和社区的若干名代表组成。理想的委员会成员包括两名教师（一名低年级教师和一名中高年级教师）、午餐主任、指导顾问或学校心理学家、家长和社区成员（可能是老年人）。委员会每月召开一次例会，以讨论任何健康问题，评估计划或特别项目（例如健康博览会）。通过委员会会议实现的良好沟通有助于促进多学科的团队方法的运用。

通讯

全校性的健康通讯（在第10章中讨论）不应只面向家长和学生。课堂教师也可以受益于健康和健身信息。此外，他们将像其他人一样喜欢你报告特别的健身活动。针对他们单独插入一页，用于介绍有助于将与健康相关的概念融入课堂的具体活动，并通告各年级学生在体育课中所参与的活动（Virgilio和Berenson，1988）。

与年级领导开会

请求参加年级领导会议。在这次会议上，讨论你与教职员工密切合作的愿望。为每个年级提供一份计划，说明在学年内要涵盖的与健康相关的健身理念的范围和顺序（示例参见表8.1~8.3）。然后请求他们的帮助。让教师们进行头脑风暴，当他们知道你珍视他们的意见时，就会对你的计划更有热情。

教师会议

在每次全体教师会议中设立体育教学报告的部分。报告即将到来的活动和特别项目，并宣布课程整合的新方法，配合具体示例说明。这是一定会成功告知所有人的技巧，同时，你可以利用这个机会去动员尚未参与你的新课程策略的教师。

电子邮件

定期通过电子邮件向教师发送更新、公告及任何其他相关新闻。也可以发送电子邮件到家长群，以通知学校社区即将举办的体育教学活动。在计算机上编制带有图形的信笺抬头，以创建你自己的信纸模板。

学校网站

在学校的网站上开发一个网页。其中可以包括每个年级课程的最新消息和全校性活动的日期，甚至上传学生在各种体育课程中的照片（家长应该授权发布其孩子的照片——尽量少使用姓氏。在发布任何照片之前请先与校长确认）。很容易就可以将照片库插入到网页上，这有助于让大家对你的计划产生兴趣。

教育

集中精力在两个具体领域去教育教师：与健康相关的身体素质内容和学校课程材料。教师需要了解什么是与健康相关的身体素质。记得我们在第 2 章讨论的健康室吗？使用健康室来与同事接触并教育他们，这是一种可以带来乐趣的方式。此外，提供希望他们在课堂课程中使用的教学材料和学习活动。

与健康相关的健身内容

你需要让教职员工了解运动的好处、基本的体能训练原则、心血管健康、健康的概念等。除了增加他们对身体素质的了解，为教职员工成立一个练习班也很有帮助。以下是教育小学课堂教师、工作人员和管理人员的策略。

·教师健身课：放学后的健身课。包括有氧运动、阻力训练和柔韧性。每节课的内容都包括健康概念（如降低胆固醇或如何拥有健康的背部）和至少 20 分钟的体育活动。这是一个让教师了解如何通过身体学习（像他们的学生一样）的良机。这也是更好地了解你的同事并建立更深入的专业关系的极佳方式。

·在职培训：为教职员工提供在职培训。县、学区或教师中心可以赞助这个研修班，并奖励在职进修积分，作为鼓励所有教师参加研修班并丰富其知识的手段。邀请附近大学的体育教授提供帮助。

·演讲嘉宾：安排健康和身体素质领域的演讲嘉宾在教师会议上讲话。还可以在上学之前的早会、午餐研讨会或晚间 PTA（家长会）会议上安排演讲嘉宾（参见第 10 章）。

·健康展会：教师可以与家长和学生一起受益于全校性健康展会所提供的信息和活动（参见第 10 章）。考虑要求每个年级的学生设计一个健康站。寻求当地大学、美国心脏病协会（American Heart Association）地方分会或当地医院的帮助。

·健康和健身阅读区：如果在教师—家长健康室中无法安排阅读区，请在学校图书馆、教师自助餐厅或课程实验室中指定一个区域，让教师有机会阅读或查看与一般健康内容有关的各种文章、小册子和书籍。

课程材料

让参与者亲身体会活动的在职研修班或教师会议其实是向教师介绍课程材料的理想场所。你可以设计自己的课堂活动，使用出版的材料，或者将最适合课程目标的材料组合在一起。本书将成为课堂教师的理想资源。

但是，请记住，课堂学习活动始终要保持简单、简洁、容易遵循。如果内容含有太多技术性，教师不会想使用这种新的课程方法。此外，为了使体育教学中的内容和概念与课堂教学相匹配，你需要了解每个年级的其他学科领域的课程指引。

一旦课堂教师认识到健康在自己生活中的价值及其在儿童整体发展中的重要作用，他们将成为你工作中的重要盟友。所以，让我们开始讨论实质问题，研究专题单元示例、与健康相关的健身课堂活动，以及可用于帮助、支持和指导课堂老师的实用策略。记住：你是关键！

专题单元：综合性学习的方法

专题单元一直被认为是在小学教学中令人兴奋且具有挑战性的方法。专题单元的基本概念是：学习应该是综合性的、多方面的和多学科的。简单来说，专题单元方法为学生提供一系列关于特定主题的课程，这些课程既有趣又有意义，并且是任何年级课程的重要组成部分（例如恐龙、海洋生物、生态学、化学、营养学、心血管健康）。它还集成了各种主题领域，如语言艺术、科学、数学和艺术。

在设计专题单元时，教师要考虑学生的需求、兴趣和发展水平。此外，他们要尝试纳入儿童文学精选和一些教学资源，以建立课程之间的联系。专题单元计划包括一些动手活动，提供许多决策和批判性思维的机会。

专题单元还为课堂教师提供了一种在教室中对学生因材施教的独特方式。教师使用专题单元在多个教学层面提供多种学习活动，从而满足不同学生的个人需求。通过这样做，每个学生都可以获得一定程度的成功，每个人都能学习到新的概念或思路。精心设计的专题单元可以实现以下教育目标。

- 增加技术的有效利用
- 将阅读理解技能融合在创意活动中
- 为学生控制安全的互联网接入
- 紧凑的课程
- 展示学习的跨学科性质
- 提高学生对学习的兴趣
- 考虑替代评估策略
- 增加需要配合协作的学习活动

专题单元使课堂教师能够在课堂内外利用广泛的资源让学生接触到不同的态度、技能和知识水平。根据 Meinbach、Fredericks 和 Rothlein（2000）的意见，使用专题单元有许多优点。他们将这些优点称为 7 个 "C"。

1. 联系（Contact）：专题单元突破时间的边界。这种方法创造了一种开放的学习感觉。传统教育的分段式时间设计将各学科的内容分开，这可能会限制学习机会

和动力。

2. 一致性（Coherence）：专题单元向孩子们传达的信息是学习不是一项孤立的活动，它不断地发生并贯穿终身。

3. 上下文（Context）：学习必须有目的。

很多时候，孩子学习或阅读只是因为他们被要求这样做，或者因为那些是将要考查的内容。专题单元帮助孩子在将经验应用到现实世界的过程中明确这些内容的意义和上下文。

4. 连接（Connections）：专题单元帮助孩子理解各学科领域之间的关系，如数学和语言艺术之间或科学和体育之间的关系。这种方法提供了在各个学科领域的事实之间建立联系的机会，从而增强理解，并为所有学科领域的更有意义的学习打开大门。

5. 选择（Choices）：专题单元让学生对自己的教育时间有主人翁感。不要告诉学生他们应该学习什么，问他们喜欢学习什么，他们想学习什么。当学生认为可以由自己做出重要的选择时，他们将会成为更积极和热情的学习者。

6. 认知扩展（Cognitive Expansion）：孩子们的学习水平固有地受限于他们所接受教育的水平。如果你提出的问题大多数是低级或死记硬背的类型，学生将以相同的方式进行学习。

专题单元的目的是让孩子研究、发现和探索那些只有很少预先确定答案的问题。事实上，你甚至可以要求孩子们自己提出问题，然后自己解决问题或研究答案。

7. 合作（Cooperation）：与同龄人的互动可以增强学习效果。儿童需要的是团队合作的经验，而不是为了分数彼此成为竞争对手。专题单元为合作学习小组创建目标，从而强调团体而不是个人的成就。

心血管健康：专题单元

以下是 II 级发育水平的专题单元示例。与课堂教师讨论心血管健康研究对你的计划的重要性，以"让学生了解健康"作为全校目标的重要性，从而争取课堂教师的支持。向他们解释，这个专题单元将帮助他们整合课程的各个方面，为学生提供广泛的活动和机会，从而增强在课程中的学习效果。

当介绍心血管健康单元时，建议教师首先评估学生对主题的已有知识和他们想要学习的内容。虽然在单元内容规划方面，课堂教师可能有明确的指引，如心血管健康课程网（见图 9.1）所示，但他们必须灵活地执行指引，并愿意利用学生的想法和兴趣来完善学习体验。

展开头脑风暴，列出学生已有知识和他们想研究的问题的清单，这是一个很好的方法。在单元的最后，请课堂教师让学生列出对这个主题的了解。

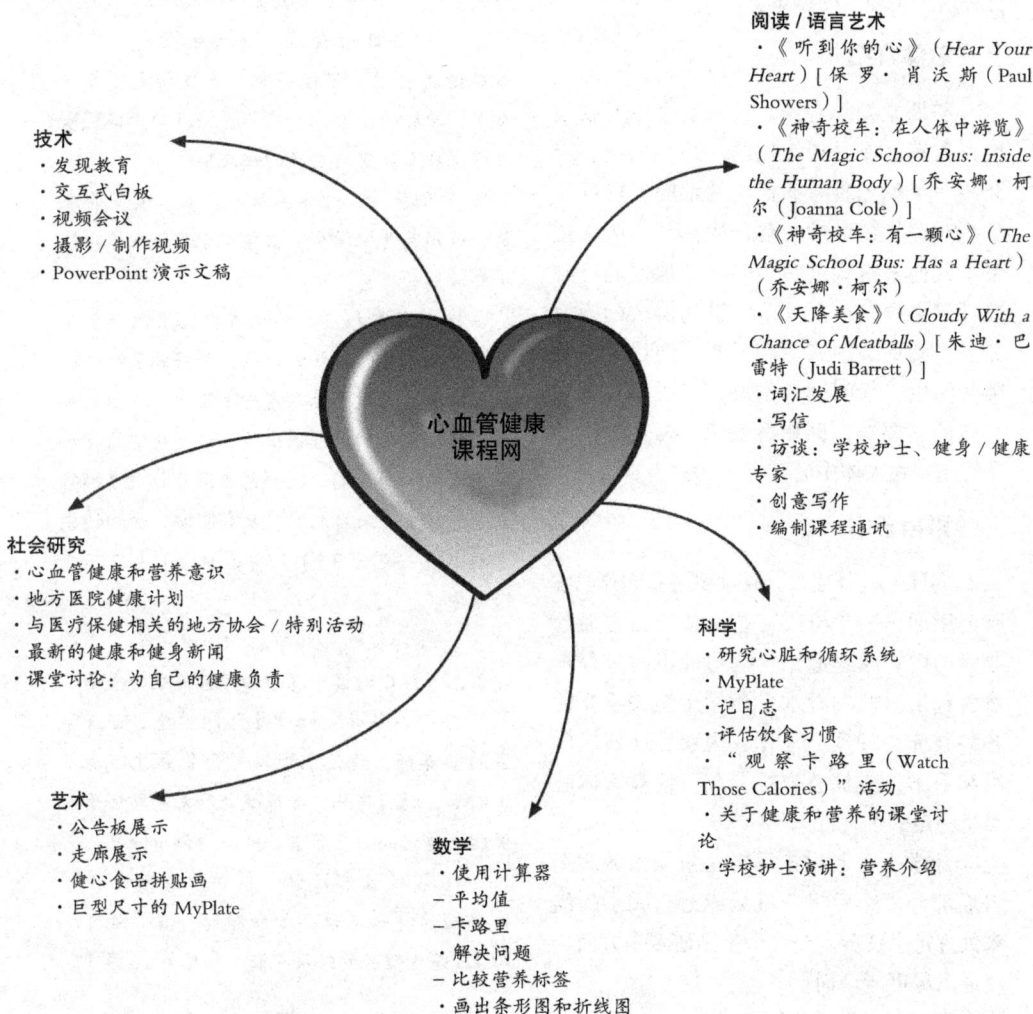

技术
· 发现教育
· 交互式白板
· 视频会议
· 摄影 / 制作视频
· PowerPoint 演示文稿

阅读 / 语言艺术
· 《听到你的心》（*Hear Your Heart*）[保罗 · 肖沃斯（Paul Showers）]
· 《神奇校车：在人体中游览》（*The Magic School Bus: Inside the Human Body*）[乔安娜 · 柯尔（Joanna Cole）]
· 《神奇校车：有一颗心》（*The Magic School Bus: Has a Heart*）（乔安娜 · 柯尔）
· 《天降美食》（*Cloudy With a Chance of Meatballs*）[朱迪 · 巴雷特（Judi Barrett）]
· 词汇发展
· 写信
· 访谈：学校护士、健身 / 健康专家
· 创意写作
· 编制课程通讯

社会研究
· 心血管健康和营养意识
· 地方医院健康计划
· 与医疗保健相关的地方协会 / 特别活动
· 最新的健康和健身新闻
· 课堂讨论：为自己的健康负责

艺术
· 公告板展示
· 走廊展示
· 健心食品拼贴画
· 巨型尺寸的 MyPlate

数学
· 使用计算器
－ 平均值
－ 卡路里
· 解决问题
－ 比较营养标签
· 画出条形图和折线图

科学
· 研究心脏和循环系统
· MyPlate
· 记日志
· 评估饮食习惯
· "观察卡路里（Watch Those Calories）"活动
· 关于健康和营养的课堂讨论
· 学校护士演讲：营养介绍

中心：心血管健康课程网

图 9.1　心血管健康专题单元的课程网

在课堂上制作并展示这些清单，这是强调学习目标的有效技巧，通过让孩子们在主题背景下做出决定，提高他们的能力。

课堂教师可以针对特定的内容规划学习活动，也可以在一天中为该单元预留的不同时间段中整合这些活动。虽然我按照语言艺术、数学和科学、艺术及技术的大类列出了以下活动，你也可以很容易地将这些活动整合到几个学科领域。课堂教师可以利用这些活动，并进行调整，以满足学生的需要，或用这些活动来补充他们自己在这个主题上的创意。

总体介绍

与课堂教师合作，针对这个单元收集要在教室里展示和使用的一系列书籍。当介绍一个单元时，解释所展示的书可以让学生对即将探讨的主题产生热情。请学生带来其他书籍或资源，以帮助他们进行心血管健康研究。去美国心脏病协会的当地分会查阅更多的文章和材料。建议课堂教师与学生一起阅读一本书，以说明心脏对身体的重要性，例如乔安娜·柯尔的《神奇校车：在人体中游览》（1991）。

语言艺术

向课堂教师建议，通过撰写和制作"心脏健康通讯"，将语言艺术技能与心血管健康的内容结合起来。撰写通讯的过程自然就包括对此发育水平的学生至关重要的各种技能。阅读、写作、沟通、计算机应用和数学，全都整合在一起，使学习体验具备一定的融合性。

让学生一起讨论思考这份通讯的多个组成部分，然后将全班分成适当大小的组来处理每个任务。允许学生钻研多个方面，使通讯尽可能全面。

通讯可能包括以下部分。

· 填字游戏：运动和体能训练术语，以及健康食品。

· 找单词：包括与心脏、运动和营养有关的重要术语（见图9.2）。

· 解读活动：解读与心脏、运动和营养有关的关键词。

· 明星教师：让学生采访学校里表现出健康的饮食习惯或经常有人看到他们锻炼以保持健康（例如，在午餐时间散步或慢跑）的老师。

· 家庭参与：鼓励学生一起想出几个面向家庭的活动（例如骑自行车、在当地的国家公园徒步旅行）为晚上及周末带来乐趣。

· 心脏健康食谱：让学生找出两三个心脏健康食谱（可能早餐、午餐和晚餐各一个）。学校的健康零食清单也将有助于提醒家长避免在书包里放太多的糖果！

· 午餐盒：让学生访问校长、食堂管理员、教师和其他学生，收集关于如何改善学校午餐计划的信息。

· 谷物警报：让学生在学校里做一个关于最喜欢吃什么谷物的调查，并将结果绘制成图表，做成海报，贴在走廊上展示。在图表旁边，让学生用图例标识出5种最受欢迎的谷物用于比较。向他们示范如何使用营养成分标签来分析热量，来自脂肪、反式脂肪、糖和钠成分的热量（见图9.3）。将这些结果也包括在通讯中。

· 健身提示：让学生访问健身专家（或你），并列出通过体育活动保持健康的提示。

· 营养提示：让学生访问学校护士或学区的营养师，请他们帮助列出营养技巧清单（例如，脱脂牛奶、冷冻酸奶和无脂肪饼干等低脂肪替代品的清单），并在通讯中分享。

· 学校精彩活动：帮助学生列出在学校安排的特殊活动，如营养周、健心跳绳、ACES或地理跑的结果更新（参见第15章）。

找单词

```
H  E  A  R  T  P  I  K  S  L
C  Y  O  G  J  O  G  E  R  W
A  O  S  Y  O  G  A  X  H  A
L  G  U  Y  A  L  P  E  E  L
O  U  G  I  E  S  G  R  A  K
R  R  A  C  V  O  N  C  L  I
I  T  R  M  I  D  I  I  T  N
E  X  I  R  T  I  K  S  H  G
S  W  O  U  C  U  I  E  Y  C
S  A  T  N  A  M  B  E  A  X
```

找到这些单词:

HEART	SWIM	SUGAR
BIKING	YOGURT	CALORIES
YOGA	SODIUM	WALKING
ACTIVE	EXERCISE	HEALTHY
RUN	PLAY	SKIP

图 9.2　心血管健康通讯中的找单词示例。当学生为通讯创作这样的栏目时，可以在提高语言艺术的同时强化心血管健康的概念

·家庭调查：让学生开展调查，向家人询问他们最喜欢的体育活动。汇总结果并列出名列前 10 的家庭活动。

·来自学校护士的消息：让学生访问学校护士，作为通讯中一个特别的部分。该消息可以包括一般健康和卫生方面的信息。

·浏览新闻：让学生阅读当地的报纸，了解地方、州或国家政府如何处理重要的健康问题，如体育活动不足、肥胖或心脏病。

鼓励课堂教师与学生密切合作，担任通讯的编辑。要求课堂教师每天为学生提供使用计算机的时间，讨论各个部分的进展，并解决出现的任何问题。作为体育教师，你应该每周来班级一两次，以向学生咨询，分发资料，讨论他们的想法，并提供支持。

作为最后一个活动，帮助课堂教师策划一个发布会。邀请家长、管理人员、学校护士和其他教师参加在教室里举办的特别聚会。给每位客人一份已出版的通讯，

营养成分		
分量大小 1 杯（228g）		
每容器（或包装）分量 2		

从这里开始

每份的量

卡路里 250	来自脂肪的卡路里 110	

查看卡路里

% DV 的快速指南

每日营养建议摄入量（%）		
总脂肪 12g	18%	
饱和脂肪 3g	15%	
反式脂肪 3g		
胆固醇 30mg	10%	
钠 470mg	20%	
钾 700mg	20%	
总碳水化合物 31g	10%	
膳食纤维 0g	0%	
糖 5g		
蛋白质 5g		

5%以下为低

20%以上为高

限制这些

获得足够的这些

维生素 A 4%	钙 20%
维生素 C 2%	铁 4%

脚注

* 每日营养建议摄入量百分比值以 2000 卡路里的饮食为基数进行计算。你的每日营养摄入量可能更高或更低，取决于你的热量需求。

	卡路里	2000	2500
总脂肪	低于	65g	80g
饱和脂肪	低于	20g	25g
胆固醇	低于	300mg	300mg
钠	低于	2400mg	2400mg
总碳水化合物		300g	375g
膳食纤维		25g	30g

图 9.3 如何解读营养成分标签
摘自 FDA 2006

为客人提供健康的小吃和点心。你甚至可以考虑在全学年中使用这份在课堂上创作的通讯作为全校性的项目。一定要感谢教师和所有学生在规划和出版通讯的过程中所做的辛勤工作。记住强调课堂教师和自己之间的合作。

数学和科学

数学和科学在与健康相关的身体素质中也占有一席之地。事实上，将数学和科学融入你的课程中，可以使学生觉得这些科目更有意义和有趣。尝试这些有趣且相关的活动，但要与课堂教师一起确保学生有能力完成你选择的活动。

看看那些卡路里！

将学生分成若干个合作小组。为每个学生提供一张传单，或制作一张标题为"看看那些卡路里！"的大海报，海报上提供几种膳食选择（见图9.4）。请学生预测哪种膳食的热量最少。然后让他们使用卡路里表来计算每餐的总卡路里数（见图9.5）。（让他们手工计算或使用计算器，具体取决于课堂教师希望他们练习的技能。）将他们的预测与实际上最低卡路里的膳食进行比较，讨论为什么两种选择有不同的热量。

盘子上的位置

要求学生记录自己3天的食物摄入，使用MyPlate图作为参考（见图9.6）。使用数据来确定学生的膳食是否营养丰富、均衡。MyPlate网站对于学生和教师都是一个很好的资源。餐盘的形象和该网站上各种各样的链接，包括营养提示，都将让学生对这项活动更加感兴趣。该网站上的链接为各种受众提供营养提示，帮助大家计划均衡的膳食并保持健康。

在这一周结束时，策划一项评估活动（见图9.7）。讨论学生应该更多地吃哪种类型的食物，他们是否遵循美国农业部的膳食指南，他们是否需要改善其饮食习惯。然后要求各小组制作5张大图表，列出他们所吃的每组食物。在教室或走廊上展示这些图表。

看看那些卡路里!

膳食选择	总卡路里
1. 汉堡肉饼、炸薯条、可乐	_____
2. 比萨饼、可乐	_____
3. 3 个煎饼、培根、橙汁	_____
4. 火鸡、全麦面包、沙拉、水	_____
5. 玉米片、香蕉、低脂牛奶	_____
6. 意大利面和肉丸、沙拉、水	_____
7. 金枪鱼沙拉、炸薯片、苹果汁	_____
8. 牛排、西蓝花、土豆泥、水	_____
9. 炸虾、青豆、米饭、可乐	_____
10. 通心粉和奶酪、沙拉、脱脂牛奶	_____
11. 炸鸡排、烤土豆、菠菜	_____
12. 热狗、炸薯条、可乐	_____

图 9.4　哪种膳食的热量最少

摘自斯蒂芬·J. 维尔吉利奥，2012，《儿童身体素质提升指导与实践（第 2 版）》（Champaign, IL:Human Kinetics）。

卡路里表

食物	卡路里	食物	卡路里
苹果	25	脱脂牛奶（1杯，或240ml）	85
苹果汁（1杯，或240ml）	120	全脂牛奶（1杯，或240ml）	210
培根（2条）	97	橙汁（1杯，或240ml）	120
香蕉	100	煎饼（3）	177
西蓝花（1杯）	55	奶酪比萨（2片）	360
熟胡萝卜（1杯）	44	烤土豆	97
炸鸡排（3oz，或90g）	160	炸薯片（10片）	115
可乐（8oz）	107	米饭（1/2杯）	100
玉米片（1杯）	88	沙拉（1杯）	96
炒鸡蛋（1个）	106	意大利面（1杯，加1oz	
炸薯条（8个）	157	或30g奶酪）	331
炸虾（3oz，或90g）	190	意大利面和肉丸（1杯）	260
青豆（1杯）	30	菠菜（1杯）	92
汉堡肉饼（6oz，或175g）	632	牛排（3oz，或90g）	330
热狗	124	金枪鱼沙拉（1杯）	350
通心粉和奶酪（1杯）	430	火鸡（2片）	150
土豆泥（1/2杯）	120	水	0
低脂牛奶，2%		全麦面包（2片）	130
（1杯，或240ml）	120		

图9.5 使用卡路里表找出"看看那些卡路里！"上最少卡路里的餐饮

我可以测量我的脉搏！

分发"我可以测量我的脉搏！"的讲义（见图9.8）。表中有4个活动，让学生在每一个活动之后在标题为"我"的一列中记录自己的心率。确保学生在开始下一个活动之前先休息一两分钟。在完成并记录所有的4个读数后，让学生计算每一项的全班平均数，并记录在"全班平均"列中。简单地教一下如何计算平均值，然后让学生使用计算器。

在教室里没有足够的空间进行测量脉搏的活动，使用走廊吧。

调整或更改要使用的活动，以满足实际的需求。

绘图

要求学生根据"我可以测量我的脉搏！"活动的结果绘制条形图。用全班的数据制作一个巨大的条形图，贴在墙上展示。要求学生通过创建折线图来比较自己的个人结果和全班范围的结果。学生可以在家里与至少一位家庭成员一起做这项活动，并在折线图上记录结果，使用不同的颜色来表示每位家庭成员。你还可以在绘图活动中融入学生在一周里收集的食物组

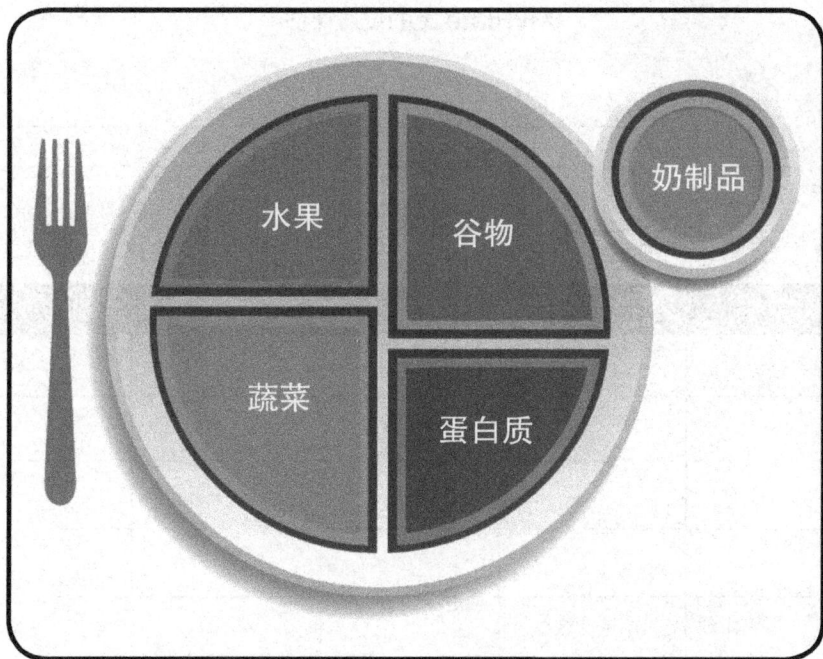

图 9.6　学生在记录其食物摄入量时将使用 MyPlate 图作为参考
摘自 USDA

信息。例如，合作小组可以使用他们的图表来制作喜欢的小吃或饮料的条形图或折线图，并在走廊上展示它们。

对于年龄稍大一点的学生来说，"创建图表（Create A Graph）"网站是一个很好的工具。它可以让学生输入所有信息并通过选择各种变量（颜色、演示风格等）来创建不同类型的图表，然后可以打印并展示他们的图表。

谷物搜索

让学生带来他们最喜欢的谷物的空盒子。只要有足够的盒子供每个合作小组（每组 3~5 个学生）进行比较，就可以开始活动。简单地介绍一下阅读脂肪和钠含量标签的重要性。讨论在标签上发现的其他项目，并讨论阅读标签上的成分的重要性。

为每个孩子或小组制作标签的复印件，以便所有学生都可以很容易地看到它们，或将它们投影到交互式白板上。让学生选择 3 种不同的谷物标签，并比较它们的热量，以及来自脂肪、反式脂肪、钠和糖成分的热量。让学生与小组成员讨论他们的发现，并向全班的其他成员提供一份健康的谷物，讨论他们为什么会这样选择。在一周结束的时候，制作并分享健康的早餐，包括被发现是最健康的谷物。

艺术

你可以将教室的学习单元中的艺术与孩子们的生活联系起来，从而培养和提高孩子对形状、外形、纹理和颜色的意识。课程专家一向建议将艺术与其他学科领域相结合，以满足学生的智力（问题解决）、

MyPlate 上的位置评估

姓名＿＿＿＿＿＿＿＿＿＿＿＿＿＿＿＿　　日期＿＿＿＿＿＿＿＿＿＿＿＿＿＿＿
年级＿＿＿＿＿＿＿＿＿＿＿＿＿＿＿＿　　班级＿＿＿＿＿＿＿＿＿＿＿＿＿＿＿

使用此评估表记录并计算你在 3 天期间在每组食物中所吃的食物总量。

食物组别	第 1 天	第 2 天	第 3 天	总计
乳制品				
水果				
谷物				
蛋白质				
蔬菜				

图 9.7　你从每组食物中选择的食物数量是否符合 MyPlate 的建议
摘自斯蒂芬·J. 维尔吉利奥，2012，《儿童身体素质提升指导与实践（第 2 版）》（Champaign, IL:Human Kinetics）。

我可以测量我的脉搏！

姓名＿＿＿＿＿＿＿＿＿＿＿＿＿＿＿＿　　日期＿＿＿＿＿＿＿＿＿＿＿＿＿＿＿
年级＿＿＿＿＿＿＿＿＿＿＿＿＿＿＿＿　　班级＿＿＿＿＿＿＿＿＿＿＿＿＿＿＿

	我	全班平均
休息（30 秒）		
步行（30 秒）		
慢跑（30 秒）		
开合跳（30 秒）		

图 9.8　在每个活动后记录自己的脉搏，然后计算每个活动的全班平均值
摘自斯蒂芬·J. 维尔吉利奥，2012，《儿童身体素质提升指导与实践（第 2 版）》（Champaign, IL:Human Kinetics）

情感（自我表达）和感知（通过感官体验环境）的需要。重要的是要在一个专题单元中包括若干个艺术机会，以强调健康的生活方式。

· 在公告牌上画一个巨大的心脏。让学生绘制有益心脏健康的小图片（例如骑自行车、游泳、锻炼、营养食物或膳食），并将小图片贴到巨大的心脏里面，使它看起来像一个巨大的拼图。

· 在学校护士、儿科医生或心脏专家等演讲嘉宾来访之后，要求学生画出心脏的流程图，显示血液如何在心脏和身体中循环。

· 让学生使用各种艺术材料创作出一个巨大的 MyPlate 三维展品，在走廊里供其他学生欣赏。

· 邀请艺术教师参加你的课程，与学生一起完成一个特别的项目。这种团队合作将使每个人受益，并在课堂和整个学校中创造一种积极的环境。

技术

今天的学生精通技术，所以要融入终生坚持良好的营养、健康习惯和体育活动的概念，还有什么比使用技术更好的方式吗？教师可以在教室、学校计算机实验室或学校的技术实验室中使用计算机来增强学生的兴趣。

计算机

你可以利用许多对学生友好且适合他们的健身和健康网站来丰富专题单元。例如，"发现教育（Discovery Education）"提供强大的搜索工具和动态浏览功能，可以让教师和学生快速找到各种有趣的媒体。使用该网站的学生视频、多项活动和交互式实验室，可以增强小学生在各种主题中的教学体验。"儿童健康（KidsHealth）"也是一个很好的网站，帮助学生了解各种与健康相关的问题。"儿童网站

（KidsSite）"包括与今天的学生面临的健康问题相关的适当内容。

交互式白板

交互式白板（如 SMART Boards）这种教学工具的增长速度快得令人难以置信，它可以增强课堂的教学效果。学生很快就能学会如何使用交互式白板，教师认为它们提供了额外的触觉和视觉学习体验。积极参与学习过程对于学生们理解课程中提出的概念或想法有正面的影响。教师可以使用 SMART Notebook 将视频、图片、表格、PowerPoint 演示文稿和在线网站嵌入其课程中。

视频会议

教师若可以在教室或学校里使用视频会议设备，就可以获得很多教育机会。它是一种学习与健康相关的概念的动态方式。与你所在地区、州或全国的其他学生交流，这对于所有参与的人来说都是一种令人兴奋的学习体验。许多学校甚至通过视频会议计划走向全球。

视频

在做项目或特定活动时拍摄全班学生的视频，这是丰富学习体验的绝佳方式。许多公司已经开发了轻便的摄像机，可以使学生活动的录像变得非常容易。

与健康相关的体育课堂活动

这里针对每个发育水平介绍的与健康相关的身体素质的课堂学习活动均对第 8 章中讨论的概念进行了扩展。记住，要与学校的教师保持密切联系，以便他们知道你将在学年中覆盖的单元。如果你与课堂教师紧密合作，那么在课堂上融合的体能教育概念就可以强化并补充在体育课中的教学内容。

Ⅰ级发育水平学生的课堂活动

我很重要——从内到外

理念

学生学会评价其自我价值并关心别人，因为他们更加了解自己的个人健康。

器材

每个学生1支铅笔、1份"我的树（Me Tree）"讲义和1支彩色记号笔；录音机；彩色美术纸；身体部位图片；胶水。

活动

语言艺术

通过让学生填写图9.9所示的"我的树"，融入语言艺术。

让他们在树枝上写上家庭成员的姓名，并在树根上写出自己的个人长处（例如，运动、有趣、好学生）。将他们的姓名写在树干上。这个活动增强了学生对自我价值的个人感受。

通过要求学生选择自己最喜欢的体育活动来融入口头语言练习。让每个学生做一个录音，说明他们为什么喜欢自己的特定活动。要求他们还要说明在家里最喜欢的体育活动。如果你愿意，要求学生进行采访，提出有关活动偏好的问题。（请参阅附录中的个人积极生活方式档案示例中的"我的最爱"部分。）

科学

让学生列出自己最喜欢的身体部位（例如膝盖、手、脚趾）。请他们解释为什么喜欢这些特定的身体部位。

数学

要求学生计算如图9.10所示的"身体部位加法"工作表。这是一个良好的合作学习活动。

艺术

要求学生给"我的树"涂色，并创作孩子们在树上玩耍的场景。当全班学生完成此活动后，在教室中展示艺术作品。两三个星期后，让每个学生将"我的树"带回家，与家人分享这个活动。提醒学生不要让颜色盖住"我的树"上的字。

将学生分组，每组4个人。为每个组提供从杂志上剪下的许多身体部位图片。要求他们选择不同的身体部位，通过将各个部位粘贴在一张大的彩色美术纸上来拼成整个身体。（可以请年龄稍大的学生或家长志愿者帮助你完成这项活动。）

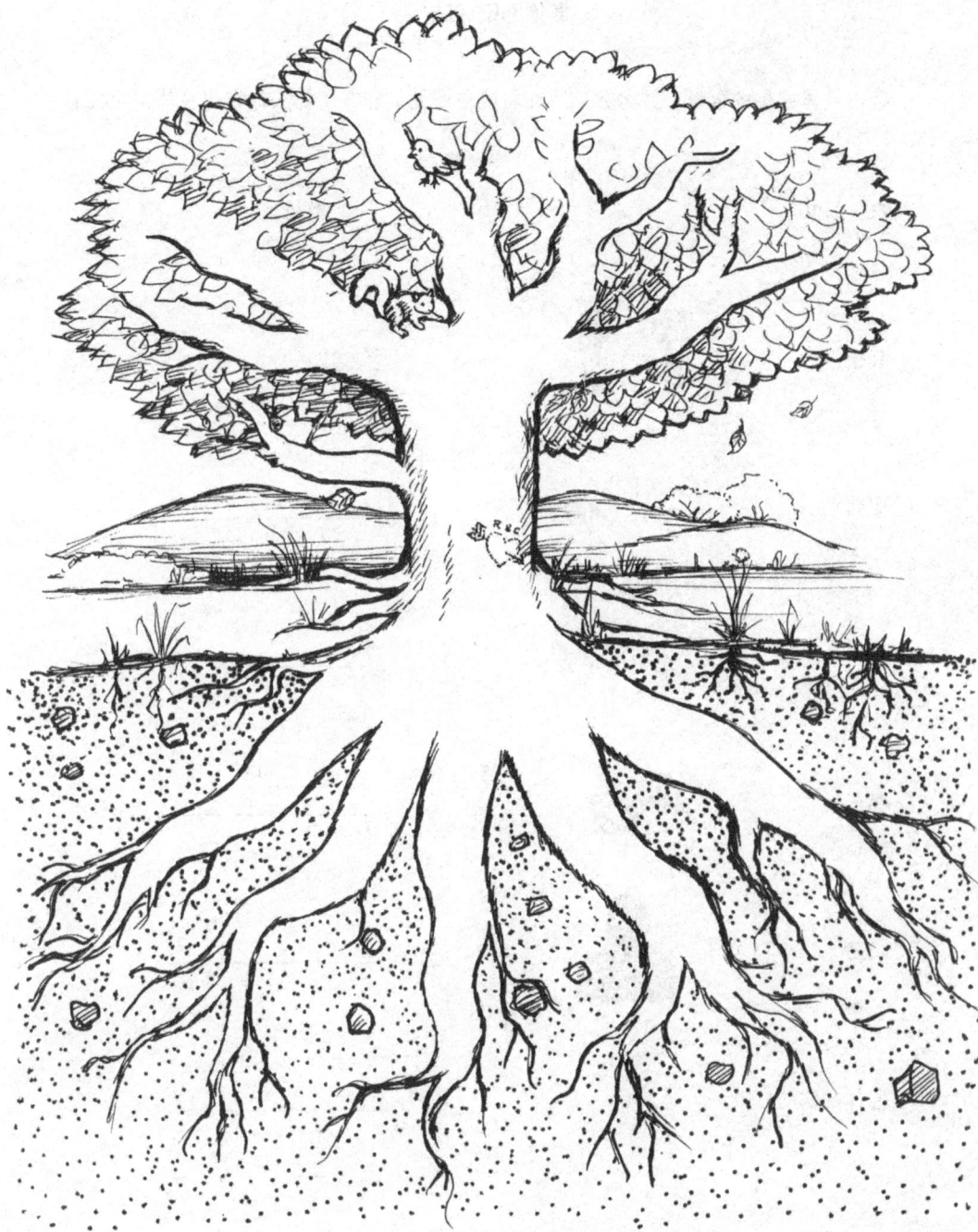

图 9.9　在树枝上填写家庭成员的姓名，在树根上列出你的个人长处

摘自斯蒂芬·J. 维尔吉利奥，2012，《儿童身体素质提升指导与实践（第 2 版）》（Champaign, IL:Human Kinetics）。

身体部位加法

数出身体部位的数量，并将数字写在右侧空白处。现在用加法计算出身体部位的总数。

身体部位　　　　　　　　　　　　　　　　　　　　　**数量**

耳朵　　　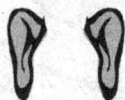　　　　　　＿＿＿＿＿＿＿＿＿

眼睛　　　　　　　　　＿＿＿＿＿＿＿＿＿

手指　　　　　　　　　＿＿＿＿＿＿＿＿＿

鼻子　　　　　　　　　　　　　　　　　　＿＿＿＿＿＿＿＿＿

肩膀　　　　　　　　　＿＿＿＿＿＿＿＿＿

身体部位的总数　　　　　　　　　　　　　＿＿＿＿＿＿＿＿＿

图 9.10 "身体部位加法"活动可以帮助强化数学和解剖学的概念

摘自斯蒂芬·J. 维尔吉利奥，2012，《儿童身体素质提升指导与实践（第 2 版）》（Champaign, IL:HumanKinetics）。

安全第一：休息和锻炼

理念

学生知道，他们在剧烈运动期间需要定期休息。他们应该知道其身体给他们的要放慢速度或短暂休息的基本信号。

器材

每个学生 1 把尺子或 1 支大铅笔、1 条扎带和 1 把剪刀；几本杂志。

活动

语言艺术

复习以下针对疲劳或过度劳累的建议应对办法。

◆放慢速度。

◆休息。

◆喝几口水。

◆若天气炎热，在阴凉的树下休息。

◆如果感觉到刺痛，立即停下并告诉大人。

让学生描述他们在剧烈运动并开始感到不舒服时的感觉（例如，疲倦、胃不舒服、身体两侧疼痛、呼吸非常困难）。请他们描述他们的感觉以及通过做什么来恢复。

科学

给每个学生 1 条扎带和 1 支铅笔或 1 把尺子。要求他们将扎带对折，放在铅笔或尺子上。让学生握住铅笔或尺子，手臂稍微弯曲（但不要撑着），保持在其书桌上方大约 1 英寸（2.5 厘米）的位置。大约 10 秒后，随着时间过去，由于肌肉抖动，扎带将开始移动。这表明肌肉感到疲劳（Anderson 和 Cumbaa，1993）。

让学生将一只手放在桌子上，手掌朝上。让他们在 1 分钟内尽可能多次地反复摊开这只手以及握拳。要求学生描述手、手腕和前臂的感觉。他们可能会提到疼痛、紧张、疲劳。说："这也被称为肌肉疲劳。"提醒他们："当你的身体给出某些信号，如疼痛或极度疲劳，那么就该到休息的时候了。"

数学

要求学生在扎带开始移动之前保持数秒（1，2……）。让他们数出自己在 1 分钟内的握拳次数。记录每个学生在这两个实验中的数字，然后让学生计算出每个活动的全班平均值。

艺术

请学生帮助你制作一张大型海报或公告牌，标题为"休息和锻炼"。其中包括对疲劳的应对办法。让学生从杂志上剪下人们在锻炼和休息、喝健康饮品、运动和走路的图片。在教室、走廊或健身房中展示这张海报。

II 级发育水平学生的课堂活动

健康的背部

理念

学生要学习：姿势是人们在站、坐、走或躺下时身体得到支撑的方式。良好的姿势可以防止或减轻颈部和背部的紧张。姿势对于他们的外表和感觉都很重要。当身体姿势正确时，内脏有足够的血液供应，能够正常工作。

器材

每个学生都有纸和铅笔、1把椅子、1个直径8.5英寸（22厘米）的操场球、1张图9.13的复印件、1个黑板擦；黑板和粉笔；海报纸；4个气球；1支记号笔；数码相机。

活动

语言艺术

让学生坐在自己的椅子上，要求学生示范不良的坐姿。问："不正确的坐姿为什么会有害处？"讨论良好姿势的好处，在黑板上做一个列表，包含以下方面。

◆保持颈部和背部得到支撑和健康。

◆让你能够坐更长的时间而不会肌肉紧张。

◆保持内脏器官在正确的位置并正常工作。

◆让你能够保持警觉和专心。

◆让你对自己感觉良好。

要求全班学生写出关于人们的姿势透露出他们对自己有何感觉的描述。

科学

向全班解释，无论坐着还是站着，良好的姿势都取决于关键肌肉群的力量和柔韧性。

◆腹部肌肉：力量弱的腹部肌肉导致骨盆区域向前倾斜，导致下背部紧张。说明："这就是为什么超重的人经常会背部紧张。强壮的腹部肌肉会保持背部挺直。"（推荐的练习是仰卧起坐）

◆背部肌肉：背部肌肉支撑着颈部和肩部。这些肌肉应该强壮和柔韧，以保持背部挺直。（推荐的练习是引体向上）

◆腿部肌肉：柔韧性不足的腿部肌肉，特别是腘绳肌（大腿背部），可能会将骨盆区域拉到无法对齐的位置。腿部肌肉的力量将有助于在站立、从坐姿站起来和举起重物时支撑身体。有力的腿部可以缓解下背部的压力。（推荐的练习是直背坐位体前屈、阻力练习和慢跑）。

让一个学生仰面躺在一大张海报纸上。用记号笔画出学生的身体轮廓。现在将身体轮廓放在椅子上，将小气球贴在身体的正面，用来代表胃和心脏。将气球贴在身体轮廓的背面，用来代表颈部和下背部。将身体摆成不同的姿势，问："向前弯身时会发生什么？"[胃和心脏都被压住]"血液供应会发生什么问题？"[血液不能顺畅地流动]（可选：为了进一步说明这一点，在解释身体对器官施加压力时，用小针刺破气球）

图 9.11　在计算机前的良好坐姿

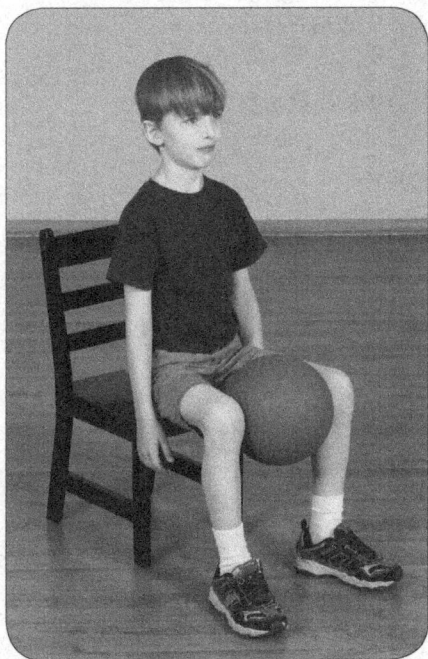

图 9.12　坐姿挤球可以培养良好的姿势

让身体轮廓向后重重地倒下在椅子中。问："现在是什么部位受到了压力？" [颈部和背部。] 给身体轮廓起一个名字，如"倒下的史蒂夫"（但不要使用班级中孩子的名字）。将它放在房间的角落里，提醒学生要坚持良好的坐姿。

要求学生自愿成为良好姿势的模特。当他们以良好的姿势坐在计算机前面时，给他们拍照（见图 9.11）。在课堂上为每个学生提供一张照片的复本。复习良好坐姿的要点。

◆ 耳朵、肩膀和臀部对齐

◆ 肩膀放松

◆ 重量均匀分布在两侧的臀部

◆ 椅子靠近书桌

◆ 双脚平放在地板上

让每个学生将照片带回家，请他们的父母将照片贴在计算机附近或冰箱上。要求学生在吃饭、做家庭作业或看电视时帮助妈妈、爸爸、姐妹或兄弟采用正确的坐姿。

为了强化正确的姿势，要求学生坐直，双脚平放在地板上。请他们掌心向下，双手放在椅子上，与其臀部对齐。让他们向下推椅子，但不要抬起臀部，数到 5。重复 3 次。

为了锻炼骨盆肌肉并强化良好的姿势，要求学生坐在椅子的前端，臀部和膝盖平齐。给每个学生 1 个直径 8.5 英寸（22 厘米）的操场球，让他们将球放在双膝之间（见图 9.12）。要求他们挤压双膝之间的球，保持 5 秒，放松——全过程都要保持良好的姿势。让他们重复 10 次。

给每个学生 1 个黑板擦，放在头上保持平衡。让他们在走廊或室外走路。当回到教室时，讨论让头部保持在重心（躯干）上的正确姿势如何有助于保持黑板擦平衡。

数学

给每个学生发一张"疯狂测量"活动表（见图 9.13）。

看看他们能猜到多少。查看答案。

疯狂测量

姓名＿＿＿＿＿＿＿＿＿＿＿＿＿＿＿＿＿　　日期＿＿＿＿＿＿＿＿＿＿＿＿＿＿＿

年级＿＿＿＿＿＿＿＿＿＿＿＿＿＿＿＿＿　　班级＿＿＿＿＿＿＿＿＿＿＿＿＿＿＿

尝试将左侧的数字与右侧的项目相匹配。

A.75 次　　　　　　　　　　　　　　　1. 每秒产生的新红细胞数

B.200 万 ~300 万　　　　　　　　　　2. 骨头在体重中占的百分比

C.650 块　　　　　　　　　　　　　　3. 身上的毛发数量

D.1.2~1.6 加仑（4.5~6 升）　　　　　4. 每天出汗的水量

E.2.5 品脱（1.18 升）　　　　　　　　5. 人体内血液量

F.16%　　　　　　　　　　　　　　　6. 人体内的骨头

G.60%　　　　　　　　　　　　　　　7. 水在体重中占的百分比

H.206 块　　　　　　　　　　　　　　8. 大约一分钟的心跳次数

I.15~30 英尺（4.6~9.1 米）　　　　　9. 小肠的长度

J.400 万　　　　　　　　　　　　　　10. 人体内的肌肉数量

图 9.13　你可以匹配多少与身体相关的数字

摘自斯蒂芬·J. 维尔吉利奥，2012，《儿童身体素质提升指导与实践（第 2 版）》（Champaign, IL:Human Kinetics）。

疯狂测量活动表的答案

1.B　　3.J　　　5.D　　　7.G　　　9.I

2.F　　4.E　　　6.H　　　8.A　　　10.C

艺术

请学生帮助制作和装饰一个题为"正确姿势"的公告牌。拍摄在课堂上参加各种学习活动的每个孩子的坐姿照片，例如在计算机前面、在合作小组中或独立阅读时的坐姿。将照片贴在彩色美术纸上，使其看起来像装了一个相框，并展示在公告板上。

身体系统：骨骼

理念

学生要学习：正确的饮食和日常锻炼会让骨骼变得强健。新生儿的骨骼由软骨组成，并且会在儿童发育到十几岁后变得更硬。选择富含钙和磷的食物以及积极的体育活动可以确保适当的骨生长和发育。

器材

1 张骨骼系统的海报；两根鸡骨头；1 罐醋；1 罐水；1 个卷尺；每个学生 1 个计算器、1 支铅笔和 1 张纸；蜡笔；5 张彩色海报纸；每组都有不同骨骼的图形。

活动

语言艺术

展示骨骼系统的大海报。只标记几块身体的主要骨头（在这个发育水平，没有必要查看每一块骨头）。每周学习一块骨头。让学生在自己的身体上感觉正在讨论的骨头。在学习了骨骼系统后，要求学生将身体部位与每块骨头的医学名称相匹配（见图9.14）。你也可以为学生提供一个单词库，让他们从中选择医学术语。答案是颅骨（头）、锁骨（锁骨）、肋骨（胸）、椎骨或脊柱（背）、髂嵴（髋）、胫骨（胫）、股骨（大腿）、桡骨和尺骨（前臂）以及肱骨（上臂）。

科学

剥离两根鸡腿骨并洗干净，花两天晾干它们。将一根骨头放在一罐醋中，另一根放在一罐水中，让骨头浸泡 3 天或 4 天。然后从罐子中取出骨头。从水罐拿出来的骨头仍然是硬的，但是从醋罐拿出来的骨头将是软的，因为其矿物质已经被醋中的酸溶解了。向全班同学强调，当骨头没有得到足够的矿物质供应时，就会变软，并且发育不良。

问："哪些食物是良好的钙质来源？"［低脂牛奶、低脂奶酪、酸奶］

"什么练习或运动可以强健骨骼？"［慢跑、篮球、足球、徒步、阻力练习——任何大肌肉连续活动］

数学

向全班学生解释，在未来几年，他们将开始迅速长高。在 10~14 岁，他们可以长高大约 6 英寸（15 厘米）。他们的手和脚会最早发育，他们可能会在短时间内感到尴尬或不协调。

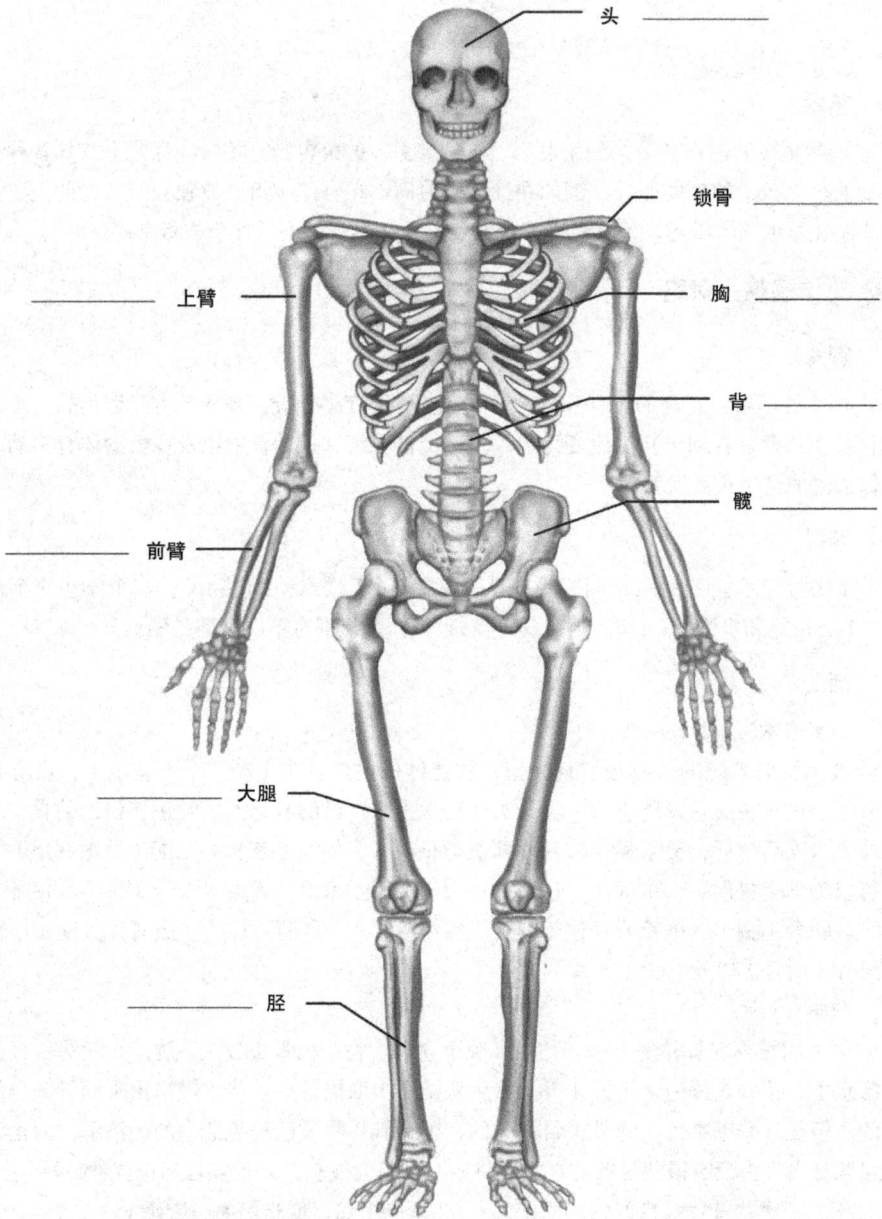

图 9.14 你能说出每块骨头的名字吗？
摘自斯蒂芬·J. 维尔吉利奥，2012，《儿童身体素质提升指导与实践（第 2 版）》（Champaign, IL:Human Kinetics）。

　　下面是一种使用骨骼测量来计算身高的方法。使用卷尺，每个学生都从肩关节量到肘外侧骨头突起的点。这是肱骨或上臂骨的长度。按照公式计算学生的身高，以英寸为单位（Anderson 和 Cumbaa，1993）。

女孩：

肱骨的长度 =_____英寸

乘以 3.14。

加上 25.58= 以英寸为单位的身高

男孩：

肱骨的长度 =_____英寸

乘以 2.97。

加上 28.96= 以英寸为单位的身高

　　对于这个发育水平的学生，要帮助他们计算。将最终的计算结果与每个学生的实际身高进行比较。

艺术

　　将全班分为 5 组。让每组选择身体的一个部位，例如腿、脚、背、肩膀、手臂或手。要求每个学生在你提供的简图中描出所选择身体部位的骨头。指导他们对骨头做标记和着色。给每组一张大海报纸。让各小组画出他们所选择的身体部位的大图。在教室里展示学生们的作品。

针对 III 级发育水平学生的课堂活动

体能训练原则：与健康相关的身体素质的组成部分

理念

　　学生复习与健康相关的身体素质的 4 个组成部分：心肺耐力、肌肉力量与耐力、柔韧性和身体组成。

器材

　　每个学生 1 张图表纸、彩色记号笔、纸、铅笔、胶水和剪刀；5 本字典；10 本健身书；几本健身杂志；1 张大海报纸；每两个学生 20 张身体素质索引卡。

活动

语言艺术

　　将全班划分为 5 个合作学习组。在大图表纸或海报板上写下肌肉力量与耐力、心肺耐力、柔韧性和身体组成。

　　给每个组两本健身书、1 本字典和几本健身杂志。要求每个学生在个人学习活动表上写下身体素质组成部分的定义，使用手头的资源来查找单词的定义。现在请每个学生浏览健身杂志，并剪下人们进行锻炼的图片，用于描述他们选择的身体素质的组成部分。让他们把这些图片贴在学习活动表的下半部分。要求学生还要寻找一种健康的食物和一个身体脂肪低的人的图片来表示身体成分。

将学生两两配对。给每对学生1套20张的身体素质索引卡（10张卡上写着身体素质组成部分和定义，另外10张卡上有相应的图片）。为每对学生把卡片打乱，将卡片面朝上散开。让学生轮流尝试匹配组成部分与图片。如果有一个学生匹配正确，他可以保留这两张卡片。如果匹配不成功，他将卡片放回桌上，轮到另一个学生进行匹配。拥有最多卡片的学生是胜方。为了避免混淆和争吵，在每张图片的背面写上相应的数字，以表示正确的答案。

科学

与学生讨论每个身体素质组成部分在医疗方面的好处，例如心肺耐力如何预防心脏病。然后让学生为每个身体素质组成部分列出至少5个身体活动。在身体成分下面，让他们列出5种健康零食。

数学

让学生使用标记为"学期初测试""期中测试"和"学期末测试"的单独条形图记录每个组成部分的身体素质分数。帮助学生计算整个学年的进步百分比（见图9.15）。

姓名_____ 年级_____ 班级_____ 测试：卷腹练习

学期初测试分数 __32__   期中测试分数 __40__   学期末测试分数 __45__
日期_____   日期_____   日期_____

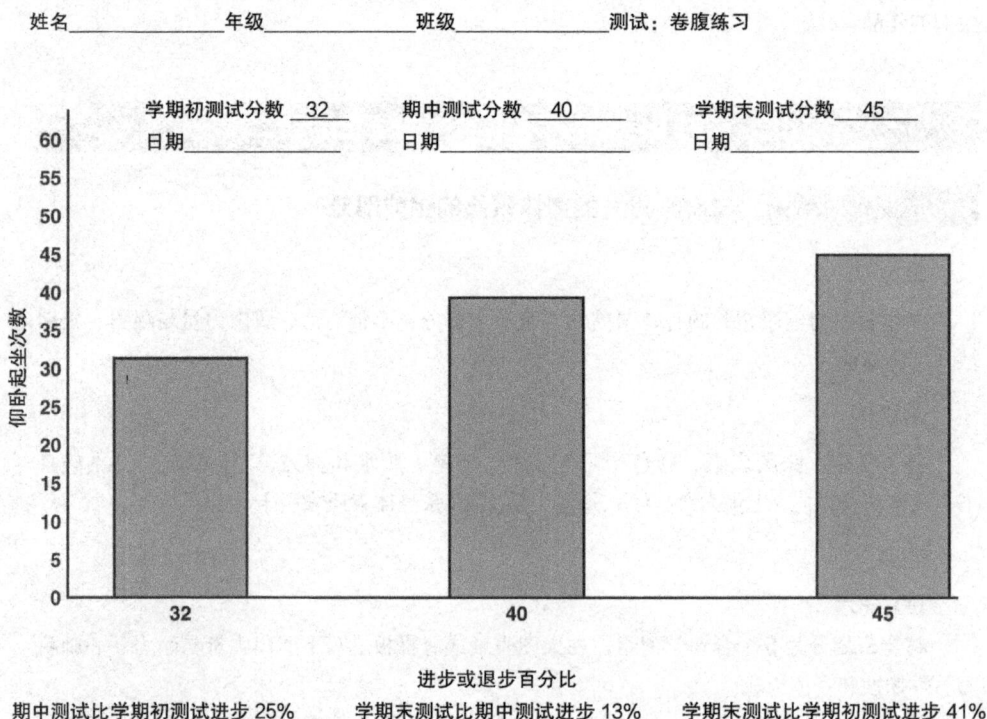

进步或退步百分比

期中测试比学期初测试进步 25%   学期末测试比期中测试进步 13%   学期末测试比学期初测试进步 41%

图9.15 衡量卷腹练习进步程度的条形图示例

艺术

将学生两两配对。要求一个学生躺在一张大彩色海报纸上摆出运动的姿势（慢跑、仰卧起坐、投篮、踢足球）。让另一个学生在纸上描出执行活动的学生的轮廓。让学生给图画上色和装饰。要求他们给这张图起一个名字或标题，并注明它所代表的适当的组成部分——例如，慢跑者乔乔，代表心肺耐力。

健康食物

理念

学习：碳水化合物含量高的食物为身体提供能量，以满足身体活动的日常需要。

器材

什锦食品的图片；5 张报纸；各种食物的样品（奶酪、饼干、白面包、博洛尼亚大红肠）；碘溶液；5 支吸管；食品杂志；10 个箱子（5 个标记为"继续"，5 个标记为"停止"）；5 张海报；几个食品标签；每个学生都有剪刀、纸、方格纸和铅笔。

活动

语言艺术

将全班分成 5 个组。为每个组提供一些食物图片，如糖果、牛排、意大利面、奶酪、胡萝卜和面包。让每个小组确定哪些食物是高碳水化合物或低碳水化合物，将高碳水化合物的食物图片放在"继续"箱子中，并将低碳水化合物的食物图片放在"停止"箱子中。

科学

将全班分成 5 个组。为每个组提供一张报纸，放在他们的桌子上。给每个组一些食物的样品（奶酪、饼干、白面包、博洛尼亚大红肠）和碘溶液。要求学生用滴管在每个食物样品上滴一滴碘液。记录食物所发生的变化（碳水化合物含量高的食物会变蓝）。

数学

要求学生检查谷物盒、糖果棒、饼干、罐头汤上的食品标签。让学生设计每个标签的条形图，列出脂肪、蛋白质、钠和碳水化合物的含量。要求学生将标签贴到每个条形图上。使用此分析来教导各种食物选择中的成分百分比。

艺术

将全班分成 5 个组。要求每个小组查看由你提供的食品杂志。让他们剪下高碳水化合物的食物图片，并将它们粘贴在一张标有"碳水拼贴画"的大海报板上。允许每个组决定海报颜色以及额外的装饰。在教室里展示海报。可以为每个组指定一个名称，例如"健身发现者"或"益心者"，或让每个组中的学生自己决定小组的名称。

小结

由于在大多数的小学中，体育课时间太少，似乎有必要寻求课堂教师的帮助来实现你的计划目标。为了确保这一过程的成功，首先要获得管理人员的支持和教师的信任。在整个学校建立开放的沟通渠道，以正确地实施你的创新。

在与学校的教师建立紧密的工作关系后，向他们提供本章中面向II级发育水平的学生的心血管健康专题单元，以启动你们的合作。然后使用本章中的课堂学习体验作为示范，帮助课堂教师将与健康相关的健身理念融合到针对3种发育水平的学生的课程中。与课堂教师合作协调这些材料的使用，以补充你在体育课中的内容。你也可以建议进入教室，与课堂教师合作完成上文介绍的一些活动。你额外投入的时间和精力将是值得的！

第 10 章

让家长和社区参与

> 我们试图教孩子们怎样生活，孩子们也在告诉我们生活的真谛。
>
> ——佚名

多年来的研究表明，家长的参与对于孩子在学校获得成功至关重要。简单来说，当父母参与孩子的教育时，孩子在心理、身体和社交上将有更多成功的机会。考虑到你与学生一起度过的时间有限，合乎逻辑的做法是：学校、家长和社区应该共同努力，延长在体育活动和健康方面所花的时间，以完成你的全面体能教育目标（Virgilio，2006）。

家庭对孩子的健康和活动习惯有很大的影响；然而，很少有体育教师制订具体计划将家长和社区纳入其体育教学计划中。本章提供马上就可以开始使用的实用信息，包括关于沟通技巧、举行有效的家长教师会议、家长教育、家长志愿者、家庭活动和社区参与的信息。随时可用的教学材料（如给家长的信、家长调查、家庭健身合约和家庭活动）将帮助你立即开始行动！

制订行动计划

首先，最重要的是，要认识到家长可能对体育教学抱有负面态度，并且可能不重视体育活动的好处。在计划将家长纳入课程时，请注意以下问题。

· 家长小时候在学校可能有不愉快的体育课经历。

· 家长可能认为体育课是一种不实用的课程，应该从学校预算中取消。

· 有些家长可能觉得体育活动对儿童来说并不是真正有必要的，认为孩子们在家里已经玩得够多了。

· 家长可能认为体育课是有运动天赋的孩子的表演机会。

· 父母可能认识到锻炼很重要，但没有时间参与。

但是不要气馁——继续推进你的计划！你的工作是启动一个计划，帮助家长认识到其参与的重要性。无论是家长的态度不配合还是缺乏支持，你都必须引导他们，使他们对体育活动形成更积极的态度。第一步是制订并遵循具体的行动计划。

首先，制定书面政策。书面声明比口头声明更可信。此外，书面政策可以向社区表明，你会认真对待他们的帮助。最

135

后，书面政策让学校管理人员可以记录你的工作，这对于年度教师评审和任期评估很重要。

制定策略后，就要获得行政支持。学校校长的支持是必不可少的。请校长分配一笔小的预算用于演讲嘉宾、会议场地、其他设施、视听设备、复印和邮寄，以帮助你获得父母和社区的支持。与校长一起思考，想出其他可能会帮助你获得支持的办法。

既然你已经制订了一个行动计划，并已获得行政支持，就随时可以打开与社区沟通的渠道。

沟通

如果家长愿意与学校合作，分享他们的想法，为孩子的教育做出贡献，顺畅的沟通是必要的。首先，给家长写一封信，介绍并解释你的新体能教育计划，以及如何在体育课程中融入该计划（见图 10.1）。解释为什么在幼年养成健康的生活习惯对儿童来说很重要。将家长调查附在信中（对每个家长或监护人进行一次调查），该调查将帮助你了解家长对锻炼的态度和习惯，它也会揭示他们是否愿意成为志愿者（参见第 138~139 页的图 10.2）。

但是，不要写完一封信就算了。在整个学年都要保持顺畅的沟通。每年发布 3~4 次通讯，并举行家长教师会议。

通讯

通讯是一种与家长沟通的简单有效的方式。在计算机上制作引人注意的格式，并选择一个有趣的标题（参见第 140~141 页的图 10.3）。为每份通讯选择不同的主题。下面是我曾经成功使用的标题列表。

· 健身是乐趣

· 一起让心脏更健康

· 跳绳有益心脏健康

· 心脏健康月

· 家庭健身乐趣

· 食物与健康

· 夏日运动乐

· 冬日锻炼

· 让我们动起来

· 终身健美

· 社区联谊

你应该选择什么内容？请包括健康知识，这可以消除关于运动的一些常见的误解 [例如，许多人认为，对于 12 岁的孩子来说，跑 1~2 英里（1.6~3.2 公里）太艰苦]。还要包括安全提示，例如在运动期间正确补充水分。补充可以在家里做的家庭活动，如"晚上的结束活动"，全家在家中运动 15 分钟，然后每个人各自去做自己的事情。你还可以在一篇 3 段或 4 段的文章中讨论一个主要的健康话题，例如"减盐习惯"或"低脂、无脂、低热量——这些词是什么意思？"最后，包括即将举行的活动的日期，如春季健康展会或乐趣跑，并提醒家长上体育课的日子、适合体育课的鞋子和医疗笔记，仅以这些为例。

家长教师会议

家长教师会议的总体目标是发展家庭和学校之间的合作关系，使儿童受益。精心策划的会议让你可以分享自己对学生的关心，同时也是与父母建立积极关系的良机。

小学体育教师在一个学年期间可能要服务多达 500 名学生。即使只是与学校中一半的家长安排一次会议，都可能很困难且非常耗时。你可以通过使用不太正式的方法与家长进行沟通，从而节省时间。使用电话或电子邮件与家长完成简短但有意义的会议，这对你和家长都会更方便。

_____

（日期）

亲爱的家长或监护人：

　　心脏病和中风在美国仍是成年人死亡的主要原因。美国心脏病协会宣布，体育活动不足会带来心脏病的主要风险因素以及肥胖、高血压、更高的血胆固醇、糖尿病和吸烟。好消息是，早产儿的心脏病是可以避免的。我们都可以改变我们的生活方式，防止这种可怕的疾病破坏我们的幸福生活。

　　研究表明，儿童会在生命早期养成健康的习惯。一般来说，在小学不活动的儿童长大后将会是不活动的成年人；超重的儿童往往会成为超重的成人；伴随着高脂肪和高糖的饮食长大的孩子在成年后将继续不健康的饮食习惯。小学是开始教育积极的健康习惯的好地方！所有儿童将根据美国农业部制定的 MyPlate 膳食指南学习如何健康地进食和平衡其食物的摄入。

　　今年我将通过一个名为 _____ 的计划在体育课程中强调健康和体能教育，这是我为 _____ 学校的孩子特别设计的计划。每个年级的孩子们都将学习运动和营养的原则，以及为什么大量的体育活动和良好的营养对他们的终身健康如此重要。4~6 年级的学生将制作和维护自己的个人积极生活方式档案，所有学生都将参加让身体积极运动且有趣的活动。过去几年在体育课中的基本技能和运动项目课程将保持不变；然而，我将使体能教育成为整个学年中每个单元的一部分。我已经建立了一个由专业人士和家长组成的团队来帮助完成这一目标。课堂教师、学校管理人员、学校护士、学校的心理学家、学校的午餐人员和家长志愿者将一起努力，确保您的孩子现在和未来都可以拥有健康的体魄。

　　您对这项工作取得成功很重要！在整个学年中，您的孩子和我将需要您的帮助和支持。请在百忙中花几分钟来考虑您的孩子的健康。如果您想加入家长志愿者计划，或需要了解关于这个令人兴奋的新体育教学方法的任何额外信息，请随时给我打电话 _____（电话号码）。

　　让我们一起推动这个计划！请填写随附的调查表，并将其放在已写好地址并贴好邮票的回邮信封中寄回来。

　　此致，

_____

体育教育专家

_____

图 10.1　给家长的信函示例，用于解释体能教育计划

摘自斯蒂芬·J. 维尔吉利奥，2012，《儿童身体素质提升指导与实践（第 2 版）》（Champaign, IL:Human Kinetics）。

学校名称＿＿＿＿＿＿＿＿＿＿＿＿＿＿＿＿＿＿＿＿＿＿＿＿＿＿

家长体育活动调查

说明

每位家长或监护人应单独填写本调查表。阅读每个句子并圈出最符合您当前的健康和体育活动习惯或态度的答案。请诚实、合理地回答——所有个人调查将保密。在本调查中，体育活动是指持续至少 10 分钟的任何大肌肉运动，如耙叶、洗车、慢跑、打网球、散步、举重和有氧运动（每天总共 30 分钟）。

是　否　　　有时　　1. 我每周至少有 3 天进行体育活动。

是　否　　　有时　　2. 我每周至少有 3 天与我的孩子一起进行体育活动。

是　否　　　有时　　3. 我鼓励家人积极运动，而不是不活动。

是　否　　　有时　　4. 平均来说，我每天看电视的时间超过 3 小时。

是　否　　　有时　　5. 我的孩子每周至少有 3 天在学校外参加体育活动。

是　否　　　有时　　6. 在学校课程中对孩子进行健康和身体素质的教育是非常重要的。

是　否　　　有时　　7. 体育对我的孩子有好处。

是　否　　　有时　　8. 我的孩子有太多的课外兴趣，让他们无法在放学后积极活动。

9. 家长经验

我在以下活动中有丰富的背景或专业知识（请打钩）。

有氧舞蹈	慢跑或步行
瑜伽	骑自行车
举重	拉伸
舞蹈	游泳
徒步	团队运动项目（请具体说明）
滑雪	个人运动项目（请具体说明）
直排轮滑	其他（请具体说明）

图 10.2　家长体育活动调查可以帮助你衡量家长的锻炼态度和习惯

摘自斯蒂芬·J. 维尔吉利奥，2012，《儿童身体素质提升指导与实践（第 2 版）》（Champaign, IL:Human Kinetics）。

10. 我愿意与 _____ 学校的孩子通过体育课程分享这些背景知识。

_____ 是 _____ 否 _____ 是，如果我的时间表允许

11. 我有兴趣参加由学校赞助的关于健康和身体素质的家长研讨会。

_____ 是 _____ 否

12. 我有兴趣参加关于体育教学的家长教师顾问委员会。

_____ 是 _____ 否

13. 评价、问题或建议：

_____

_____

_____

圈出您的选择：

我可以在以下时间参加会议或参加学校活动

周一　　　　　周二　　　　　周三　　　　　周四

周五　　　　　周六　　　　　周日

我想参加：

早会（早上 7：00—8：30）　　　上午　　　　　下午　　　　　傍晚

家长姓名_____

地址_____

电话_____

孩子姓名_____

_____

_____

*** 请放在已写好地址并贴好邮票的回邮信封中寄回来。***。

谢谢您的合作_____

体育教育专家_____

图 10.2　家长体育活动调查可以帮助你衡量家长的锻炼态度和习惯（续）

摘自斯蒂芬·J. 维尔吉利奥，2012，《儿童身体素质提升指导与实践（第 2 版）》（Champaign, IL:Human Kinetics）。

健康知识

第1卷，第2期   1月

高血压

什么是高血压？

血压是指当心脏将血液泵送到身体的所有部位时，血液对动脉壁的作用力。通常，血液可以很容易地流过这些血管。

有些人的动脉变窄或闭合，使得血液难以通过。心脏必须更用力地泵送，并且动脉必须运送在更大压力下移动的血液。有时心脏开始超时工作，每次搏动都泵出太多的血液。这种更高的血压增加了心脏和动脉的工作量。

如果血压长时间保持高于正常水平，则动脉和心脏可能无法正常工作，并且可能影响其他身体器官。

谁会得高血压？

没有人确切地知道是什么原因导致高血压，但是如果你符合下面的描述，定期进行血压检查是非常重要的。

· 超重；

· 非洲裔美国人患高血压的可能性是高加索人的2倍，死亡的可能性是4倍；

· 父母、兄弟、姐妹或孩子患有高血压；

· 吃太多的盐；

· 正在服用避孕药；

· 年龄超过30岁（随着年龄的增长，血管的弹性变小）；

· 喝太多的酒。

症状是什么？

大约有一半的高血压患者不知道自己患有这种疾病，因为他们没有感到明显的症状。这就是为什么它通常被称为"沉默杀手"。

患有高血压的人通常伴有手汗、腹部肌肉紧张、脉搏很快、潮红、眩晕、疲劳和高血压造成的紧张。但这些症状也与其他条件相关。确定自己是否有高血压的唯一可靠的方法就是定期检查。

你可以怎么做？

如果你的高血压风险高于普通人，你应该执行以下每一项。

· 定期检查你的血压，特别是在怀孕的时候。高血压可能会对母亲和婴儿造成严重的问题。

· 摆脱多余的脂肪。向你的医生咨询合理、均衡的饮食方案，开始培养新的饮食习惯。饮食可能是最重要的改变。减轻体重和减少高脂肪食物和咸味小吃的摄入量通常有助于控制高血压——有时无须用药。

糖知识小测验

1. 蜂蜜比糖更好。

   对   错

2. 糖是碳水化合物。

   对   错

3. 糖是快速获得能量的来源。

   对   错

4. 在12盎司（360毫升）的可乐饮料中有多少茶匙糖？

   8   14

5. 这些成分中的哪一种是"糖"？

   葡萄糖   蔗糖   玉米糖浆

6. 下面的食品中哪些含糖？

   番茄酱   橙汁   法式沙拉酱

图10.3 通讯示例

改编自《益心报》（*Heart Smart Gazette*）。

·减少盐分的摄入。盐含有钠，它能保持水分并使身体的组织膨胀。

避免高盐食物，如加工食品、调味品、熏制或腌制的肉类、甘草、微波饭菜、罐头食品和小苏打。选择低盐食物，如新鲜水果和果脯、新鲜蔬菜、家禽、鱼、瘦肉、米饭和面条。

·如果你吸烟，决心减少或完全戒烟。吸烟不仅增加了呼吸道损伤的风险，而且还会损伤血管壁并加速动脉硬化。大量吸烟会增加心脏的工作量，使脉搏加快，并升高血压。如果你有高血压，吸烟会让你的心脏病风险提升2倍以上。

·定期锻炼。定期进行针对心肺功能的锻炼（如步行、骑自行车和游泳）可以使心脏更强壮，有助于缓解紧张，并支持你的减肥努力。

·通过瑜伽、阅读和步行等活动缓解紧张情绪。这些活动可以帮助暂时降低你的血压，但不要指望放松技巧可以永久地降低你的血压。

·限制饮酒。有些研究找到了大量饮用酒精饮品与血压升高之间的联系。

·如果你有高血压，在服用避孕药之前需与你的医生进行确认。在服用避孕药期间，你应该定期检查自己的血压。

如果仅仅改变生活方式而没有降低你的血压，你的医生可能会开出药物来帮助你摆脱身体中多余的水分和钠，或者扩大你的血管。让药物有机会去发挥其预期效果。如果你停止服药或只是时不时地服药，那么它无法控制你的血压。

只有在你认真地执行时，治疗才会有效。即使你感觉良好，通常还是必须终身坚持服药。作为回报，你的生命可能会更长，并且更健康。

答案

1.错。

蜂蜜含有果糖，一种消化方式不同的糖，比食糖更甜。然而，这些差异对实际效果没有什么影响，因为果糖就像糖一样，最终会成为葡萄糖——你的身体产生能量所需要的食物。如蜂蜜、原糖和分离砂糖（"洗过的"原糖）等未精制的糖并没有特殊的好处，其矿物质含量很低，你必须通过糖来摄入一天的所有卡路里才可以获得大量矿物质。这些糖只提供甜味和热量，就像精制糖（食糖）一样。

2.对。

糖被称为简单碳水化合物，淀粉被称为复合碳水化合物。与淀粉相比，糖具有更简单的化学结构。糖和淀粉含量高的食物是我们的碳水化合物的基本来源。

3.对……但是……

使用糖来快速补充能量(吃一块糖)将适得其反，你的身体很快就会将糖消耗掉。你的能量会很快得到补充，然后又快速下降。你往往最终会觉得更饿。

4.8茶匙。

请记住，我们饮食中的大部分糖来自加工食品中的糖（如软饮料或烘焙食品），而不是天然甜食（如水果）。

5.三项全选。

除了葡萄糖、蔗糖和玉米糖浆之外，常见的标签术语包括糖、转化糖、蜂蜜、糖蜜、果糖、乳糖、麦芽糖和半乳糖。

6.番茄酱、法式沙拉酱。

在成分标签上寻找糖（以及它的许多其他名称）。在向食物中添加食糖之前，请记住，许多食物（如水果、蔬菜、乳制品和谷物）中已经含有糖。

图10.3　通讯示例（续）
改编自《益心报》（*Heart Smart Gazette*）。

或者在学校里遇到家长的时候、在家长教师会议后或在运动会上与家长简单地谈谈孩子的进步情况。但是，请确保有正面的评价并保护家庭隐私。非正式会议会为你的计划带来良好的公共关系，你可能会对这一点感到惊讶。

首先尝试接触高风险学生的家长。例如，身体素质分数较低、生活方式不积极、肥胖、胆固醇水平较高、具有心脏病或糖尿病家族史或有残疾的学生。为这些学生制订一个特别课程，安排额外的上课时间，安排家庭健康宣传之夜，让父母积极参与，改善孩子的健康状况。这样，你就可以同时接触几个家庭，从而简化你的工作。

然而，有时候的情况需要更正式但非强迫性的传统方式会议。如果你的时间有限（像我们大多数人一样），就专注于年龄最小的学生（幼儿园～三年级）的家长。这些家长通常很积极，他们的热情可能会感染全校。也许最重要的是，年龄最小的这些学生及其父母通常更愿意考虑运动、营养和改变生活习惯。

会议之前

在会议开始之前几个星期，让学生将"体能简讯"带回家，以便家长了解他们的孩子在体育运动中的表现（见图 10.4）。体能简讯仅仅是与健康相关的身体素质得分的进度报告，并附带注释。在每个表示学生处于健康区域的分数旁边画一个星号，而需要提高的分数旁边则不带星号。当得分不在健康区域内时，为学生提供具体的练习和建议。体能简讯应该附有一封信，说明身体素质测试只是体育课程的一个方面。强调参与、努力和体育活动水平同样重要，而进步和提高则是你的主要目标。

当安排会议时，要注意配合工作忙碌的家长的时间表。如果放学后不方便，那么可能需要安排在早会时段或傍晚。灵活安排时间会让家长觉得你真的在乎孩子。

利用学校的常规会议日。确保行政主管在进行房间分配、制订时间表和登记参会家长时都让你一起参与。说明你需要一个更有利于每位家长和教师进行讨论的会议环境，而不是一个狭窄、嘈杂的健身房办公室；申请一间行政办公室、会议室或空教室。一旦安排好会议，就向家长发出一封简单但专业的确认信，说明你将举行会议，以及你希望在学年期间与父母合作的意愿。如果有需要，安排一名翻译。

在准备会议时，更新学生的个人积极生活方式档案，供家长查阅。根据你的评估和观察，记录学生的具体需求。

不要计划坐在书桌后面或以教师对学生讲座的形式来摆放椅子。将椅子摆放成半圆形，以传递你们都是同一个团队的平等成员的信息，并且大家应该分享信息，以帮助和支持孩子。

会议过程

开始会议时，应试图用平静、非强势的声音让家长放松下来。向家长说道："有机会与你谈谈（约瑟夫）在过去几个星期的进步，真是太好了。"

使用直接、简单的语言，避免教育术语。例如，家长可能不理解静态拉伸和弹震式拉伸之间的差异，但可能因为太尴尬而不会要求你进行解释。

引导对话，但不是控制对话。如果某个孩子肥胖，问一些引导的问题，而不是讲授超重儿童的弊病——例如，"约瑟夫通常每天晚饭后做什么？"或者"家里通常会有什么类型的零食？"表示有许多不良的习惯都是很常见的，让父母放松下来。

使用学生的积极生活方式档案中的具体例子。例如，讨论学生的活动日志，其中显示他唯一的运动是在每周两次的体育课上。然后询问家长，他们认为自己如何

体能简讯

致 _____ 的家长或监护
人，作为体育课程的一部分，我们最近对您孩子的健康状况进行了检查。

以下列出您的孩子的 Fitnessgram 测试结果和评估日期。

分数旁边的星号（*）表示特定组成部分的成绩属于健康区域（HFZ）。没有星号的
分数需要提高。我将提供具体的练习，以帮助加强需要提高的特定身体素质组成部分。

身体素质组成部分	日期：_____ 分数：	日期：_____ 分数：	备注
柔韧性 ·坐位体前屈 ·肩部			
心肺耐力 ·1 英里跑 ·PACER			
肌肉力量和耐力 ·俯卧撑 ·仰卧起坐			
身体成分 ·脂肪比例 ·BMI			
补充意见：			

图 10.4　体能简讯让家长可以了解孩子在体育方面的进步
摘自斯蒂芬·J. 维尔吉利奥，2012，《儿童身体素质提升指导与实践（第 2 版）》（Champaign,
IL:Human Kinetics）。

能够帮助增加孩子在放校后和周末的体育活动。接下来，回顾在会议前几周送到家里的体能简讯。

向家长询问他们对分数或你的建议是否有任何疑问。

提出引导问题并讨论学生的档案是没有压迫感的方式，可以引导家长对自己孩子的健康和体能需求做出自己的结论。此时，他们可能比在开会之前更有兴趣听到你的改进建议。

在讨论孩子和提出建议时要诚实、真实和简洁。家长可能更用心地听以"这可能有助于（约瑟夫）……"开头的建议，而不是"你需要……"但是，尽量不要在一次会议中讨论太多的信息，这会让家长感到不知所措。

在结束会议时，总结你们的讨论，并询问他们是否有任何其他问题。提供几个可以帮助跟进并再次确定所讨论内容的操作事项。例如，要求家长在接下来的4周内每周检查和签署体育活动日志。

会议之后

会议记录非常重要。为每个学生建立一个会议文件，并保存在你的办公室里。记录包括日期、时间和哪位家长参加。添加在会议中查阅的任何材料的复本。记录对话的要点和你推荐的任何后续行动。如果学校有要求，则将家长教师会议表格提交给校总办。保持准确记录所发生的事情，这样可以节省你的时间，并免却以后的麻烦。

最后，当学生表现出进步时，发送跟进记录或打电话给家长。这将表明会议是有价值的，并且你仍然在关注这名学生。

家长教育

家长教育是家长与教师沟通的自然延伸。家长必须明白你想要完成什么工作，以及为什么这些工作如此重要。如果你向家长提供最新的健康和体能信息，他们将更倾向于在学年期间与你和他们的孩子一起参与。但是，除了通讯以外，你还可以做些什么？家长研讨会、家长教师示范、家长教师健康室以及健康和健身展会都可以通过有趣和实用的方式来教育家长。

家长研讨会

作为每月家长教师会议的一部分，安排简短的研讨会，或在课前、午餐时间、放学后或晚上安排时间较长的研讨会。在学年期间的不同的时间段安排这些研讨会，让不同的家长都能够参加。你甚至可以在多个时间段重复同一个研讨会。如果可能的话，安排演讲嘉宾讲授各种健康和体能主题的内容。联系当地的大学、美国心脏病协会、医学院校和健身俱乐部邀请演讲嘉宾。请记住在通讯中宣传家长研讨会。宣传内容要具体和简洁：主题、演讲嘉宾、地点、时间和日期。

家长教师示范

每年都在家长教师会议上安排一次课程示范。选择一个主题，如"北方小学重视益心行动"。以下是帮助你设计家长教师之夜的几个建议。

· 用孩子们的作品装饰健身房或自助餐厅，如健身海报、艺术作品、壁画、运动日志、MyPlate图和孩子在参加体育活动时的照片。

· 自我介绍。说明你的新体能教育计划的基本目标和理念。

· 请一位演讲嘉宾，如教授、医生或健康教育家。请演讲嘉宾进行简短（8~10分钟通常就足够了）且非常直接的演讲。

· 选择约25个孩子进行体育活动示范。音乐将帮助保持活动的愉快气氛（例如，健美操、跳绳锻炼、使用运动阻力带和拉力器、降落伞游戏、尊巴舞）。

· 讲解PowerPoint幻灯片。幻灯片应该显示学生在做练习、玩耍、做家庭锻炼或吃健康食品。最后播放轻快的歌曲，并继续展示孩子们锻炼和彼此合作的幻灯片。

· 在不同年级的学生进行锻炼和参加体能教育课程时进行录像。在房间里安装3台显示器，以便每个人都可以看到视频。还可以在PowerPoint演示文稿中包含一些视频剪辑。

家长教师健康室

还记得我们在第2章讨论的教职员工健康室吗？为什么不扩大它，让家长也参与呢？将空置的教室或将工作人员休息室转换为包括健康室和休息室的多功能厅。其中包括一个阅读区，这是提供书籍、DVD、杂志、小册子和食谱的一个小空间。使用房间的另一部分进行锻炼。一块垫子、一个面对电视机的健身自行车或跑步机，再加上放着几个哑铃和拉力器的架子，这些就足够了。何不再添加一台 DVD 播放机和一些锻炼 DVD 光盘？用美国心脏病协会的海报装饰房间，并在一个架子上放一台小音响，全天播放软摇滚音乐。没有时间去设计？将责任委托给感兴趣的家长。PTA 可以提供资金并向校长申请空间。确保忙碌的家长和教师使用健康室的时间是灵活的。允许家长使用健康室，这可以营造良好的公共关系。

学校健康展会

在上学时间、周末或晚上安排学校健康展会。在学校场地设置不同的摊位——例如，姿势分析、身体成分测试、健康小吃提示和试食、血压和胆固醇筛查、柔韧性测试和握力测试。使每个摊位成为全家的实际学习体验。与当地大学、当地医院和商业社区一起规划此活动（参见第 15 章）。

家长参与课程

父母和祖父母（可能有更多的时间）可以在上学日帮助支持你的课程。家长调查会让你了解家长在上学时间参与的意愿。你可以使用以下方法将家长带到学校。

· 家长助手：家长可以帮助你做考勤，在场地上做标记，记录身体素质分数，组织大班活动。

· 演讲嘉宾：安排有特定科目知识的家长向全班同学演讲或示范。

· 志愿者和监督人：请家长监督课间锻炼，对上课的过程录像，在电脑上记录身体素质分数，或作为特别活动的司机或陪护员。

· 设施和器材：请求家长中的能工巧匠帮助打造或修理体育器材，在球场上画线或摆放器材室的架子，有些家长会觉得很愿意去完

成这些活动。组织一个"体能工厂"，家长每三个月选一个周六早上集合一次，帮助你修理、建造和维护设施及器材。

· 学校治理：建立一个 PTA 特别委员会，帮助你处理公共关系、特别活动、筹款和课程决策。这个委员会也可以作为一个倡导小组，这可能是你在经济环境充满不确定性时所需要的支持。

· 嘉宾和观察员：每月都选择特定的日期进行公开课，让不定期来访的家长可以参与。此外，邀请他们参加特别活动日和典型的课时。家长会感谢这种开放的做法，并将更有可能参与。此外，他们会看到你的行动，并开始欣赏体育课的好处。

家庭活动

家是儿童生活中最有影响力的环境。为了充分利用这一点，建议进行一些有创造性的家庭健身活动（注意：许多家长不习惯全家一起玩耍或锻炼。不要操之过急，一开始不要期待有很大的进步，如果你坚持下去，并遵循本章的一些建议，就会取得相当大的成功）。使用通讯来传达以下在家进行的活动的可能性。

家庭游戏：健身大富翁

家长和孩子通过参加中度到剧烈的体育活动积累健身财富。给每个身体活动"定价"。例如以下方面。

慢跑 1 英里（1.6 公里）= 1000 美元

步行 30 分钟 = 500 美元

踏板有氧操 30 分钟 = 1500 美元

阻力训练 30 分钟 = 1500 美元

耙树叶 15 分钟 = 500 美元

吸尘 15 分钟 = 500 美元

骑自行车 30 分钟 = 1500 美元

在每周结束时，全家统计每个成员的总金额。每个家庭成员描述自己将如何花

这笔假钱。爸爸可能会购买一套新的娱乐系统！可以将该活动记录在积极生活方式档案中，并在简短的讨论中与班上的其余同学分享。

家庭戏剧

全家花一个晚上写作和排练一个基于健康和健身主题的迷你剧。例如，迷你剧里可以首先描绘在典型的一天中那些不健康、疲倦、懒惰的家庭行为。第二部分的戏剧描绘如何通过运动和营养丰富的食物，用健康、活跃的家庭活动度过一天。另一个晚上，全家可以为邻居表演这出戏剧，或录像，然后播放给祖父母、朋友或老师观看。

家庭健身合约

家庭健身合约要求全家承诺一起锻炼或参加体育活动。起草一份合约，允许家庭决定他们在什么时候做什么类型的锻炼（见图10.5）。如果家庭完成了合约，体育教育部门会给予他们奖励，如YMCA通行证、冷冻酸奶证书、水疗券或T恤衫。

家庭作业助手

涉及父母的体育作业可以为全家提供愉快的学习体验。选择的活动应可以支持你的课程目标，但又不会与上课中的活动重复。例如，将"心跳"作为家庭作业（针对II级发育水平的儿童；见图10.6）。儿童和家长可以将他们的心率绘制成图线，使用X表示家长的心率，用圆点表示儿童的心率。让孩子向家长解释运动如何使心脏跳动更快，使心脏更强壮，以及休息后心率会更低。

社区健身小径

在这项任务中，儿童和家长在其社区中设计健身站。他们要画出地图，并策划在每个健身站的练习（见图10.7）。请家长利用其汽车上的里程表计算出健身小径的总距离。为了安全起见，强调参与者应该在人行道上慢跑和锻炼（针对III级发育水平的儿童）。

起床的锻炼或晚上的结束活动

"起床的锻炼"或"晚上的结束活动"是旨在让家长和孩子在上学前或晚餐后执行的一个10分钟的锻炼程序。要求全家在冰箱上的一个大日历上记录自己的锻炼。

电视暂停时间

请家长和孩子一起观看体育赛事。在比赛结束后，让家人回答以下问题：

· 有哪些具体的练习对这项运动很重要？
· 运动员是否表现出良好的体育行为？
· 身体条件对比赛的结果起到了什么作用？
· 说出2名利用力量、耐力或速度在比赛中获得优势的运动员。

健身时刻

每次在最喜欢的黄金时段节目中播放商业广告时，全家都做1~2分钟的运动。家庭成员轮流带领并选择练习。

社区参与

社区对于你的体育课程可能是一个金矿。首先，为了建立良好的关系，成立一个学校社区健康委员会（这可以是第2章中讨论的学校健康委员会内的小组委员会）。邀请当地商业领袖、家长和老年人加入你的计划中，他们都将分别与社区的不同部分有联系。

以下是选择委员会成员的指导原则。

· 选择来自不同的社会和文化背景的人。
· 鼓励性别平衡。
· 包括来自不同年龄组别的人。

家庭健身合约

我们，_____ 家庭，在今天 _____（日期）承诺，我们将采取积极的生活方式，并更加积极地运动。

我们同意，一般的体育活动对所有家庭成员的健康都非常重要。我们承诺在周一、周二、周三、周四、周五、周六、周日（圈选至少3天）投入 _____ 分钟，积极提高我们的体育活动水平。每天最适合我们锻炼的时间是 _____ a.m./p.m.。

我们将尽自己最大的努力来履行这个为期1个月的合约，作为我们发展家庭体育活动的目标。我们理解，履行本合约将使我们可以从学校体育课程中获得 YMCA 通行证或冷冻酸奶证书。

家庭成员（签名）：

_____

_____

_____

_____

_____

该承诺的见证人

_____

图 10.5　家庭健身合约让全家可以一起投入体育活动中

摘自斯蒂芬·J. 维尔吉利奥，2012，《儿童身体素质提升指导与实践（第2版）》（Champaign, IL:Human Kinetics）。

心跳

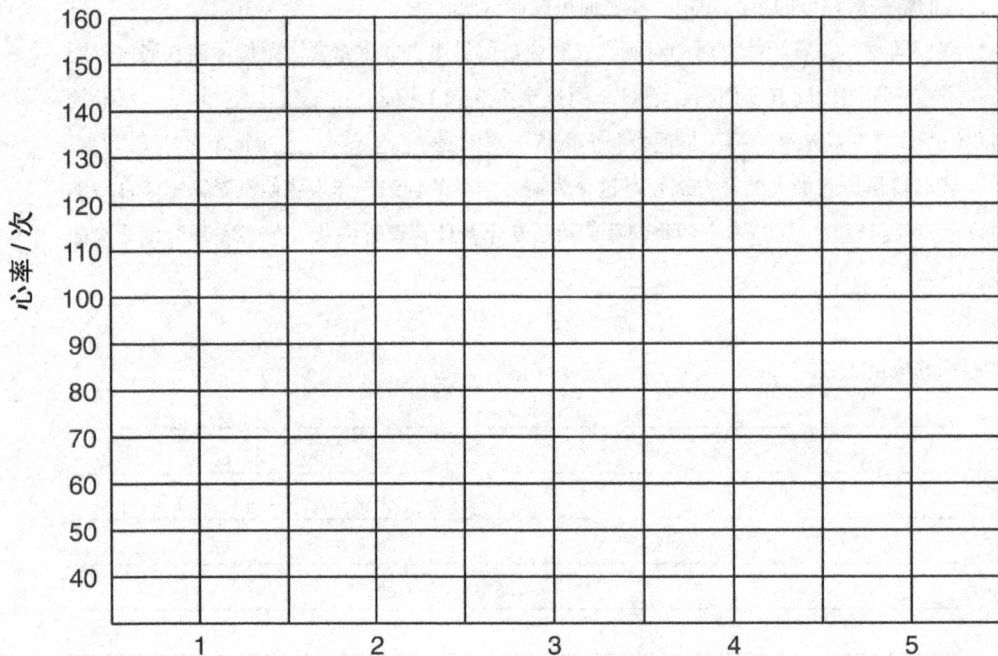

● 孩子

X 家长

1 静止心率

2 原地慢跑30秒后的心率

3 开合跳类似广播体操"跳跃运动"动作30秒后的心率

4 休息1分钟后的心率

5 休息2分钟后的心率

图10.6　使用"心跳"家庭作业活动来绘制全家的心率

摘自斯蒂芬·J.维尔吉利奥，2012，《儿童身体素质提升指导与实践（第2版）》（Champaign,
IL:Human Kinetics）。

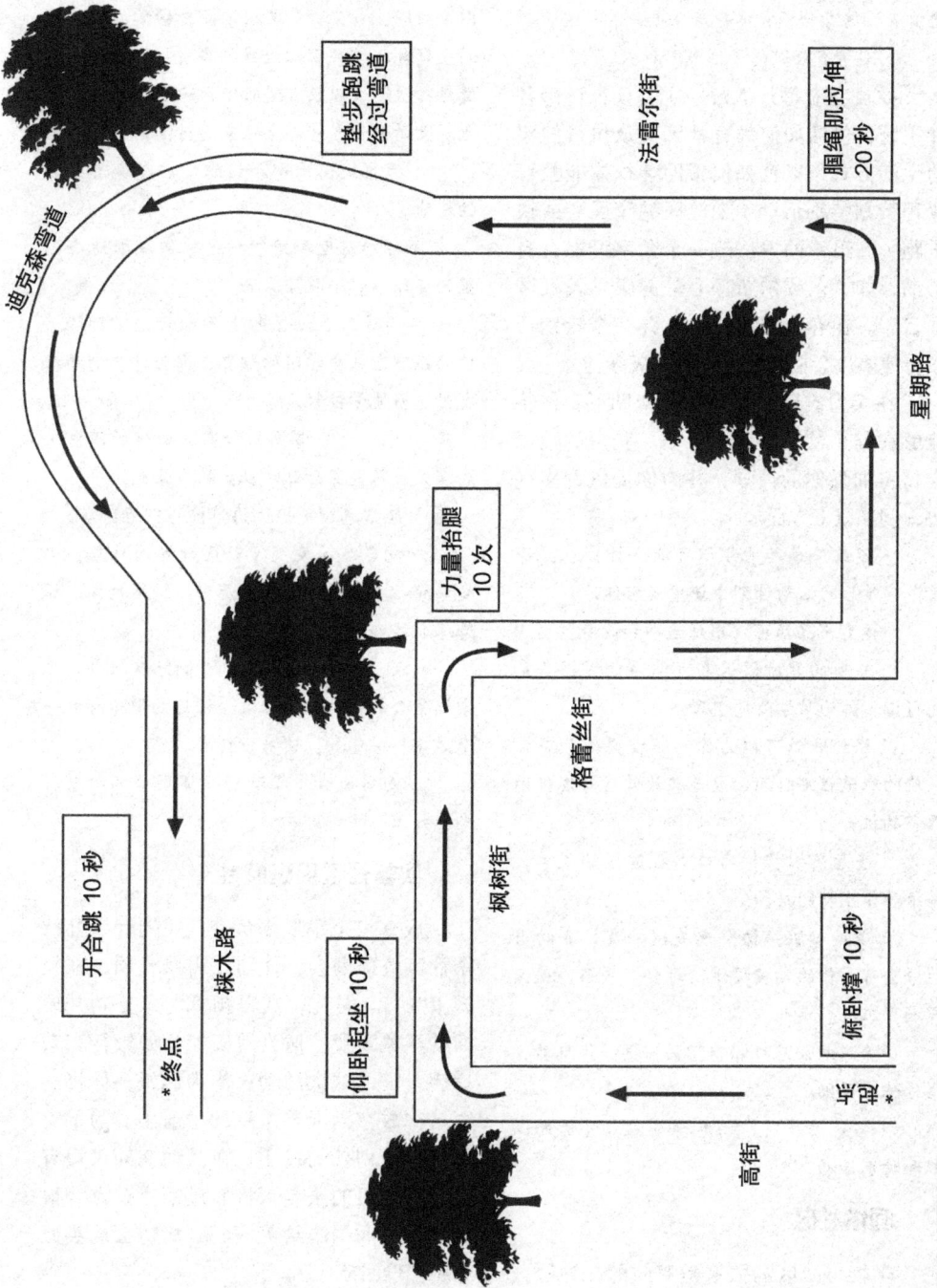

图 10.7 社区健身小径示例

·选择重视健康和健身的志愿者，例如，跑步者、健身领袖和水疗店老板。

·邀请有经验的社区领袖加入。

委员会应每月举行一次会议，讨论各种主题，包括如何教育社区民众执行健康的生活方式，以及如何帮助学校体能教育课程策划特别活动（如社区健康展会或快乐跑）。给你的方法改一个名字可能会有帮助，如"东威尔斯顿心脏健康学校社区项目"。在春秋两季分别举办一个特别活动将使委员会在整个学年都积极参与。

在实力雄厚的委员会的帮助下，你将能够在整个社区中建立网络。获得的社区支持将加强你的计划，并为你提供许多优势，例如以下方面。

·市政府或其他组织可能会让你在上课时或放学后的活动计划中使用其游泳池。

·体育用品店可以捐赠运动和健身器材。

·当地的健康俱乐部可以为你提供免费通行证，作为对学生的奖励。

·保龄球馆可以为你的课程提供免费或低价的球道租用时间，或者在放学后开发校内课程的机会。

·餐厅可以提供有益心脏健康的菜单，并给予学生特别折扣。

·美国心脏病协会或美国癌症协会的当地分会可为你的学校提供研讨会、手册、视频或教育工具。

·冷冻酸奶店可以捐赠买一送一优惠券，供你作为奖励。

·当地报纸或广播电台可以宣传你的课程和特别活动。

回馈社区

学校与社区的关系是双向的。为社区提供一些福利和服务，作为对其支持的回报，这非常重要。请考虑以下建议。

·每年举办两三次社区健康研讨会，可以安排晚上7点—9点在学校食堂举办。可能的主题包括"关于心脏病的事实""运动——健康心脏"，以及"随心所欲地吃"。安排医生、大学教授或营养学家来进行演讲。

·为当地俱乐部和组织提供在晚上开会的场地。

·帮助清理和维护你的学校或本地公园里的垒球场和小联盟球场。

·为你所在社区的老年人开设运动课。你的报酬应来自学区的预算，因为许多老年人支付了当地学校税。

·让学生保持校园和周围街道的清洁。在春天种花，显示你对社区的自豪感。

·经常惠顾支持你的学校的当地商家。

·向学生派发关于社区计划的传单，如夏令营、小联盟球队、娱乐中心、运动课、保龄球联赛和游泳活动。

·成立一个周六早上的步行俱乐部。在学校集合并走过整个社区。给你的俱乐部取一个名字——例如，健身步行者。

·向当地青少年运动队提供你的帮助和专业知识。

秋季社区健康展会

成立一个小组委员会，规划和举办秋季社区健康展会。计划在周六或周日在校园里举行。首先，获得预算对于成功开展活动至关重要。请当地商家（如银行和杂货店）赞助这次活动；作为回报，你将商家名称放在当天要派发的手册上。为了支付任何计划外的费用，在活动期间售卖有益心脏健康的茶点。将通过销售茶点获得的部分利润捐赠给美国心脏病协会或类似组织，以回馈社区。

确保委员会记得做广告。委员会成员可以与当地或地区性的报纸、电视台和广播电台联系发布公共服务公告。另外两个有效的广告工具是在学校和社区里派发传单，设计一张海报来宣传展会，并要求本地商家在其橱窗中展示它。学生还可以设计和制作海报，在公共图书馆和当地商家处展示。

搭建一个健康展位，作为展会的焦点，安排在展会的中心位置。让这个摊位作为解决疑问、问题或紧急情况的一般管理区。你可能还希望包括一系列健康主题的丰富信息，以免费宣传册的形式，清楚地解释基本的健康原则。此外，考虑设立一个小书店，让社区成员可以购买更多与健康生活方式相关的实用书籍和材料。当地人开的书店可以帮助解决这一点，并与学校分摊一部分利润。

最后，确定你已经针对环境、清理、安全和道路监管做好了计划。在活动前几周联系当地警察，咨询交通和安全问题。

以下是参加健康展会的可能人选和想法。

当地餐馆	有益心脏健康食物
物理治疗师	姿势筛查
健康俱乐部老板	器材演示
舞蹈工作室	尊巴舞
护士	血压筛查
营养师	健康小吃
医学院	胆固醇筛查
大学健康和体育部	身体成分测试
运动服装店	选择正确的运动鞋
运动生理学家	关于运动的误解
家长	家庭健身锻炼
家长教师会议	个人生理卫生

关于在策划健康展会时让儿童参与的方法，参见第 15 章。

春季快乐跑

与秋季社区健康展会一样，成立一个小组委员会来组织春季快乐跑。如果可能的话，路线应经过学校所在的小区。联系当地警察提供监督和交通控制。

快乐跑时间表示例（打印在传单上）如下。

8:00a.m.：与体育教师一起集体热身

8:30a.m.：5 公里社区乐趣跑 / 步行（年龄 7 岁及以上）（每个人都收到一条丝带！）

9:30a.m.：小童快乐跑 [年龄 2~6 岁；跑 200 码（180 米）]（每个人都是赢家！每个孩子都会收到一条丝带！）

11:00a.m.：颁发每个年龄段的奖项

12:00noon.：社区野餐

1:30p.m.：亲子垒球赛

杂货店之旅

安排在早上店铺开门营业之前访问当地的杂货店。这对于 5 年级或 6 年级的学生来说是一个很好的实地考察课程。给每个学生 50 元，假定他们是家长，要求把钱花在为家庭购买的食物上。全班集合后，向他们介绍商店经理，后者可能花几分钟谈谈杂货店的业务，如何订购食品和基本的店铺运营。然后让学生拿手推车去完成 20 分钟的采购。要求学生购买一天的食物：早餐、午餐、晚餐和小吃。结账后，学生将获得电脑打印出来的购物小票。当天晚些时候，让学生分析他们购买的食物，并与 MyPlate 推荐的健康选择进行比较。要求学生记下在其选择中的任何重大差异。你可以要求学生把他们的购物清单带回家，并与家长讨论他们购买的食物。

社区之行

安排一节课来参观社区中的几个商家。

你可以安排去参观一家冷冻酸奶店，研究酸奶如何制作以及它是用什么制成的。健康食品商店是另一个好地方。要求学生分析货架上各种食物的脂肪、糖和钠的含量。然后安排参观当地的健康俱乐部。也许孩子们可以参加踏板有氧舞蹈课。最后，参观一家提供有益心脏健康食品的当地餐厅，并看看厨师如何准备食物，以及什么使这些食物有益心脏健康。然后学生可以试吃食物，并发现健康食品是多么美味。

年轻的心

"年轻的心"在社区中招募老年人的帮助，让他们与 1 年级或 2 年级的学生配对为锻炼伙伴。参加当地老年人会议，解释你的目的和主要目标。在每个月的第一个和第三个周五（或适合你的日程安排的任何时间），请老年人来到学校，与他们的伙伴一起走路和锻炼。在锻炼期间，他们讨论他们的感觉和近况。完成锻炼以后，全班回到教室，老年人给学生读大约 30 分钟的书。这个计划可能对于已失去祖父母或者祖父母住在城外的儿童特别有意义。这也是回馈社区的另一种方式。

把它装进罐头

在社区里收集罐头食品，帮助无家可归者或自然灾害的受害者。承担公民责任，帮助慈善活动，这有助于建立良好的公共关系。宣布你对脂肪、糖和钠含量较低的健康食品感兴趣，强调你对健康食品的支持。学生也可以利用健康的罐头食品进行阻力练习（如臂弯举），或学习和分析标签。

筹款

当整个社区的人都知道你的体育课程时，他们将更倾向于为你提供经济支持。参与社区活动的个人和企业将乐意资助儿童参加诸如"为心脏健康跳绳""为心脏健康跳踏板操"等筹款活动，并提供抽奖购买器材。美国癌症协会和美国心脏病协会全年都在举行各种筹款活动。学校可以参加这些活动并分享一定比例的捐款。

在制订了全面的社区参与计划后，就可以更容易为你的学校申请到地方、州或国家的补助金。与当地大学的健康和体育教育部门联系。教授们可能有兴趣在其研究中使用你的学校作为健康和身体素质干预的模型。通过大学可以获得用于研究生助理、器材和教学材料的资金。正如我们已经谈到的，本地企业可能有兴趣赞助基于社区的计划。他们可能自愿在你的学校里选择一个年级来提供课程材料、健身器材、胆固醇筛查和特殊活动的费用支持。有关其他信息，请参阅《推广体育活动：社区行动指南，第 2 版》（*Promoting Physical Activity: A Guide for Community Action, Second Edition*，美国疾病控制和预防中心，2010）。

小结

与学生的家长和社区组织合作，以扩大在儿童中培养体育活动习惯和健康生活方式的机会。请记住，家庭和社区对儿童的健康行为有重大影响。将家长和社区纳入体能教育计划中，传递这些影响。事实上，永远不要低估家长和社区参与的力量。你投入与家长和社区进行沟通和建立关系的时间最终将为你的体育课程带来巨大的成效。记住，养育一个孩子需要整个社区的共同努力。

体能实践活动

第 11 章

第三部分

针对不同发育水平儿童的体能练习

> 如果一个人还没明白如何最大限度发挥身体的美和力量就变老了，岂不是奇耻大辱。
>
> ——苏格拉底（Socrates）

众所周知，心肺耐力、肌肉力量和耐力、柔韧性和身体成分都对儿童的健康至关重要，实际上对我们所有人都是如此。当你设计课程时，应包括来自这些与健康相关的身体素质组成部分的多个促进发育的练习，同时在整个学年中都要关注积极生活方式的需要。我建议读者查看第 4 章中每个组成部分的背景信息和具体的锻炼指南，以便在体育课程中安全地实施本章中的活动。

本章中介绍的心肺耐力、肌肉力量和耐力、柔韧性练习只是从许多适合儿童发育水平的练习中选出来的示例。以开放、个性化的方式提供这些练习，允许学生自己决定并对其进步承担个人责任。这为他们提供了成为终身健身拥护者所需的决策实践。相反，强调死板的课程结构和统一管理可能会让学生对运动产生负面态度，因此可能对长期参与体育活动产生不利影响。

正如第 4 章中所讨论的，通常建议成人使用的运动处方和正式锻炼计划可能并不适合学龄儿童。儿童对间歇性活动、自发性活动和群体游戏的反应更好，这些都是有趣的方式，可以提高他们的体育活动水平，并因此而提高他们的整体身体素质。

修改练习和活动，以满足学生的个人需求。此外，确保全班每个孩子都感觉真正参与到练习中，并有机会在每项任务中取得成功。让我们首先探讨发展心肺耐力的具体练习。

心肺耐力

首先，让我们快速回顾用于增强心肺耐力的四种基本技术：连续活动、间歇性活动、法特莱克变速训练课程和循环训练课程，以及具体的相关活动。

连续活动

顾名思义，连续活动是指持续较长时间的大肌肉运动。这些活动可以在强度上有所变化，但要保持连续几分钟。适合小学生的活动包括慢跑、散步、跳绳、跳舞、有氧舞蹈、踏板健美操，以及篮球和足球比赛。你可能希望向学校外的儿童和家长推荐的体育活动包括以下几种。

· 骑自行车

· 游泳

· 徒步

· 滑冰（真冰和直排轮滑）

· 划船

· 家庭散步

· 跟随 DVD 的锻炼

· 慢跑和步行

· 跳舞

连续活动的其他示例请参见第 12 章和第 13 章。

随机跑

要求学生在规定的时间内向任意方向步行或慢跑。在听到你的信号时，全班返回到起点。

好友同行

让学生在班里找一个朋友在指定的时间内一起走路。如果两人都同意的话，还可以允许他们跑步（包括慢跑）。鼓励学生保持在一起，互相交流，并在这个合作学习活动中成为合作伙伴。

变阵

让学生每 5 人或 6 人排成一条直线，面向同一个方向。让他们开始向任意方向慢跑或行走，保持队列。在听到信号时，让队列中的最后一个学生慢跑到前面成为领队。依次继续，直到每个人都有机会做领队。

计时

告诉学生，当他们沿着你画出的线路步行或慢跑 3 次时，你将会计时。在他们开始之前，让学生在索引卡上写下他们估计完成这条线路所需的时间。宣布猜测时间与最终的实际时间最接近的学生为获胜者。垒球内场的跑垒线路非常适合作为这项活动的线路，在垒球课之前跑垒就是一个很好的热身活动。你还可以在场地上随机选择一个地标来定义线路（例如，跑到大橡树处，然后跑回来）。

间歇性活动

间歇性活动可以增强学龄儿童的心肺耐力。儿童通常在体育活动期间用尽全力，休息，然后快速恢复。你可能还记得，这种方法使用连续的大肌肉运动，并且要高低强度进行交替，改变距离或恢复时间，或是修改重复次数或组数。你可以从各种活动中进行选择。以下是适用于 III 级发育水平儿童的慢跑间歇训练的示例。

慢跑间歇训练

热身	5 分钟
快步走	50 码（46 米）
以 75% 的速度慢跑	150 码（137 米）
快步走	50 码（46 米）
以 75% 的速度慢跑	150 码（137 米）
快步走	50 码（46 米）
以 75% 的速度慢跑	150 码（137 米）
快步走	50 码（46 米）
放松	5 分钟

跳绳间歇训练

跳绳是一个特别有趣的间歇训练方式。为每个学生提供跳绳（塑料串珠绳是最常见的，最适合儿童，因为这种跳绳比较容易控制）。以下示例适用于 II 级发育水平的学生：

1. 热身 .... 3~5 分钟
2. 要求学生用跳绳设计各种字母，并用他们的身体部位模仿字母的形状。 .... 3~5 分钟
3. 要求学生将跳绳拉成直线放在地板上。让他们绕着绳子步行、慢跑、边走边跳，然后跳跃一次。 .... 2 分钟

在下一组活动期间播放音乐（每分钟124 拍）。当音乐停止时，让学生停下来，听下一个指示。

4. 跳绳仍然在地板上，来回　　15~20 秒
　　跳过跳绳。
5. 单脚来回跳。　　　　　　　15~20 秒
6. 在游乐区走路，假装双腿　　15~20 秒
　　是意大利面。
7. 在游乐区走路，假装双腿　　15~20 秒
　　像钢条一样硬。
8. 侧面摇绳：在身体左侧握　　15~20 秒
　　住跳绳，并有节奏地摇动跳
　　绳。
9. 执行双脚跳的基本步骤：　　15~20 秒
　　用两只脚跳（包括跳绳在
　　头部上方时的一步回跳）。
10. 侧面摇绳：右侧。　　　　　15~20 秒
11. 执行双脚跳的基本步骤。　　15~20 秒

12. 侧面摇绳：从左到右交　　15~20 秒
　　叉移动。
13. 执行双脚跳的基本步骤。　　15~20 秒
14. 整理运动。　　　　　　　　3~5 分钟

如果学生在进行双脚跳的基本步骤时感到不舒服，允许他们用一只手握住绳子的一端，摇动跳绳，同时跟着音乐的节奏跳绳，或跳过健身房地板上的线。

法特莱克变速训练课程

法特莱克变速训练课程类似于间歇性活动；然而，对强度和速度不进行控制。活动过程会有所变化，通过改变强度水平和方向来对不同的肌肉群施加压力。图11.1 显示了适合小学 II 级和 III 级发育水平学生的法特莱克变速训练课程。课程中包括 8 个不同的动作。

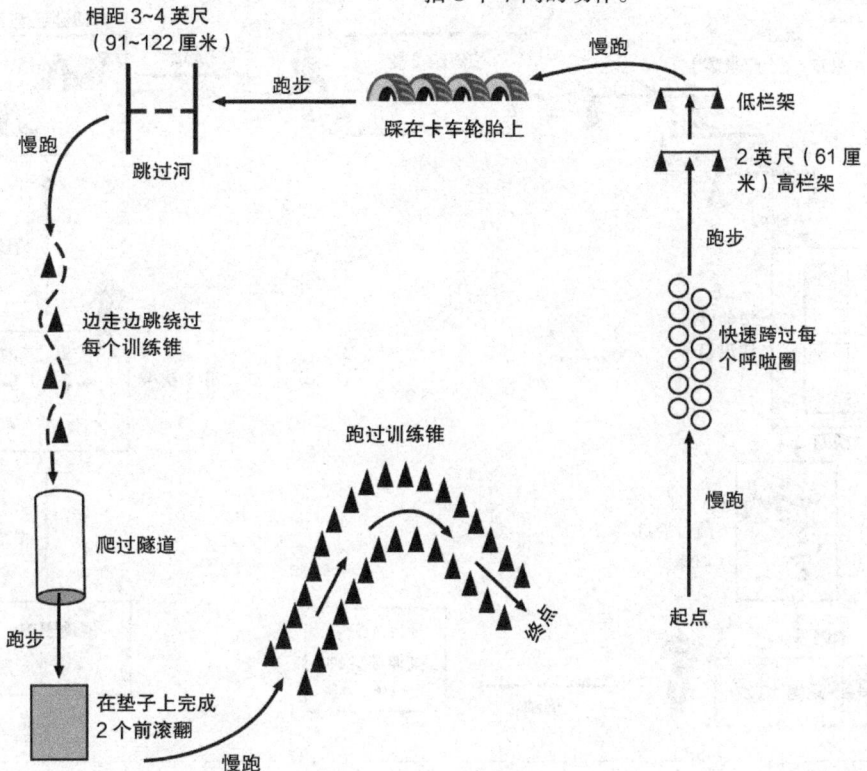

图 11.1　针对 II 级和 III 级发育水平儿童的法特莱克变速训练课程示例

在每个新的活动区域放置任务卡，用于指定活动，并放上箭头，提示学生下一步的方向。

循环训练课程

循环训练课程是一个连续的活动，包括一般的身体锻炼，培养与健康相关的身体素质的各个组成部分，如心肺耐力、肌肉力量和耐力和柔韧性。同样，在每个站点放置任务卡，描述具体的任务和适当的技术。在某些站点，可以用图片来帮助提醒学生正确的姿势和身体对齐（例如，仰卧起坐）。站点之间相距15~20码（14~18米）。鼓励学生按自己的速度移动，但要提醒他们，速度不是主要目标（见图11.2）。

肌适能（肌肉力量和耐力）

正如你所知道的，肌肉力量和肌肉耐力是不一样的。肌肉力量是肌肉或肌肉群对阻力施加最大作用力的能力。肌肉耐力是肌肉或肌肉群在一段时间内对抗阻力（小于自己可能移动的最大阻力）时所施加作用力的能力。我使用术语"肌适能"以避免混淆，因为儿童不应该进行与力量相关的练习。由于存在过度使用性损伤、对主要关节的压力和肌肉不平衡等危险，请仔细监督进行阻力练习的小学生（阻力练习的完整解释见第1章和第4章）。

增强肌适能的练习有很多选择。这里介绍的活动将广泛地发展肌肉耐力。为了

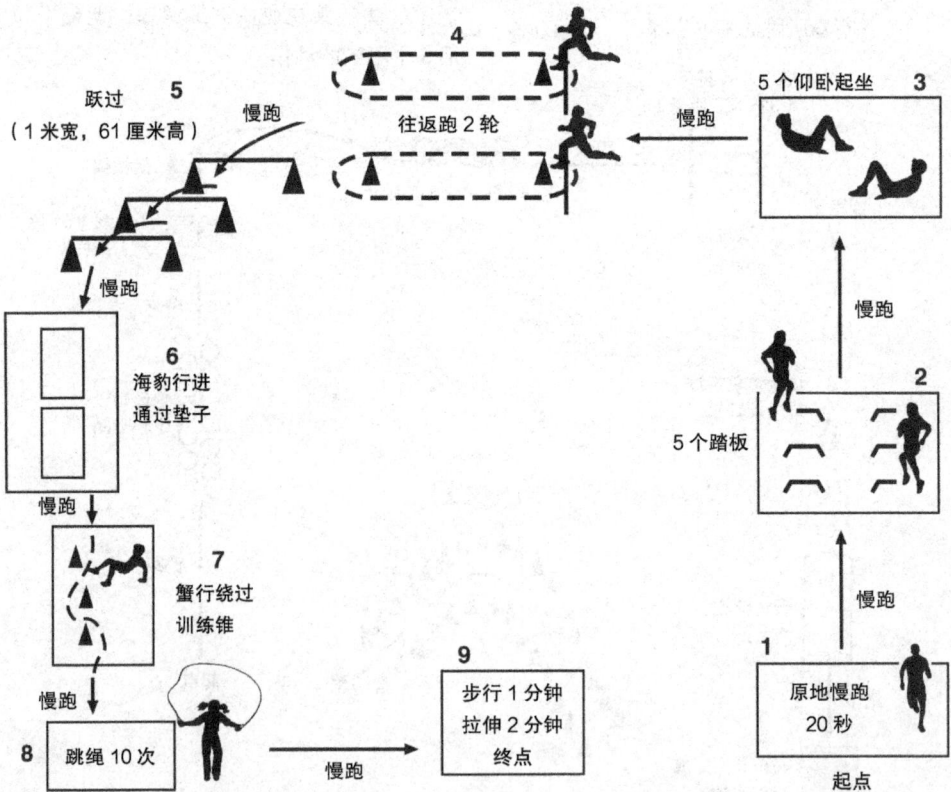

图11.2 心肺耐力循环训练课程示例

保持肌肉平衡，重要的是要覆盖所有主要的肌肉群：肩膀、手臂、胸部、背部、躯干和腿。此外，确保学生在身体的每一侧均等地进行锻炼，并且在每个活动中正确地对齐身体准线。

表 11.1 列出了开始每项活动的学生的适当发育水平。打钩的位置表示最合适采用该活动的级别。

表 11.1　根据学生发育水平选择肌肉力量和耐力练习

活动	I 级	II 级	III 级
徒手练习			
海豹行进	√		
蟹行	√		
臂锯	√		
乌龟行进	√		
俯卧撑		√	√
问题解决练习	√		
蚯蚓	√		
单足站立	√		
踏蹬	√	√	
卷腹	√	√	√
卷腹加转体			√
斜卷腹			√
降落伞练习			
卷腹	√	√	√
放下降落伞	√	√	√
腕力练习	√	√	√
俯卧撑		√	√
飓风	√		√
超级拱顶	√	√	√
泡泡	√		√
浮云	√		√
爆米花	√	√	√
降落伞高尔夫			√
拔河		√	√
药球练习			
胸前传球			√
卷腹加掷球			√
头顶传球			√
半转身传球			√

（续）

表 11.1　（续）

活动	I 级	II 级	III 级
使用拉力器和阻力带的练习			
臂弯举		√	√
三头肌伸展		√	√
三角肌侧平举		√	√
直立上提		√	√
臂伸展		√	√
胸前推		√	√
挤压球／阻力带		√	√
阻力带正步走		√	√
后踢腿		√	√
交叉抬腿		√	√
身体支撑练习			
提踵	√	√	√
靠墙蹲	√	√	√

徒手练习

在体育课程中纳入以下肌适能练习。我尽可能写出你可以直接告诉学生的说明，使你可以很容易地开始应用这些练习。仔细研究照片，并示范适当的技术，以确保学生安全地展示这些练习。

===== 海豹行进 =====

趴在垫子上，双手直接放在双肩下方，手指稍微向外，双臂伸直，双脚分开 3~4 英寸（8~10 厘米）。按左、右、左、右的顺序移动双手，同时贴着地板拖动双腿。（肌肉群：手臂和肩部；见图 11.3。）

===== 蟹行 =====

仰卧在地上，用双手和双脚支撑自己的体重。首先，同时右手和左脚向前移动；然后左手和右脚向前移动。确保手指向脚，以缓解肩上的压力。向侧面、向前或向后移动身体。（肌肉群：手臂和肩部；见图 11.4。）

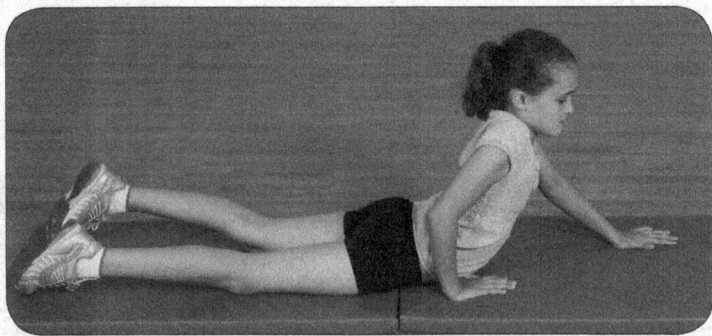

图 11.3　海豹行进

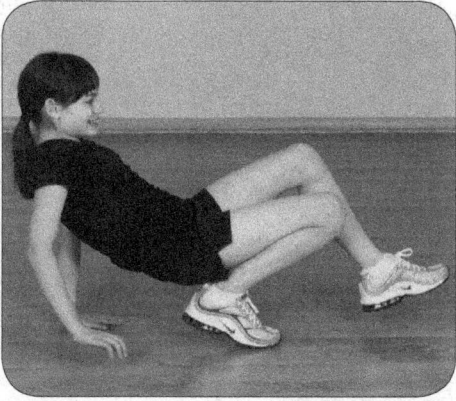

图 11.4　蟹行

臂锯

两两配对练习，两人相距 8~12 英寸（20~30 厘米）面对面站立。握住手，保持手腕稳定。开始时，两人都以稳定、可控的速度用右手向前推，用左手向后拉。假装在锯树。（肌肉群：手臂和肩部；见图 11.5。）

图 11.5　臂锯

乌龟行进

脸朝下，双手平放在地板上，双臂伸直，双膝离开地板。保持双臂和双腿分开，略大于肩宽。右臂和右腿一起移动；然后是左臂和左腿。向前、向后或向侧面移动。动作要小，以减少对肌肉和关节的压力。（肌肉群：手臂和肩部；见图 11.6。）

图 11.6　乌龟行进

俯卧撑

趴在地板（或垫子）上，胸部贴着地面。双手放在肩膀下方，身体成一直线。首先，通过伸直手臂来抬起身体；然后降下身体，直到胸部距离地面 3 英寸（7.6 厘米），或者肘部成 90 度。（肌肉群：手臂和肩部；见图 11.7。）

图 11.7　俯卧撑

使用改良版屈膝俯卧撑可以降低难度（见图 11.8）。

要提高难度，请尝试以下修改。

· 开放式（宽距）俯卧撑
· 窄距（4 英寸或 10 厘米）俯卧撑
· 在双臂伸直位置保持 10 秒
· 慢动作俯卧撑
· 单脚俯卧撑
· 俯卧撑并拍手
· 椅子俯卧撑（一只手放在一张椅子上）（见图 11.9）
· 箱子俯卧撑（见图 11.10）
· 对墙俯卧撑（站在离墙 2~3 英尺或 0.6~0.9 米的地方，手平放在墙上，腿伸直，背挺直。用力推墙，使自己离开墙）

图 11.8　改良版屈膝俯卧撑

问题解决练习

问学生一系列问题，例如："从双膝弯曲的仰卧姿势 [示范]，你能抬起左腿，放下它，然后抬起右腿再放下吗？你能将左膝抬起到自己的胸部处吗？现在你能将右膝抬起到胸部处吗？你能将双膝同时抬起到胸部处吗？当膝盖弯曲时，你能抬起头，向正上方看吗？你能将肩膀抬起，离开垫子几英寸（或厘米）吗？你能抬起头，同时左膝抬起到胸部处吗？"（肌肉群：腹部。）

图 11.9　椅子俯卧撑

图 11.10　箱子俯卧撑

图 11.11　蚯蚓

图 11.12　单足站立

蚯蚓

坐在地板上，双臂交叉在胸前。为了进行移动，将臀部和髋部拉向前，同时脚跟向下压地板。（肌肉群：臀部和腿部；见图 11.11。）

单足站立

站直，双手放在髋部。右膝稍微弯曲，左脚轻轻地靠在右膝内侧，保持 5~10 秒。这项活动有助于增强双腿的力量，也可以培养平衡技能。（肌肉群：腿部；见图 11.12。）

踏蹬

从爬行姿势开始。一条腿向上拉到胸部，另一条腿向后伸直。以稳定、有节奏的模式交替双腿，开始移动。保持上身不动，并且抬起头。我会开始在较短的时间（20~30 秒）内给你计时。（肌肉群：腿部和腹部；见图 11.13。）

图 11.13　踏蹬

卷腹

仰卧,双膝弯曲到大约140度,双脚平放在地板上 [示范]。双臂放在身体旁边,手掌向下。头部和肩部抬起45度角(示范;见图11.14)。慢慢降低头和肩膀,直到肩胛骨接触地板。(肌肉群:腹部。)

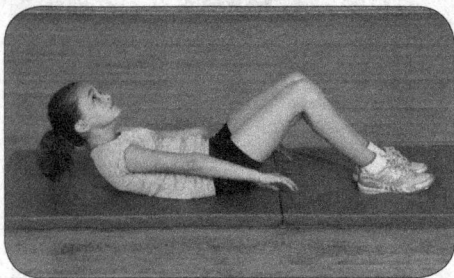

图 11.14　卷腹

卷腹加转体

仰卧,屈膝,双脚平放在地板上。双臂交叉在胸前。先做卷腹;然后上半身转向一侧,返回直立姿势,然后躺下。重复,换另一侧。(肌肉群:腹部、斜肌和髋关节屈肌;见图11.15。)

图 11.15　卷腹加转体

斜卷腹

侧卧,一条腿放在另一条腿上,屈膝。确保肩胛骨的底部平贴着垫子。一只手放在头后面,支撑着颈部。将肩胛骨的底部抬离垫子,从而向上卷腹。重复,换另一侧。(肌肉群:上腹部和斜肌;见图11.16。)

图 11.16　斜卷腹

降落伞练习

降落伞是可以用于提高肌肉力量和耐力的极佳器材。通过团队合作,全班将能够参与高度活跃的游戏、移动动作、排列队形和练习。

卷腹

所有人都屈膝坐在地上,用正握姿势抓住降落伞,并放在腰部。[把全班分成两半。]一半人躺下执行卷腹练习。另一半人则身体前倾,让降落伞不会绷紧。然后在另一侧进行。(肌肉群:腹部。)

放下降落伞

所有人都用正握姿势抓住降落伞,并放在腰部,双脚至少与肩同宽。现在,所有人一起将降落伞举过头顶。听我的信号,将降落伞向下拉回到腰部,只能使用手臂和肩膀。(肌肉群:手臂和肩膀。)

腕力练习

所有人都用正握姿势抓住降落伞,并向前伸直手臂。现在慢慢地向着中心卷降落伞,通过稍微向后倾斜来保持它紧绷。

（肌肉群：手腕和前臂。）

俯卧撑

所有人一起将降落伞举过头顶。将降落伞向下拉到地板上。双手放在降落伞的边缘，双腿向降落伞外的方向伸出。在降落伞中的气完全跑掉之前做尽可能多次的俯卧撑。（肌肉群：手臂。）

飓风

所有人都用正握姿势抓住降落伞。从中度（中等大小）波浪开始，上下晃动降落伞。[描述即将来临的暴风雨，同时让学生根据你的描述晃动降落伞。]天空变黑，风吹起，海浪变得更大，海浪的涌动更深。现在，风在旋转；波浪变短并且起伏不定。哦，不，飓风来了！以尽可能快的速度上下晃动降落伞[通过描述风暴已经过去，让他们放松，一切安全，恢复正常]。（肌肉群：手臂和肩部。）

超级拱顶

听到信号"上"时，每个人都举起降落伞。听到信号"下"时，每个人都把降落伞拉到地板上。看着降落伞形成一个拱顶。（肌肉群：手臂和肩部）。

泡泡

这项活动从将降落伞放在地板上开始。所有人都蹲下来用正握姿势抓住降落伞。在听到信号时，将降落伞举过头顶，同时快步走进中心，形成一个大泡泡。（肌肉群：手臂和肩部。）

浮云

所有人都用正握姿势抓住降落伞。在听到信号时，将降落伞举过头顶。在听到"放手"命令时，放开降落伞。（肌肉群：手臂和肩部。）

爆米花

我会将几种类型的球放在降落伞上。所有人都用正握姿势抓住降落伞。在听到第一个信号"慢慢沸腾"时，大家摇晃降落伞，摇出小波纹。在听到第二个信号"大火烧"时，更用力地摇晃降落伞，使球移动得更快。在听到最后一个信号"爆米花"时，通过挥动手臂和跳起来做出快速的大波纹，将球直接弹起来——但要尽量保持爆米花在锅里[为了使活动达到高潮，要求学生让球弹到降落伞之外]。（肌肉群：手臂和肩部。）

降落伞高尔夫

[将全班学生分成红队和黄队，站在降落伞周围。让每队的所有学生都站在降落伞的同一侧。把一个红球和一个黄球放在降落伞内。]在听到信号时，全队移动降落伞，尝试让本队的球落入中心的洞里。不要用手来移动球。首先得3分的那一队获胜。（肌肉群：手臂和肩部。）

拔河

[把全班学生平均分成两队。]在听到信号"拉"时，每一队都直接向后拉。在每队正后方3~4英尺（0.9~1.2米）处画一条弧线，首先拉过这条线的那一队是胜方。不要求全队学生都跨过这条线[用你自己的判断来决定团队何时胜出]。小心不要损坏降落伞[每次使用前检查是否有撕裂或小洞]。（肌肉群：手臂和肩部。）

药球练习

药球的颜色和尺寸均有很多选择，并且有不同的重量，可以培养手、手臂和上半身的力量。新款的药球经过改良，比较柔软、有韧性，并且里面用特殊的纤维垫填充。以下是3种最适合小学生的药球。

·4磅（1.8千克），7英寸直径（18厘米）药球

·2.2磅（1千克），76英寸直径（15厘米）PVC塑料球

·2磅（0.9千克），6英寸直径（15厘米）带手柄的强力球（Powerball）

在药球课程中可使用以下练习。

胸前传球

站姿，双脚与肩同宽，与搭档保持两步

的距离。从胸前慢慢地推球，手掌朝外。保持膝盖和背部略微弯曲。接球者以手掌向上的姿势接球，膝盖弯曲并且双手与肩同宽。（肌肉群：胸部和手臂；见图 11.17。）

图 11.17　用药球来做胸前传球练习

卷腹加掷球

仰卧并屈膝，在胸前拿着一个药球，手臂略弯曲。

慢慢地进行卷腹，将头和肩膀抬起离开垫子，收缩（收紧）腹部肌肉。轻轻地

将药球扔给你的搭档。搭档以一个平滑的动作将球抛回，不会破坏卷腹动作的连续性。（肌肉群：腹部、肩部和手臂；见图 11.18。）

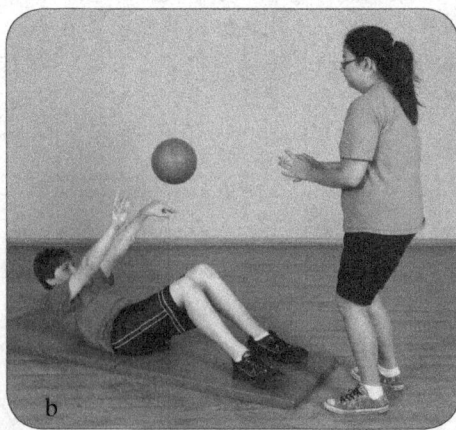

图 11.18　用药球执行卷腹加掷球练习的动作顺序

头顶传球

两人背靠背站立，相距约8英寸（20厘米），膝盖略微弯曲。拿球的学生直接在头顶传递球。搭档接球时手掌朝上，双手与肩同宽。（肌肉群：手臂和肩部；见图11.19。）

图 11.19　用药球完成头顶传球练习

半转身传球

与搭档背靠背站立，膝盖略微弯曲。拿球的学生将球拿在腰部附近。在听到信号时，两人都平缓地半转身。有球的学生向右转，搭档则向左转，并在腰部高度处接球。重复练习，两侧交替。（肌肉群：腹部和斜肌；见图11.20。）

使用拉力器和阻力带的练习

使用橡胶阻力器材来提高小学生的肌肉力量和耐力是一种创新的方式。

拉力器和阻力带既轻便又耐用，可以加强课程的多样性。橡胶阻力器材用颜色编码来表示阻力水平，让你可以根据个人

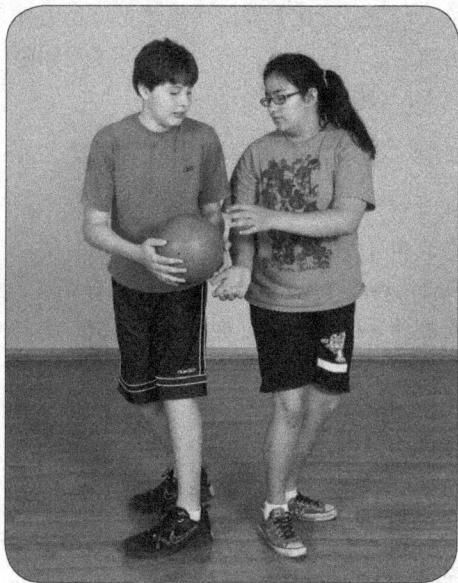

图 11.20　用药球完成半转身传球练习

体能需要来定制特定练习。此外，这种器材提供适度的阻力，而不会像其他负重练习产品那样，对肌肉和关节施加过度的压力。使用阻力器材时，请提醒学生遵守以下准则。

· 切勿将多件拉力器绑在一起。

· 每节课之前都要仔细检查拉力器是否有裂纹。

· 正常呼吸——永远不要屏住呼吸。

· 采用站姿时，要以缓慢、可控的动作来进行练习，注意正确的身体姿势，并且双膝略微弯曲。

· 两侧的手臂或腿都要执行相同的重复次数，以避免肌肉不平衡。

· 两组练习之间休息至少10秒。

· 采用站姿时，用脚的中间牢牢踩在拉力器上，以固定拉力器，保持膝盖略微弯曲。

· 进行练习时，学生之间的距离为大约4英尺（1.2米），以避免事故。

以下是使用拉力器和阻力带进行的

练习示例。记住要确保学生总是将拉力器固定在一只脚或两只脚的足弓下（增加阻力），双膝稍微弯曲。

臂弯举

每只手各握住一个手柄，手掌朝上，手臂伸直垂在身体两侧，手肘贴住身体。双臂向胸部弯曲，同时保持肘部贴着身体。慢慢地返回到起始位置。（肌肉组：肱二头肌；见图11.21。）

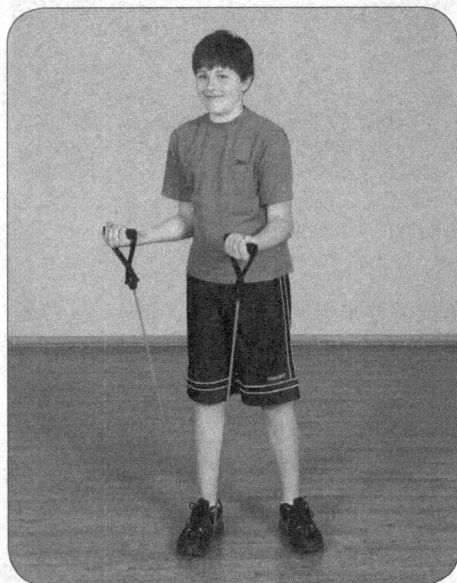

图 11.21 使用拉力器完成臂弯举练习

肱三头肌伸展

弓步站立 [示范]，并将拉力器放在前脚下面。让拉力器交叉，用非练习臂的手抓住手柄，并将其放在大腿上。向前弯腰，将上半身的重量放在非练习臂上。练习臂靠近髋部，手掌朝后握住手柄。保持锁紧手腕，慢慢伸直练习臂，并以手掌朝上结束。慢慢地返回到起始位置。（肌肉群：肱三头肌；见图11.22。）

图 11.22 使用拉力器完成肱三头肌伸展练习

三角肌侧平举

每只手各握住一个手柄，保持肘部在身体的两侧稍微弯曲。向身体侧面抬起手肘，同时保持手腕和前臂锁紧。慢慢返回到起始位置。（肌肉群：三角肌；见图11.23。）

图 11.23　使用拉力器完成三角肌侧平举练习

图 11.24　使用拉力器完成直立上提练习

直立上提

用双手握住手柄，将双臂伸直垂在大腿前面。

弯曲肘部，双手拉起到胸部高度。慢慢返回到起始位置。（肌肉群：三角肌；见图 11.24。）

臂伸展

图示的臂伸展和胸前推练习使用的是 SPRI Quik-Fit for Kids 的拉力器橡胶阻力器材，但你可以使用任何类型的阻力带。

用左手握住拉力器，并把它放在背后，手肘弯曲，手掌朝外。将练习臂放在肩膀上，手掌朝上。抓住拉力器手柄，练习臂（右）慢慢向前拉，然后返回。每侧进行相同的重复次数。（肌肉群：三头肌和肩部；见图 11.25。）

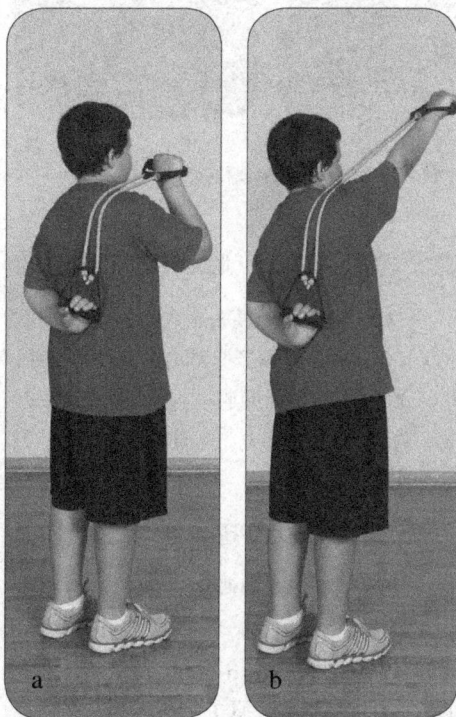

图 11.25　使用拉力器完成臂伸展练习

胸前推

双脚稍大于肩宽站立，双膝弯曲。将拉力器放在背后，橡胶垫在正中间。抓住手柄，手掌朝外。向外伸出双臂。肘部保持略微弯曲。慢慢回到起始位置。（肌肉群：胸部和三头肌；见图 11.26。）

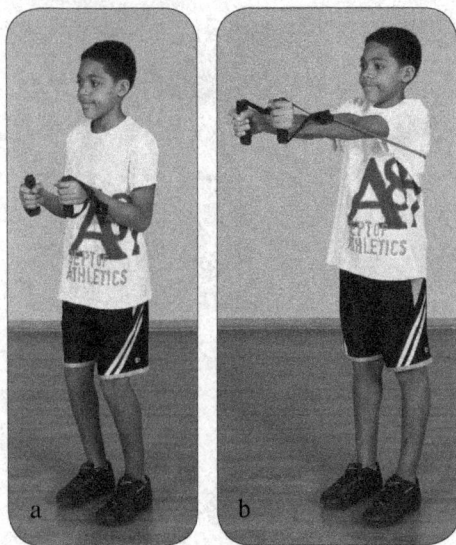

图 11.26　使用胸前推完成臂伸展练习

挤压球 / 阻力带

[为每个学生提供一个大约网球大小的过炼胶球。]用右手挤压球并保持 3 秒。换手。或者将拉力器折成几段，用一只手握住，然后挤压。换手。（肌肉群：手、手腕和前臂。）

阻力带正步走

用阻力带套着双脚的脚踝，双膝稍微弯曲。

弯曲练习腿，并抬起它，使它离开地板几英寸（或厘米）。双手放在髋部，保持髋部和躯干肌肉绷紧。慢慢回到起始位置。（肌肉群：四头肌和髋部屈肌；见图 11.27。）

图 11.27　阻力带正步走

后踢腿

站立时，用阻力带套着双脚的脚踝。用非练习腿平衡，膝盖稍微弯曲。弯曲练习腿，并把脚跟从地板上抬起。练习腿慢慢抬起并向后推，保持膝部轻微弯曲。脚趾绷直，让髋部稍微向外旋转。避免下背部过度弓起。慢慢地返回到起始位置。调整：将阻力带的位置向上移动，以增加阻力。（肌肉群：腘绳肌；见图 11.28。）

交叉抬腿

将阻力带套在小腿上。用非练习腿平衡，膝盖稍微弯曲。

双手放在髋部，以避免髋部和下背部的动作太大。保持肩膀和髋部稳定（静止）。慢慢地抬起练习腿，并向上在身体前面横扫过去，保持膝盖稍微弯曲。慢慢地返回到起始位置。在下一次重复之前，让脚趾搁在地板上。调整：将阻力带的位

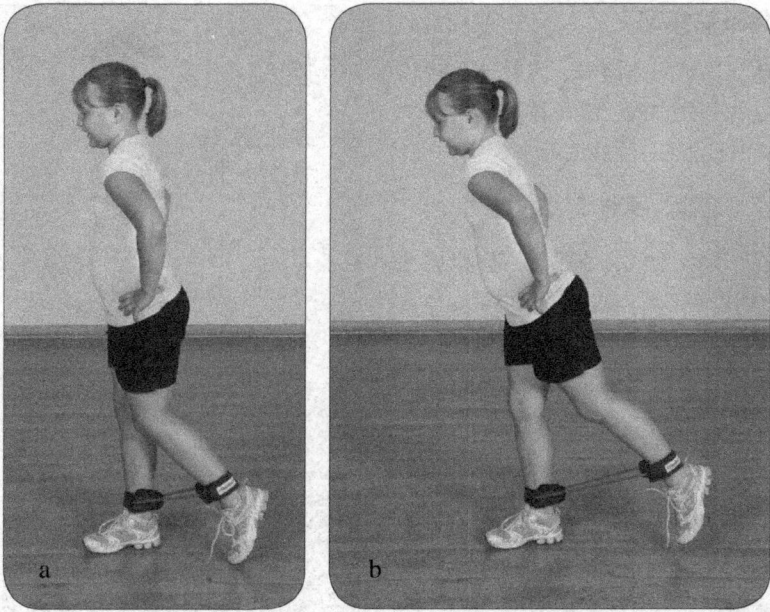

图 11.28　用阻力带完成后踢腿练习

置向上移动，以增加阻力。
（肌肉群：大腿内侧和髋部屈
肌；见图 11.29。）

图 11.29　用阻力带完成交叉抬腿练习

身体支撑练习

身体支撑练习是简单、有效地包括肌适能练习的一种方式，无须添加器材。学生也可以在家里进行这些练习。

━━━━━━ **提踵** ━━━━━━

站在一块板上或一本书上，脚跟放在地板上。如果有需要，使用椅子提供支撑，并帮助保持身体对齐。慢慢地踮起脚尖，保持3秒，并回到起始位置。（肌内群：小腿；见图11.30。）

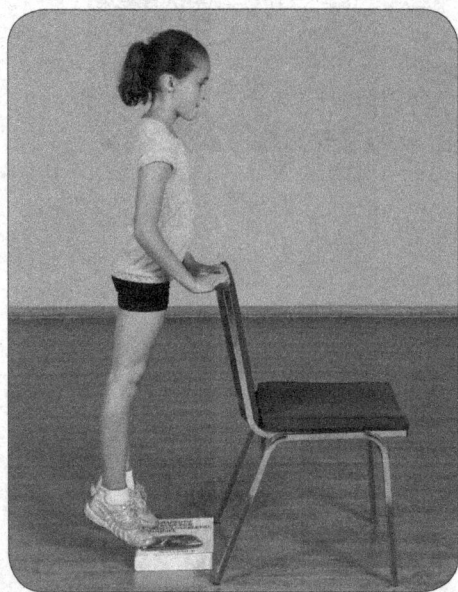

图 11.30　提踵

━━━━━━ **靠墙蹲** ━━━━━━

背靠着墙站立，双脚与肩同宽，双手放在髋部。慢慢弯曲膝盖，背靠着墙向下滑动4~6英寸（10~15厘米）。保持身体呈一直线，让髋部和身体的其余部分朝向正前方。保持10~15秒，然后慢慢地滑回起始位置。重复。（肌肉群：四头肌；见图11.31。）

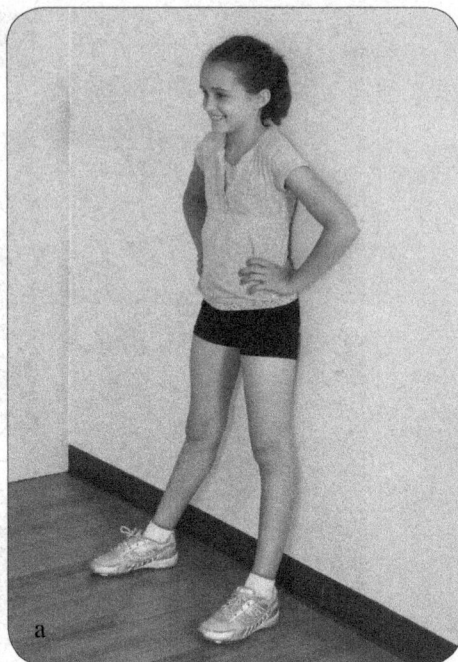

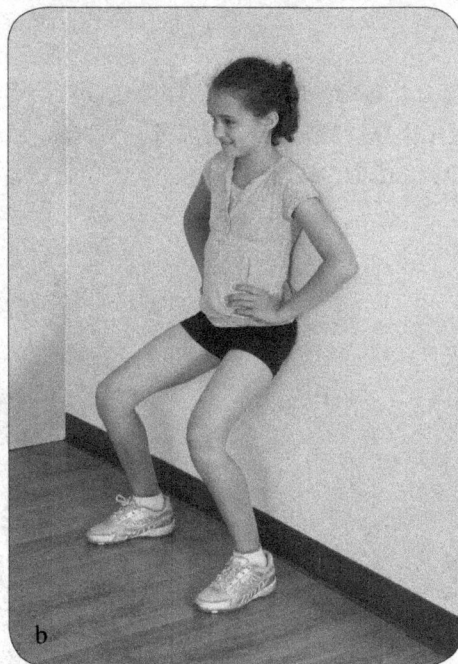

图 11.31　靠墙蹲

柔韧性

记住，柔韧性是不受限制地在整个活动范围内移动关节的能力。在进行 15 分钟或以上的连续体育活动后的放松时间，肌肉已经温暖起来，这正是提高柔韧性的最佳时间。

请记住，柔韧性是特定于关节的，这意味着腘绳肌柔韧性较好的学生在肩部区域不一定有相同程度的柔韧性。因此，课程中的柔韧性练习应该覆盖多个肌肉群。

以下练习展示了静态拉伸动作——更安全、更可控地提高柔韧性的方法，适合所有小学生。出于安全考虑，避免使用弹震式拉伸那种跳跃、快速的动作。

基线评估

根据科尔宾（Corbin）、韦尔克（Welk）及其同事的报告（2011），以下 6 个练习可以用于下背部、小腿、股四头肌、髋部屈肌、颈部和肩部的基线评估。

下背部

用双手将大腿拉到胸前。（大腿应该轻轻地触碰胸部；见图 11.32。）

小腿

将一个脚跟放在地板上，抬起脚的其余部分。用另一只脚重复。（前脚掌应至少距离地面 2 英寸或 5 厘米；见图 11.33。）

股四头肌

用右手抓住右脚。弯曲右腿，使脚跟接触臀部。换腿并重复。（脚跟应该接触臀部；见图 11.34。）

髋部屈肌

将左大腿拉向身体。右腿应该保持伸直并平放在地板上。换腿并重复。（见图 11.35。）

颈部

脖子向前弯曲。（下巴应该移动到离上胸部约 2 英寸或 5 厘米处，见图 11.36。）

肩部

右手从右肩膀上方尽量向下伸。左手放在背后，然后向上伸去摸右手。右手的手指应该至少触碰到左手的手指。换手，以评估左肩的柔韧性（见第 22 页的图 2.5）。

柔韧性练习

让学生用静态拉伸技术进行以下练习。每种拉伸都应该保持约 15 秒，并应该缓慢、谨慎地进行，身体要正确对齐。始终保证左右两侧都要分别完成练习。切勿让孩子做完整的头部圆周运动或过度伸展

图 11.32　下背部柔韧性的基线评估

图 11.33　小腿柔韧性的基线评估

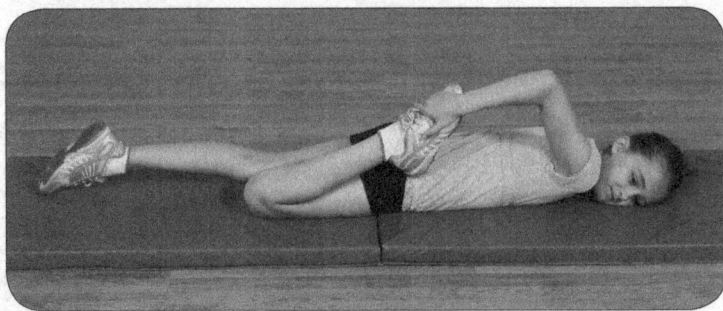

图 11.34 股四头肌柔韧性的基线评估

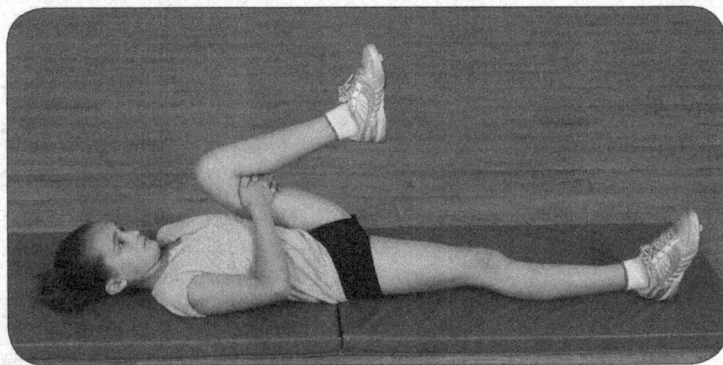

图 11.35 髋部屈肌柔韧性的基线评估

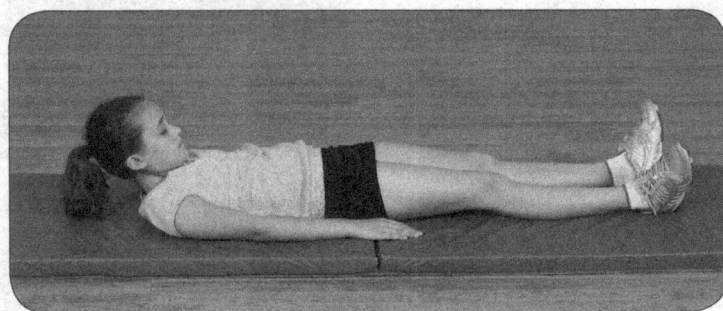

图 11.36 颈部柔韧性的基线评估

颈部（更多的柔韧性练习请参见 Corbin、Welk 等人，2011）。

前向低头

要增加颈部柔韧性，低下头，将下巴的中心放在胸部处（见图 11.37）。

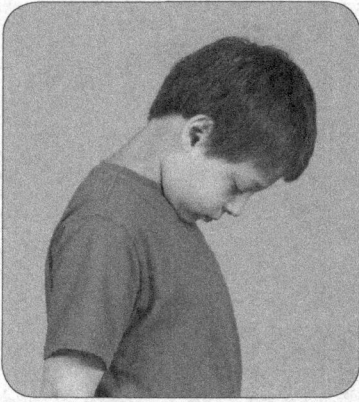

图 11.37　低头

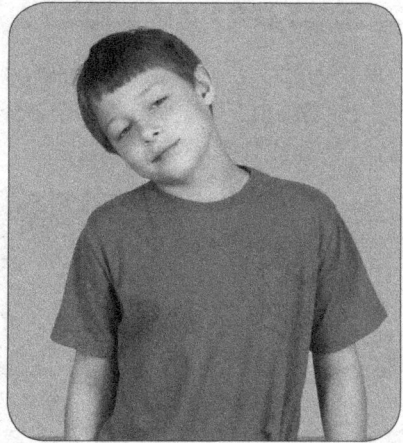

图 11.39　侧颈

望向远方

该练习拉伸颈部肌肉。保持肩膀稳定，向左转头，望向远方，然后转向右，望向远方（见图 11.38）。

侧颈

将耳朵靠向肩膀（见图 11.39）。

向上挺直

为了增加肩部的柔韧性，伸出双臂，将双掌压在一起。向正上方伸直手臂，然后稍微向后（见图 11.40）。

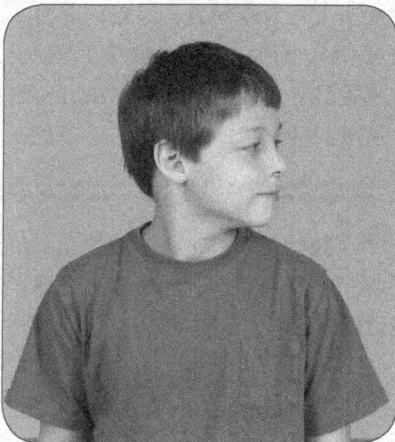

图 11.38　望向远方

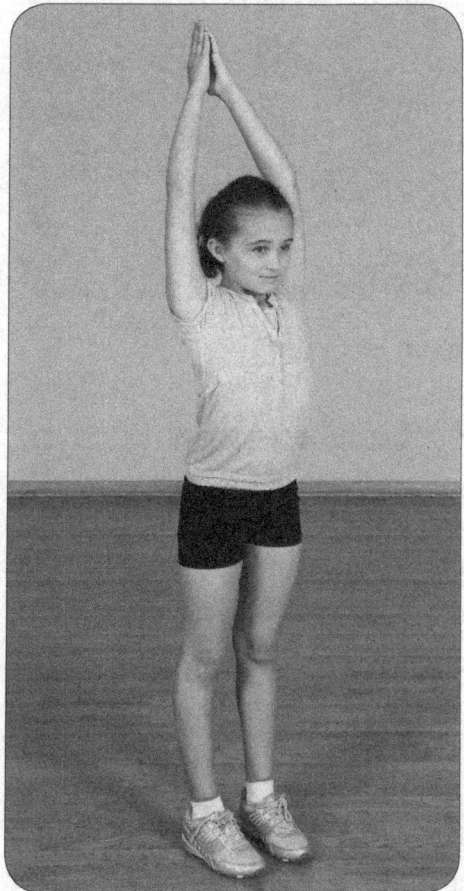

图 11.40　向上挺直

臂交叉拉伸

该练习拉伸肩部。将右臂放在胸前，同时用左手支撑右肘。用左手把右肘轻轻地拉过胸部（见图11.41）。在另一侧重复。

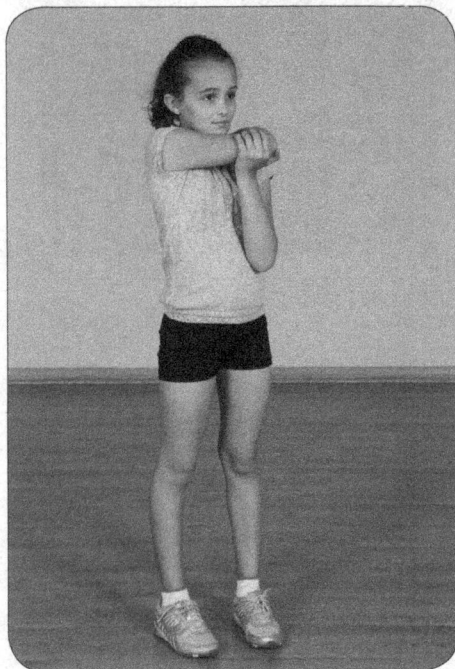

图 11.41　臂交叉拉伸

手臂头顶拉伸

为了拉伸肩部和手臂的背面，将一只手臂举过头顶，手肘弯曲。用另一只手握住肘部。轻轻地将练习臂的肘部拉到头后面。保持；然后用另一只手臂重复拉伸练习。见图11.42。

猫驼式拉伸

该练习有助于提高背部的柔韧性。坐在垫子（或草地）上。做骆驼的部分时要轻轻地拱起背部，方法是放松下背部肌肉，抬起下巴，收紧腹部肌肉并扩胸。做猫的部分时，首先是双手和双膝与髋部对齐。

图 11.42　手臂头顶拉伸

轻轻地弓起上背部，同时收紧腹部和骨盆肌肉。同时，低下头，保持颈部和肩部放松。保持。见图11.43。

坐姿转身背部拉伸

该练习拉伸中背部、躯干和髋部外侧。坐在垫子上，右腿伸直，膝盖稍微弯曲。左腿跨过右膝，弯曲左腿。右臂搭在左腿上，躯干向左转。右肘压向右膝。在另一侧重复。见图11.44。

抱腿

为了拉伸下背部，将膝盖拉到胸口。双手保持在膝盖后面。卷曲成一个球，下巴稍微压向胸部。见图11.45。

图 11.43　猫驼式拉伸

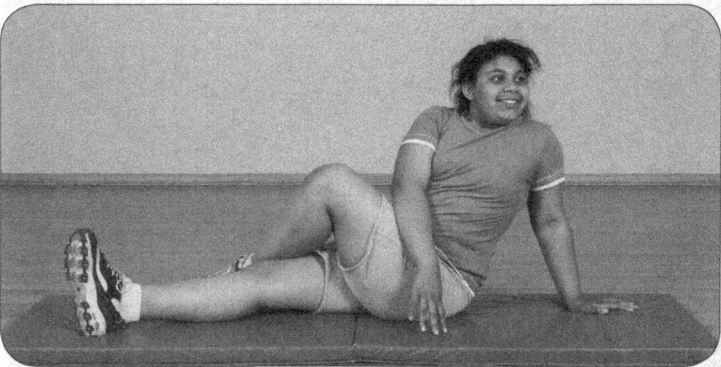

图 11.44　坐姿转身背部拉伸

图 11.45　抱腿

图 11.46　大腿内侧拉伸

大腿内侧拉伸

为了拉伸大腿内侧的肌肉，坐在垫子上，双脚底部并拢在一起。将膝盖轻轻地压向地板。见图 11.46。

腘绳肌拉伸

仰卧，一只脚平放在地板上，膝盖弯曲。将另一条腿的膝盖拉到胸前。一只手放在小腿上，另一只手放在大腿上。慢慢伸直膝盖，直到腘绳肌变紧。切勿完全伸直和锁定膝盖。换腿重复。见图 11.47。你可以用毛巾裹着练习脚，以帮助保持腿的位置。

股四头肌拉伸

为了拉伸股四头肌（大腿的正面），站直，一只脚的顶部搁在椅子、长凳或身后的矮支撑物上。弯曲前膝，保持髋部和背部稳定，并与支撑腿成一直线，保持住。用另一条腿重复。见图 11.48。

弓步

为了拉伸髋部屈肌和四头肌，弯曲右腿，保持右膝在右脚踝正上方。向后伸直

图 11.47　腘绳肌拉伸

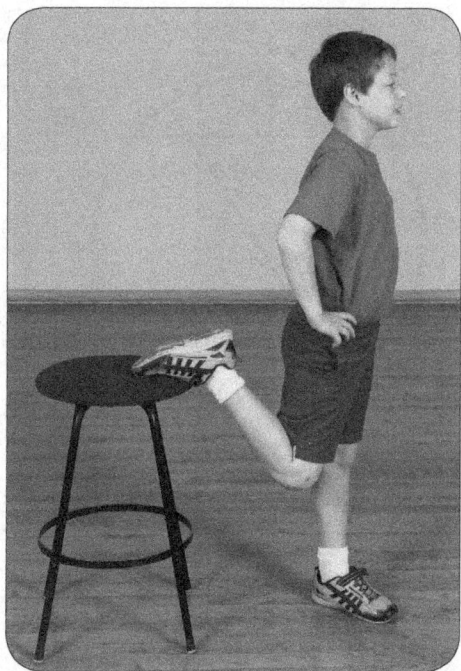

图 11.48　股四头肌拉伸

左腿，左膝触到地板。向前和向下推髋部并保持。用另一条腿重复。见图 11.49。

图 11.49　弓步

▰ 小腿拉伸 ▰

为了拉伸小腿，面对可以靠在上面获得支撑的稳固的东西，比如墙壁。弯曲一侧膝盖，并将其带向支撑物。保持后腿伸直，脚平放在地上，脚趾指向正前方。慢慢地向前移动髋部，同时保持后腿伸直，脚跟贴住地面。用另一条腿重复。见图 11.50。

图 11.50　小腿拉伸

要避免的动作练习

以下练习不安全。其中许多练习对主要关节施加过度的压力，可能对学生的身体健康产生不利影响。

▰ 犁式拉伸 ▰

犁式拉伸可能会使颈部和背部区域的神经和椎间盘受压（见图 11.51）。替代选择：抱腿和猫驼式拉伸。

▰ 体前屈 ▰

站姿体前屈可能会导致严重的下背部拉伤（见图 11.52）。替代选择：腘绳肌拉伸。

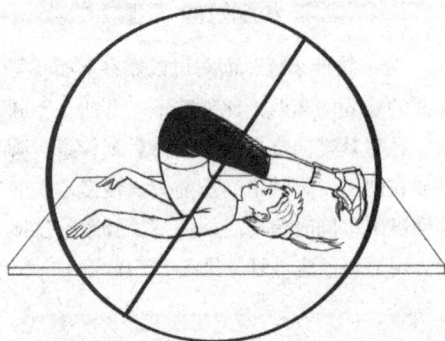

图 11.51 犁式拉伸

图 11.52 体前屈

图 11.53 全蹲

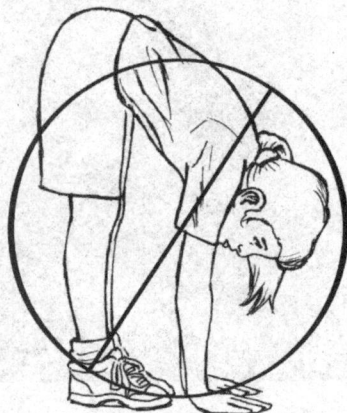

图 11.54 抬腿

全蹲

全蹲可能对膝韧带施加过度拉力（见图 11.53）。替代选择：靠墙蹲。

抬腿

抬腿因压缩椎间盘而对下背部产生压力（见图 11.54）。替代选择：卷腹。

沿头颈关节绕环练习

沿头颈关节绕环练习可能会挤压颈部的神经并刺激椎间盘（见图 11.55）。替代选择：前向低头、望向远方和侧颈。

图 11.55 沿头颈关节绕环练习

臂绕环

臂绕环且手掌向下会对肩部的韧带和关节产生压力（见图 11.56）。替代选择：使用手掌向上的向后臂绕环。

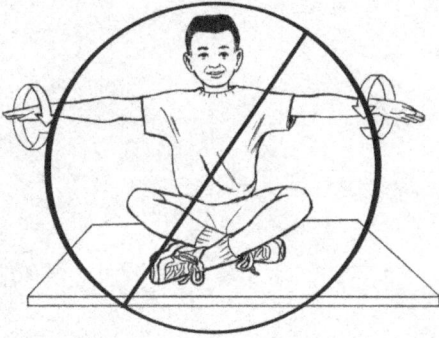

图 11.56 臂绕环

风车

风车会导致下背部拉紧并刺激椎间盘（见图 11.57）。替代选择：腘绳肌拉伸和坐姿转身背部拉伸。

图 11.57 风车

全仰卧起坐

双手锁定在颈部后面的全仰卧起坐会对背部和颈部造成压力（见图 11.58）。替代选择：卷腹练习。

图 11.58 全仰卧起坐

小结

使用本章中的许多心肺耐力、肌适能（肌肉力量和耐力）和柔韧性练习示例，为学生提供类型广泛且平衡的体育活动机会。尝试将这些练习结合到任何与技能或运动项目有关的课程单元中，在整个学年中保持体能和体育活动水平。此外，使用本章中的照片作为正确姿势和身体准线的视觉提示。最后，避免所列出的危险练习，选择更安全的替代方案，提供适合不同发育水平儿童的体育活动。

第 12 章

活跃性游戏

> 应该注意的是，小孩子的游戏并非纯粹只是游戏而已；我们应该视之为孩子们最严肃的活动。
>
> ——蒙田（Michel de Montaigne）

游戏是在小学里提高体育活动水平的绝佳方式。大多数孩子认为进行活跃的游戏是一种娱乐——它很有趣！因此，游戏是鼓励孩子们更积极运动的一个好办法。你的任务是保持学生对游戏的热情，而不违背合理的教育原则。所以，你应该避免那些淘汰参与者或者让孩子感到尴尬的游戏，还要避免活动水平较低、对发展你的目标没有什么帮助的游戏。

适合不同发育水平儿童的游戏的特点

为了最大限度地改善学生的学习体验，游戏要与他们的发育水平相匹配。为此，你可以改变游戏的边界或队形、采用追拍的方法、规则等。例如，为了提高体育活动的水平，可以扩大边界，从而增加学生在游戏中移动的距离。或者你可以变化运动的动作方式来改变节奏并锻炼不同的肌肉群（例如，让学生边走边跳，然后单脚跳，不要总是在跑步）。此外，可以改变游戏的规则，让每个人都有参与感，并且有机会成功。例如，在游戏中每次成功完成一个任务都有积分奖励，这样可以鼓励学生参与。

在选择和修改游戏时，要记住适合发育水平的游戏具有以下特点。

基于目标

每个游戏都应该有一个教育目标，为你提供教学重点，而不是让游戏本身成为课程的唯一目的。例如，游戏的主要目的可以是促进社交互动，增强技能，运用问题解决技巧，提高体育活动水平或实现一系列目标的组合。

人性化

选择在学生中培养积极情绪的游戏。促进合作和良好体育行为的活动将帮助学生理解体育活动的价值。例如，使用体育教学器材（如球、飞盘和小沙袋）来培养技能——不要以踢或扔在其他学生身上作为游戏的条件。

包容性

游戏应该包括班上的每个孩子。修改游戏的规则、器材或过程，以确保每个孩子都是能够获得成功的积极参与者。切勿因为学生因某种原因无法成功而从游戏中淘汰他们。

吸引力

学生应该将大部分时间花在完成任务上。花费过多的时间排队等待或站着不动，这会让孩子无法完全发挥其身体潜力。事实上，若不做任务的时间所占比例较高，会让学生产生排斥的心理。组织的游戏应让孩子真正从课程中受益，因为他们在积极和持续地参与踢、跑、投掷、接球——在你设计的游戏中要完成的任何任务。

活跃性

在活动水平方面，不要忘记包容性。问问自己，我所有的学生都有机会在整个游戏中不断地移动吗？如果一个游戏只是由几个活跃的学生主导，就要改变程序，以便其他人可以更积极地参与。例如，可以轮换位置或参与者的职责，以确保全班学生都保持活跃。为了保持孩子参与游戏的兴趣，改变在课程中融入的游戏的活动水平，以及所关注的与健康相关的身体素质组成部分。

成功导向

确保游戏的人性化、包容性、吸引力和活跃水平的最佳方法是将其设计为使每个人都感觉自己是赢家。在游戏中，提供多个机会，让学生可以得分或完成对团队有帮助的任务。这种方法将保证让所有学生都能对团队做出积极的贡献。例如，在游戏 VBS（见第 191 页）中，可以对每次成功上垒的学生都给予积分，而不仅仅是跑到本垒才得分。除此之外，确保每个学生在课堂上都具备可以成功参与游戏的技能或体能水平。否则，应教导相关技能或进一步修改游戏。

良性竞争

大多数游戏需要有一定的竞争；然而，你可以将游戏的这一方面设计为向学生提供良性竞争的体验。首先，不要强调获得成功的团队、小组或个人，而应注重学习技能和享受游戏。通过促进合作、团队精神以及在课堂上对其他人的体贴，教导孩子何为公平竞争的精神。此外，尽量向学生强调一个概念：进行活跃的健身游戏主要是为了获得与健康相关的好处。例如，

要求学生在比赛前后监测自己的心率，并讨论在活动中哪些肌肉参与得最多。帮助学生将游戏视为健康有趣的活动，而不是同学之间的竞争。

适当的器材和设施

器材应该与学生的发育水平相匹配。根据学生的规模和优势为班级提供一系列器材。将标准器材（如篮球架）调整到合适的高度（2~2.4 米）。不断评估游戏区域和游戏边界，使之与每个班的发育水平相匹配。

安全

安全第一！学生的安全始终是游戏中的首要任务。当我是一名教师时，我每天早上的第一件事就是检查操场器材和场地是否存在危险。为高度活跃的游戏安排安全、宽敞的空间是很重要的。具体来说，在体育馆中，在游戏区域和墙壁、阶梯、门等障碍物之间应留出至少 8~10 英尺（2.4~3 米）的缓冲区。用橙色训练锥清楚地标出场地范围。确保进行游戏的任何场地都要地面平整、干燥且没有杂物。每天都要检查，确保孩子们穿着适当的鞋袜（运动鞋和运动袜），并且没有佩戴首饰。通过探讨身体管理的技巧（如停止、改变方向和加速），教孩子们在自己的个人空间中移动，并且不要侵犯他人的空间。

乐趣

对于孩子们来说，假如游戏不好玩，就不能称之为一个游戏。我们不应该忽视这一重要方面。虽然孩子们不一定要大喊大叫、欢呼和尖叫才表示好玩，但一个规划得好、具有挑战性的游戏的确会为你的课程增加积极性和兴奋感。

通过活跃性游戏促进体育活动

我选择了本章中的游戏，它们会帮助你在整个学年中以人性化和有趣的方式提高学生的活动水平。使用它们作为热身活

动或以技能为导向的课程的结束部分，而不是作为课程的核心。帮助孩子们认识游戏如何促进健康的体育活动。为了避免不必要的挫折，首先教会孩子玩游戏所需要的各种特殊的技能。

本章中的游戏的主要目的是提高体育活动水平。为了使规划更容易，我已经按照发育水平对游戏进行分类，并使用以下符号来表示每个游戏的体能强度水平。

♡热身

❤中度活跃

❤高度活跃

针对Ⅰ级发育水平的游戏

记住，针对Ⅰ级发育水平的活动面向的是幼儿园和一年级学生。在课程中添加新游戏时，请注意第183~184页的适合发育水平的游戏特征。

♡ ▰▰▰▰ 跳房子 ▰▰▰▰

将60个或更多的标准呼啦圈排列成6种形状（图12.1中示例了3种）。让孩子们每个人把一个豆袋抛到一个呼啦圈里。要求

他们用一条腿"跳房子"通过呼啦圈，沿途捡起他们的豆袋。在他们通过整个形状的过程中，应该每一个呼啦圈都跳进去一次。

调整：增加难度，让学生快步通过呼啦圈。

▰▰▰▰ 动物园 ▰▰▰▰ ♡

让学生排成互相平行的两队，相距40~50英尺（12~15米）。将两套相同的各种动物的照片放在两个盒子里，每组一个盒子。每一队的学生从自己队伍的盒子中选择一张动物的照片。在听到信号时，学生开始慢慢走向彼此，发出他们所选择的动物（例如猪、牛、狗、马、蛇、猴子、猫、羊、老虎）的声音，试图找到与自己一样的动物。一旦学生找到其合作伙伴，他们必须模仿动物的声音和动作。重复此过程。这个游戏还可以培养表达力和创造力。

▰▰▰▰ 摆造型 ▰▰▰▰ ♡

这个游戏提高柔韧性，以及身体意识和创意运动。你需要一个盒子，里面装满了贴在3英寸×5英寸（8厘米×13厘米）索引卡上的各种图片（例如，椅子、铅笔、电视、沙发、洗衣机、搅拌机、球、书桌、

图 12.1　可用于跳房子的呼啦圈排列形状

汽车）。确保图片卡的数量至少比全班学生人数多10个。要求每个学生从盒子中选择一张图片卡，然后让他们尝试在其个人空间中用自己的身体摆出模仿所选图片的形状。为每个人提供足够的时间来摆出选择的特殊形状。然后说"造型完毕！"以提示各小组的孩子来到盒子前换一张新的卡片。

跳岛

在整个游戏区域中每3米的距离放一个呼啦圈，确保每个学生都有一个呼啦圈。在开始上课的时候，让每个学生都站到一个呼啦圈里，作为自己的本岛。要求学生在自己的呼啦圈中执行他们选择的一个动作。现在请他们在自己的圈外面执行一个动作，然后让他们跳回到自己的岛上。接下来，播放流行的儿童歌曲。要求他们步行、慢跑或边走边跳通过整个游戏区，但不要踏进各个岛内。当音乐停止时，告诉孩子们跳进一个不同的岛。然后让他们执行10~15秒自己选择的练习、运动或拉伸。播放音乐并重复此过程。为了添加多样性，使用不同节奏的音乐，并要求学生的动作要与音乐的节奏相匹配。每轮都要换一种体育活动，或让学生为全班做决定。在活动结束时，请学生回到他们原来的岛上。因为这个游戏允许有大量的个人选择，它还可以培养体育活动的决策技能。

生命线

将学生分成每3人或4人一组。在每个组中，有一个学生拿着标准跳绳（生命线）的一端。在听到信号"开始！"时，拿着跳绳的那个学生在整个游戏区域中跑动，在地上拖动跳绳并摇晃它。小组中的其他学生试图拾起跳绳的末端。然后，拾起生命线的学生带着绳子跑。要让小组中的每个学生都轮流带着生命线跑。提醒全班："绳索被称为生命线的原因是，跳绳

对于心脏是一个很好的运动，运动会改善你的生活，让你保持健康。"提醒学生让跳绳保持接触地板。

健身之轮

使用粉笔或健身胶带画出两个大圆圈，一个圈子在另一个圈子里面（圈子的大小取决于每个组中有多少个孩子）。在每个圈子周围排列相等数量的学生。说："在听到信号'开始！'时，外圈的学生顺时针旋转[示意方向]，内圈的学生逆时针旋转[示意方向]。在听到信号'停止！'时，转身面对自己的合作伙伴。"他们用击掌来和自己的伙伴打招呼。现在，给10~15秒时间让孩子们选择一个练习，并与自己的伙伴一起做练习。重复此过程。

调整：改变移动动作（例如步行、边走边跳、跳跃）。

背靠背

让奇数的学生散布在游戏区域内。说："在听到信号'开始！'时，找到一个合作伙伴，并背靠背站在一起。没有伙伴的学生决定下一个全班的动作，如跳跃、边走边跳或步行。该学生拍手两次，开始下一轮活动。"如果学生的数量是偶数，则让学生每轮找一个不同的合作伙伴，并且所有学生轮流决定下一轮的动作。如果想修改游戏，可以要求使用不同的身体部位（例如，肘靠肘、脚靠脚、手腕靠手腕）。

这是一个很好的游戏，可以强化良好的站姿。当学生找到他们的伙伴时，提醒他们要站直，头和肩膀向后，挺胸，并且脚朝向正前方。示范或展示良好站姿的图片。提问："哪些人的工作需要每天站很长时间？"[警察、服务员、收银员、收费站操作员、教师。]说明："良好的姿势对这些成年人特别重要。"

在结束活动时，让每个学生进行双人步行："与伙伴背靠背，轻轻地勾住肘部，

一起向前和向后走。"这可以鼓励合作与团结（见图 12.2）。

图 12.2 双人步行

静脉和动脉

复习基本概念：静脉将血液带到心脏，动脉将血液带离心脏。强调锻炼将保持静脉和动脉的健康。用粉笔或健身胶带画一个直径大约 3 米的心脏，包括静脉和 2 条主要动脉。在心脏内部标记出一个区域，并在心脏外部标记出一个安全区域，每个区域各使用 4 个训练锥进行标记。选择 2~4 个"它"，指定他们穿红色球衣。解释："首先在游戏区内走动。在听到信号'静脉'时，每个人都试图跑回心脏的内部（用训练锥标记的区域），避免被'它'拍到。在听到信号'动脉！'时，从心脏内部跑到安全区域（用训练锥标记的区域）。被拍到的学生成为'它'，并得到红色球衣。"（这个游戏可能更适合水平高一点的 I 级发育水平的学生。）

针对 II 级发育水平的游戏

针对 II 级发育水平的游戏面向二年级和三年级的学生。

稍稍修改后，你也可以尝试让 III 级发育水平的学生玩这些游戏。

拉斯维加斯健身

这是一个激励活动，特别适合作为 5 分钟的热身程序。让学生围成一个大圆圈，选出一名学生去滚一个大泡沫骰子。每个数字（1~6）代表一个不同的练习。

1. 在健身房里跳来跳去
2. 俯卧撑或特定姿势俯卧撑
3. 纵跳
4. 抬起脚趾
5. 海豹行进几秒
6. 仰卧起坐

在第一个学生滚完骰子并选择练习之后，让学生将两个骰子滚动两次，以确定全班要执行的重复次数或秒数。在完成第一个练习的重复次数后，选择另一个学生来滚动骰子，确定练习和重复次数或秒数。

健身猜谜

这是一个很好的热身活动，可以取代老旧队形的健美操。让学生围成一个大圆圈。首先，选择一个健身猜谜者，让他离开健身房或离开圆圈，闭上眼睛。现在选择一个健身领队，他将改变练习，每 10~15 秒在大家面前比划一个新的练习。把猜谜者带回来，让他睁开眼睛，并回到圆圈中间。全班开始练习，猜谜者必须尝试指出健身领队是谁。留意哪些学生还没有机会成为健身猜谜者和领队，并保证他们将在接下来的几节课中得到这样的机会。

周而复始

尝试这个有趣的热身活动。将全班分成几个圆圈，每个圈 7 或 8 个学生。在每个圈子中，给每个学生分配一个 1 和 8 之间的数字。让学生花几分钟去决定作为个人要执行的一个练习或体育动作。然后让学生向全班展示其选择，从1号开始按顺序进行。其他学生在自己小组的圈子里慢跑。当学生听到自己的号码时，首先要执行自己组内上一个学生刚刚完成的动作，随后执行他自己的个人练习。其他所有人都继续慢跑。开始这个游戏的学生可以重复你首先示范的练习。

❤ 找朋友

这是一个很适合在学年开始时进行的活动。让学生分散在整个游戏区。选择两个学生作为"它"，并让他们穿上彩色球衣。解释："在听到信号'开始！'时，'它'选择一个1~5的数字，并大声地说出数字，告诉你有多少学生应该手牵手成为一个小组。例如如果喊出的数字是4，通过牵手形成4人小组。'它'试图追拍任何没有进入小组的学生。在喊出数字后就可以马上开始追逐。最早被拍到的2个学生成为新的'它'。一旦进入一个小组，就应该握手并彼此进行自我介绍。这个游戏称为'找朋友'，因为在班上的每个人都是一起工作和玩耍的朋友。"

❤ 踢球

儿童在体育馆内被分为6组或7组。每组都有2个直径8.5英寸（22厘米）软垫球，还有1个靠着墙放的球门，由间隔约6英尺（1.8米）的2个训练锥标示。每组使用不同的颜色和1个10英寸（25厘米）的标记锥。在体育馆的中间，大约15个塑料帽锥排成一排，编号为1~15。你还需要1台音乐播放器。

在听到信号"开始"时，来自每一队的第一个学生尝试从离球门10~12码（9~11米）的线上射门。踢球的学生也会为下一个玩家把球捡回来。射球进门得分的学生跑到体育馆的中间，将其彩色标记锥沿着

编号的塑料帽锥推进一级。然后，当播放音乐时，所有学生在体育馆中找到一条线，并在线上执行滑雪步（双脚一起从一侧短跳到另一侧）（通常为10~15秒）。当音乐停止时，他们回到自己的球队中，并继续轮流射门。在整个游戏中或每3分钟左右播放一次音乐。

调整：在球门的每个角落放一个保龄球瓶。击倒一个瓶的学生将其在健身馆中间的标记锥推进2级。

❤ 圆形循环

向学生解释，这个游戏将以类似于慢跑的方式提升强度。通过提高他们的心率，学生们正在加快其血液循环。要求学生在游戏前、游戏期间和游戏后测量自己的心率。

让全班在塑料保龄球瓶周围形成一个大圆圈。将圆圈划分为相等的两半，称为A队和B队。每队的学生从1开始报数，那么每个人都与另一队的某人数字相同。开始游戏，要求大家围绕圈子走动。几秒后，喊出一个数字。解释："两位具有相同数字的学生跑出来，试图拿走塑料保龄球瓶，然后跑回到圈子的任何地方，并且要避免被另一个人追拍到。如果一个学生成功了，他那一队得到2分。如果拿到保龄球瓶的学生在回到圈子之前被另一个学生追拍到，那么成功追拍到别人的学生将获得1分。在这个过程中，其他学生继续绕着圆圈走。"

为了增加多样性，每轮都要改变移动作（例如步行、慢跑、边走边跳、跳跃）。或者喊出简单的加减问题，答案就是要执行任务的人的数字（例如，喊出3+2，则5号学生必须尝试去拿保龄球瓶）。要求学生在课程进行到一半时和课程结束时检查自己的心率，然后比较两个结果。指出他们围绕圆周的运动类似于血液在他们的身体中流通，并且锻炼可以改善血液循环。

热闹的呼啦圈

讨论锻炼有助于降低坏胆固醇（LDL）和提高好胆固醇（HDL）的事实。将全班划分为4个人数相同的组，并且每个组都站在游戏区域的一个角。在每个角放置一个呼啦圈，还有5个豆袋和5个网球。将豆袋标记为LDL（坏胆固醇），并将网球标记为HDL（好胆固醇）。说："在听到信号'开始！'时，跑到另一个组的角落，拿起尽可能多的网球（好胆固醇），并把它们带回自己的角落。同时，尝试从你的角落清除豆袋（坏胆固醇），并将它们放到另一组的呼啦圈里。但是一次只允许拿着一个网球或豆袋。不允许守住自己的角落或从其他学生手上抢网球，当别人将豆袋放在你的角落时，不允许干扰。"2~3分钟的时间后，喊出"不许动！"拥有最多好胆固醇（HDL）和最少坏胆固醇（LDL）的一组是获胜者。解释："运动有助于积累好胆固醇（HDL），并减少坏胆固醇（LDL），如果你不运动，并且吃太多的脂肪，就会积累坏胆固醇。"

三角追

将学生分成4人一组。让每个组中的3个学生手拉手组成一个三角形。这3人中有1个是"它"。三角形以外的学生也是一个"它"。解释："在三角形外面的'它'尝试拍到在三角形中的'它'。三角形中的学生在被追逐的过程中必须始终一起保持三角形的状态。"学生轮流担任"它"，直到所有人都轮到过。你可以改变活动——例如，三角形的学生可以单足跳、快步走、踮脚尖跑或跷起脚尖跑。在活动结束时，指出全班每个人都在这个游戏中执行了7~10分钟健康的剧烈体育活动。提醒他们，每天总共要进行30分钟体育活动。问："今天下课后你们要做什么体育活动？"（给几分钟时间让大家进行这个重要的讨论）

健身追拍

让学生分散在整个游戏区。选择6个"它"。每个"它"穿一件不同的运动衫，并带着一个表示心脏疾病风险因素的标志，上面有一个练习名称。

- 吸烟：卷腹（10秒）
- 不活动：慢跑（10秒）
- 高胆固醇：坐位体前屈（每条腿5秒）
- 高血压：纵跳（5次）
- 肥胖：正步走（10步）
- 糖尿病：开合跳（5次）

被追拍到的学生必须停下来并执行分配给风险因素的练习，然后继续玩。3或4分钟后，更改追拍的人。如果学生记不住每个风险因素的练习，请在运动衫上贴上一张卡片，其上有风险因素的名称、练习的名称、练习的重复次数或持续时间。

抓住龙尾

这是一个很好的活动，可以帮助让全班同学的关系变得更紧密。将学生分成7人或8人一个组，并让每个组站成一条直线，牵着手。排在最后的一个人要在腰带后面上塞一条围巾。围巾应至少落在腰部以下18英寸（46厘米）处。说："在听到信号'开始！'时，排在最前面的学生试图抓住最后一个学生，要抓住龙的尾巴，并且要保持队形。"轮转位置并重复活动。作为结束的活动，尝试将全班排成一队。强调在这个游戏中需要团队精神与合作才可以成功（准备一些弹性腰带，给衣服上没有腰带的学生用）。

疯狂的训练锥

训练锥的数量要比上课学生的人数多10个，并将训练锥分散在整个游戏区中。弄倒一半的训练锥。将全班分成两个组：伐木工人组和农民组。解释："当音乐开始时，伐木工人试图击倒立着的训练锥，而农民则试图扶起倒下的训练锥。1分钟后，我们将调换角色并重复活动。"

调整：要求伐木工人用不同的身体部位（例如，膝盖、肘、脚）击倒训练锥。如果没有足够的训练锥，请使用塑料牛奶罐或2升装的汽水瓶。

♥ 螃蟹和鲶鱼

向学生解释：螃蟹和鲶鱼是清道夫，它们吃掉在海底的任何东西。将全班分成4组，2组标记为螃蟹，另外2组标记为鲶鱼，并让他们分别站在体育馆或球场区域的4个角落。在每个组的位置放一个大呼啦圈。在整个开放空间区域（海洋）散布豆袋和塑料冰球。在听到信号"开始"时，所有的学生（螃蟹和鲶鱼）都在海洋中移动并收集他们的食物。

螃蟹以蟹行方式移动。当他们收集到一块食物时，要把它放在自己的腹部，并回到自己的呼啦圈处。鲶鱼采用手脚并用的熊步来移动，并且臀部要略微抬起。鲶鱼把食物放在自己的背上，并回到自己的呼啦圈处。

学生在每一轮只能收集一份食物。在1分钟结束时，每组的学生都记录他们积累的豆袋或冰球数量。将两组鲶鱼的数字加起来，两组螃蟹的数字也相加。现在让学生改变角色：鲶鱼成为螃蟹，反之亦然，然后进行下一轮游戏。在两轮之间至少等待1分钟。向孩子解释这是一个有趣的游戏，他们的手臂和肩膀也会得到很好的锻炼。

针对 III 级发育水平的游戏

针对 III 级发育水平的游戏面向四年级～六年级的孩子。在整个游戏过程中继续强化与健康相关的健身理念。

♥ 解不开的结

这个活动培养小组解决问题的技能，并可以提高柔韧性。

图 12.3 解不开的结

将全班分成几个圈子，每个圈子5~7人，肩并肩站在一点。让每个学生伸出手去抓住圈子中其他学生的手，如图12.3所示。学生不能握住同一个人的双手，也不能握住在其位置的左边或右边的学生的手。让学生们把手伸进圈子里，提醒学生不要松开手。此外，警告他们要小心，不要扭伤另一个学生的手腕或肩膀。

体育阵容 ♥

上课前，在运动场附近设计好一条迷你循环训练线路。将全班分成两个小组。让防守队打传统垒球的防守位置，为进攻队指定击球顺序。说："在每局进攻之前，进攻队必须计时完成迷你循环训练线路。轮到自己的时候，要踏上本垒板，并用Nerf塑料球来投球、踢脱手球或踢定位球；然后跑完所有四个垒，中间不停止。防守队的工作是在接球或捡球的队员后面排队。然后，排在最前面的队员开始头顶传球，直到球到达最后一名队员，后者必须跑到队伍的前面，然后，每个人都可以坐下。在防守队伍完成排队之前，跑垒者每成功通过一个垒就得 1 分。"在第一支进攻队的每个球员都上过场之后，让学生改变角色。

调整：使用其他运动技能，如踢足球、击打球座上的 Wiffle 球或橡胶球，或排球的发球。

循环训练线路

1. 在垫子上做卷腹（15 秒）

2. 俯卧撑（15 秒）

3. 跳绳（15 秒）

4. 在右边场地中慢跑到大树并跑回来（总共约 100 码或 91 米）

5. 使用拉力器完成 3 次臂弯举（颜色选择：黄色、绿色、红色）

❤ VBS（排球、篮球、垒球）

这个游戏需要 6~8 个排球、6~8 个网球、6~8 个篮球、4 个垒和 1 个篮球架。在体育馆中的垒球场进行该游戏，本垒板直接放在篮球架前面。

让防守队打传统垒球的防守位置。为进攻队指定击球顺序。解释："轮到自己的时候，要踏上本垒板，正确地用排球发球；然后跑完所有的四个垒，中间不停止。防守队的目标是接住球，按任何顺序扔到任何两个垒，然后扔回给在本垒板的接球手。然后，接球手必须在跑垒者回到本垒之前尝试直接投篮得分。如果接球手不成功，跑垒员得分。如果接球手及时投篮得分，如果攻方发球出界，或者守方在球落地前接到球，那么攻方队员出局。"

要求学生每局让对方两名或三名队员出局。每局都轮转防守位置，让每个人都有机会练习防守技术和上篮。为了保持每个人的活跃度和参与，让队员等待上场时在运动场的旁边执行一系列相关的不同技能训练——例如，排球（接球和举球）、垒球（用网球接球和掷球）或篮球（胸前传球和击地传球）。

调整：在接球手成功上篮之前，跑垒者每跑过一个垒，攻方得 1 分。

足球高尔夫挑战 ❤

这个游戏需要 2 个训练锥、3 个保龄球瓶、1 个大垃圾桶、1 个呼啦圈、1 个曲棍球球门、1 个纸板盒，以及每个学生 1 张索引卡和 1 支铅笔。将学生分成 3 人一组。其中一组的每个学生都有一个足球，从图 12.4 所示的站点 1 开始。说："记住在每个

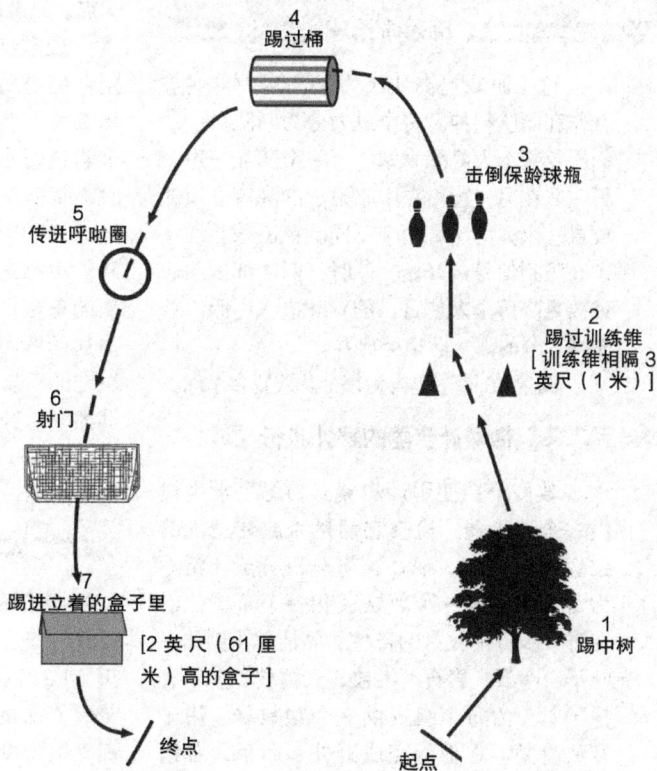

图 12.4　足球高尔夫挑战的站点设计

洞（站点）完成任务总共踢了多少下。完成每个站点的任务之后，将数字记录在索引卡上。如果没有在踢5下之前完成任务，记分为6，并继续到下一站。尝试提高自己的个人最好成绩。"当第一组完成第2站时，下一组开始。你甚至可以选择让班上的一小部分学生玩这个活动，而班上的其余学生在邻近的场地上进行足球比赛。

以下是一种可能的站点设计，站点之间应该相距30码（27米）。

1. 把球踢向树。

2. 踢球，让球在相距3英尺（1米）的两个训练锥中间通过。

3. 踢球去击倒保龄球瓶。

4. 把球踢进侧放在地上的大垃圾桶。

5. 将球传进呼啦圈。

6. 将球射进曲棍球球门。

7. 用脚踢起球，使球进入纸板箱。

降落伞抢球

这个游戏提高肌肉力量和耐力，促进合作和团队精神。将全班划分为两队，让他们围着一个大降落伞站立，一个队在一边，另一队在另一边。在中心附近的降落伞顶部放置一个大内胎和两个不同颜色的球。说："在听到信号'开始！'时，两队都试图通过摇晃降落伞来使自己的彩球进入内胎。首先得3分的那一队赢得比赛。"

调整：在降落伞内为每个队放置多个球。

带着计步器的野外步行

教孩子们使用计步器。为每个学生提供一个计步器，检查它们是否放在正确的位置并固定好。现在，将全班分成4组。为每个组提供一个剪贴板和一个希望他们在野外步行中收集的自然物品清单（例如，叶子、卵石、岩石、嫩枝、大树枝、杂草、橡子）。为每个组提供一个塑料袋，用于存放物品。在他们完成野外步行后，各组应该到指定区域报到。学生记录其个人步

数，然后将所有4个学生的步数相加，计算出该组的总数。现在让他们把这个数字除以4，得到每个学生的平均步数。一定要设置边界，并且在野外步行的全过程中，始终保持所有学生都在清楚的视线范围之内。这是一个很好的活动，可以整合数学技能，欣赏自然，并与朋友一起享受体育活动。

健身棋

这个游戏培养团队合作、数学技能和一般身体素质。设计一个大型的游戏板或多块8.5英寸×11英寸（216毫米×279毫米）层压卡，放在球场区域的中间，排列成矩形。你将需要大约30块层后，将它们标记为1~30。在每块卡上写一个练习（例如，开合跳、半蹲、深蹲跳、仰卧起坐）。在几块卡上写上一些说明，如回退两个点，前进3个点，以及按骰子上数字的两倍执行等。

现在把全班分成4个队，并让他们分别在健身房的4个角落，旁边有一个大训练锥和一个呼啦圈。每队都有1个骰子和1个彩色的小标记锥。在听到信号"开始"时，每队中的第一个学生掷骰子，然后跑到球场的中间，根据骰子上的数字，将本队的小标记锥推前几步。然后学生回到本队的角落，全队一起执行标记锥所在点上描述的练习活动，完成由骰子上的数字所决定的重复次数（1~6）。然后下一个学生掷骰子。让他们继续，直到每个学生都至少轮过了1次、2次或3次。首先完成两周矩形的那一队获胜。

计时跑

为了帮助学生在长跑时更加注意节奏，设计一条穿过学校和操场区域的0.75~1英里（1.2~1.6公里）的跑步路线，放置一些带有箭头的大训练锥来指示方向。确保地面平坦，并清除任何障碍物。在开始之前，让学生估计他们完成整条路线的时间，并

将它写在自己的索引卡上。向他们解释这条路线，以便他们了解距离有多远。每组10~15名学生，两组的出发时间相隔30~40秒，以避免路线拥塞。用秒表为学生计时。最接近预计时间的学生获胜。

♥ ══════ **益心彩票** ══════

在普通的白纸上写下各种有益心脏健康的食物（例如，胡萝卜、酸奶、糙米、鸡肉、火鸡、低脂牛奶）。在两张纸上写下垃圾食品（例如，糖果、饼干、薯片、芝士汉堡）。将纸片团成单独的球并将它们放在盒子中。让每个学生选择一个纸球，并开始在圆圈中慢跑。解释："在听到信号'益心彩票！'时展开自己的纸球，并读出食品名称。拿到垃圾食品的学生是'它'，并试图追拍其他学生。如果你被拍到，就不许动，并且要大声说'我有益心脏健康！'另一个学生过来，和你一起执行10次开合跳，从而从你的身体中清除掉垃圾食品。当你执行开合跳时，你是安全的，不能被拍。"每两三分钟开始一轮新的游戏。在游戏开始和结束时强调有益心脏健康的食品和不健康的食品之间的区别。

♥ ══════ **呼啦圈运球** ══════

让学生配对并分散在游戏区中。每对学生有1个呼啦圈，将一条标准的跳绳绑在呼啦圈上。解释："一个学生以缓慢到中等的速度拖着呼啦圈在球场中走动，其合作伙伴在呼啦圈移动的时候尝试在呼啦圈的中心运球或拍球。

♥ ══════ **接球跑步** ══════

将学生分成8人一组。每组中有7个学生围成一个圆圈，用小训练锥或健身胶带进行标记。指挥第8个学生站在中间。说："先热身，围着圈子打排球，玩'球不落地'。接下来，围成圆圈的学生开始

沿着圆圈侧跨步移动，中间拿着排球的学生喊话，'接球跑步'。每当在圈子外的一个学生把球接回给中间的学生后，他要跑完整个圆圈再回到自己原来的位置。"

将更多学生增加到圆圈中，以保持练习不要中断。让学生计算他们组的成员接球跑步的次数。鼓励小组突破自己的最高分，而不是与其他组比赛。

小结

将活跃性游戏纳入体育课程中，可以通过令人愉快的方式去促进更高水平的体育活动。孩子们喜欢精心设计的动态游戏，并经常表示在和同学们一起玩时会很快乐。利用对游戏的这种自然的热情去教导孩子们体育锻炼的好处，并证明健身的乐趣，合作是团队的努力，而且我们可以在所有体育教学活动中包容每一个人。

为了最大限度地完善学生的学习体验，请记住本章讨论的适合不同发育水平的游戏的特点。避免那些淘汰参与者或者让孩子感到尴尬的游戏，还要避免活动水平较低的游戏。相反，合理地推广强度从中度到剧烈的体育活动，以实现你的课程目标。使用本章中描述的活跃游戏来补充你的课程，同时努力在体育课程中提高体育活动的合理强度水平。

第 13 章

舞蹈和节奏性活动

> 舞蹈是最高贵、最动人、最美丽的艺术，因为它不仅是生活的提炼或抽象，它更是生活本身。
>
> ——哈维洛克·艾利斯（Havelock Ellis）

舞蹈和节奏性活动自然地有助于小学体育课程实现平衡的目标。它们是培养运动技能、自我表达、创造力和美学欣赏能力以及提高体育活动水平的极佳方法。无论你是在教创意舞蹈、竹竿舞活动、降落伞舞蹈，还是踏板健美操，目的都是一样的：孩子们随节奏积极地移动。

舞蹈和节奏从根本上帮助孩子增强其自我概念，表达自己的感觉，并且了解自己身体的潜力。当然，舞蹈和节奏可以在儿童通过移动动作（如步行、跳跃、边走边跳）和通过非移动动作（如屈体、拉伸、扭转和摇摆）探索空间的时候培养身体意识。

教授各种舞蹈和节奏性活动是沟通文化的一个很好的策略。例如，如果有西班牙裔的学生，可以教各种拉丁舞的节奏。这将帮助这些学生在班里更容易适应环境。还有一个额外的好处，这将在这些学生中培养个人感情联系，将在整个学年中延续。但是，也要教一些美国民俗舞蹈，这样一来，来自任何文化背景的学生都会渐渐理解和欣赏这个国家的节奏文化传统。事实上，提供多种体验，鼓励学生欣赏其他文化和民族，能够促进他们之间更好地沟通和理解。

安全预防措施

在为学龄儿童计划舞蹈和节奏活动时，需要注意安全预防措施。首先，在每节舞蹈和节奏课上要包括适当的热身和放松活动。然后，允许课堂活动中安排间歇性休息，利用这些机会来强调舞蹈作为健康的体育活动的好处。

接下来，避免导致任何关节过度伸展的动作，因为这会对关节施加很大的压力。不要在一条腿上连续重复动作4次以上；而是至少每4拍改变一次动作。手臂、头部或腿部要避免任何快速起伏的动作，这可能会在高级舞步之间的过渡中造成肌肉劳损，并且在改变方向之前可能需要完成一系列动作。此外，重要的是避免包括躯干前屈的动作，这可能会对下背部施加过度的压力。

在使用交叉步的舞蹈动作时要谨慎，因为这可能对旋前肌施加压力，这些肌肉在交叉的负重阶段会紧张。确保学生在进行各种舞蹈运动时保持适当的姿势和身体对齐，以避免结构不平衡。开始阶段，在没有音乐的情况下以缓慢的速度教舞蹈，并逐渐提速到正常水平，从简单到复杂。

在每节课前提前告知学生穿着适当的

服装。不要允许孩子佩戴任何类型的首饰，并坚持要求他们穿一般的综合训练鞋，以提供支撑，并且要穿适当的袜子，以吸收汗水和提供支撑，同时减少在舞蹈和节奏活动期间双脚受到的摩擦。不要让儿童穿跑鞋，因为这种鞋会限制横向运动，并可能导致踝部或膝盖受伤。

规划适合发育水平的活动

为了确保安全和享受，最重要的一种方法是以适合发育水平的方式引入舞蹈和节奏活动，类似于课程的其他方面的做法。研究本章中针对3种发育水平的活动，以辨别哪些类型的舞蹈和节奏活动是适当的，并且可以激励每种水平的学生。

我设计了本章中的活动并已在现场实践过，以确保它们是友好且适合发育水平的。在你的课程中使用并调整这些简单的说明。请记住，你不必成为舞蹈教练也可以将节奏活动融入你的体育活动计划！

针对1级发育水平的舞蹈和节奏性活动

为了在课程中加强节奏感的培养，并不一定需要音乐和舞蹈。

边走边跳、跳跃、掷球——大部分大肌肉运动本身都有一定的节奏，为节奏运动的初始体验提供了基础。

对于这个级别发育水平的孩子，要强调他们在空间中移动、探索变化，并通过移动动作和非移动动作培养身体意识。为了展示儿童生活中的体育活动如何有趣，在这个级别的课程中可以使用彩带、呼啦圈、卢米（Lummi，美国北部印第安人的木棍游戏）棍、魔杖和球来融入创意舞蹈、唱歌游戏和节奏活动。

▬▬▬ 跟随节拍 ▬▬▬

此活动培养与节奏、拍子和基本移动技能相关的表达能力。向全班学生解释，他们将按鼓点的节拍移动。允许学生根据自己对节拍的理解（强、弱、快、慢，均匀的节奏或不均匀的节奏）来决定如何移动。这里有一些建议：

1. 按均匀的4拍节奏击鼓。
2. 轻轻地击鼓4次。
3. 重重地击鼓4次。
4. 结合轻和重的节拍。
5. 让学生按照鼓的节拍移动，每1个节拍（甚至4个节拍）走1步。
6. 让学生按照不均匀的节拍移动。
7. 让学生按较快的节奏移动（改变节拍）。
8. 让学生按较慢的节奏移动。
9. 使用4拍节奏，让学生每一拍都用手臂和腿做出各种快速、笨拙的动作。
10. 让学生按照鼓点节拍以各种方式移动（例如，用脚跟行走、踮脚尖行走、侧跨步、走正步、爬行动作）。

▬▬▬ 周日之旅 ▬▬▬

这个创意活动是戏剧版本的周日之旅，使用体育活动来提高自我表达和运动技能。告诉全班将在周日去乡间旅行。给每个学生发一条在恶劣天气时用得到的围巾（要求他们将围巾塞在口袋里）和一个圈（用作汽车的方向盘）。使用以下对话或编排类似的说明："用你的圈开车，在整个游戏区域中快步走。现在把你的圈放在地板上。好，这是一趟长途旅行。我们来拉伸一下。站在你的圈里，让自己显得尽可能高。"继续说：

让自己尽可能变小。

让自己尽可能变宽。

让我们把车停在这里，去乡村里徒步旅行。

告诉我如何走上山……下山。

如果你背着一个很重的背包，你会怎么走？

让我们休息一下，吃点小吃，喝点水。

你会吃什么食物？坚果、香蕉、胡萝卜……很好！

好的，让我们继续走吧。

天气开始变冷了。每个人都把自己的围巾包在头上。

在寒冷的日子里，你会怎么走？

你能感觉到刮风吗？在寒冷且刮大风的日子里，大风吹得脸都痛的时候，你会怎么走？

伸出一只手，看看有没有雨滴。是的！开始下雨了。让我们去那个洞穴（在健身房的角落竖起来的垫子）！

大家都在这里吗？好，让我们等到雨停。

看，有一道彩虹！你看到了什么颜色？

好吧，现在太阳出来了。让我们继续走。

看看在微风中轻轻摇摆的树。

让我们假装自己是树。我们的手臂和手指是在微风中摇曳的树枝。

让我们开始走回汽车那儿。小心点。

让我们用力跳过水坑。

看，有一只兔子在草地上跳来跳去。

每个人都尝试模仿兔子跳过草地。

好的，我们回到自己的车里。每个人都找到自己的圈。

发动引擎。让我们开车回家吧！

这是一趟快乐的乡村周日之旅！

节奏彩带

这种节奏活动可以加强操作技能并塑造体形，同时培养手臂和肩部的肌肉耐力。给每个学生一条彩带，让学生分散在游戏区，提醒他们留在自己的个人空间并面对着你。鼓励学生在挥转彩带时与音乐的节奏相配合（见图 13.1）。

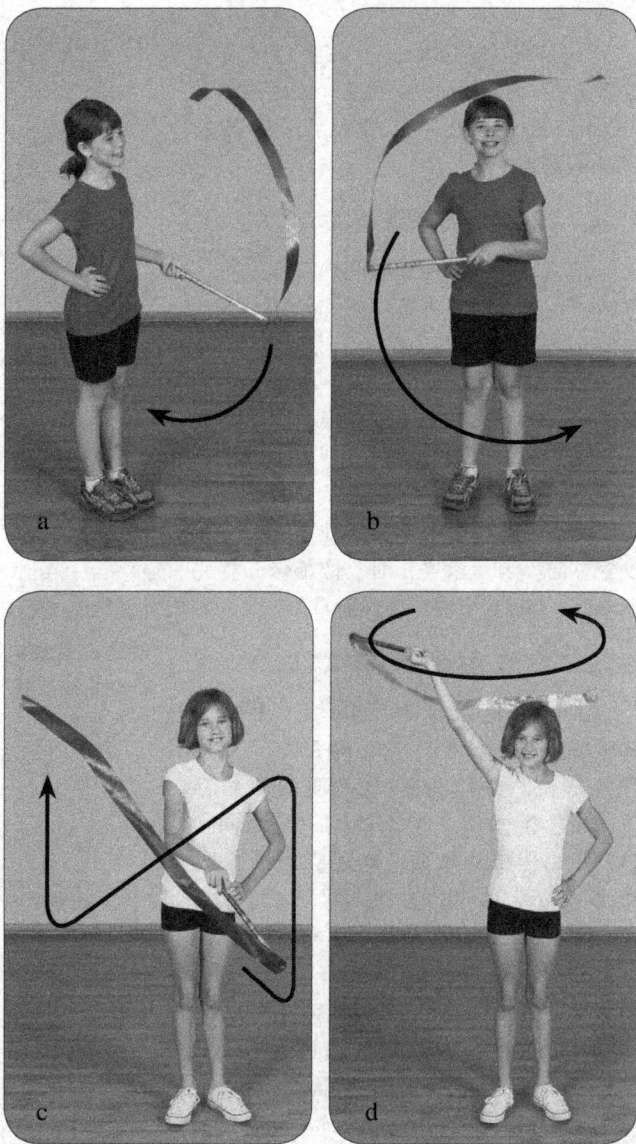

图 13.1 节奏彩带

4拍节奏建议：

左侧划圈（4次；见图13.1a）

右侧划圈（4次）

用左手在前面划圈（4次；见图13.1b）

用右手在前面划圈（4次）

划8字（4次；见图13.1c）

左手做头顶套索动作（4次）

右手做头顶套索动作（4次；见图13.1d）

重复

一旦学生熟悉这个程序，就改变动作。对于音乐，请使用凯蒂·佩里（Katy Perry）（Capitol Records 唱片公司出品）的歌曲 *"Firework"*。

━━ 冻姿舞 ━━

这项活动鼓励在短时间内持续进行体育活动，从而培养决策技能和敏捷性。让学生分散在游戏区域。鼓励学生配合 *"Turn the Beat Around"*（Gloria Estefan, Epic Records 唱片公司出品）这首歌的节奏，使用他们选择的任何移动动作（步行、跳跃、边走边跳、跳步）在整个游戏区域移动。解释："听到我击鼓（两下快速节拍），改变方向。当音乐停止时，像雕像一样完全不动，并保持5秒。"然后重复。

━━ 老麦克唐纳 ━━

尝试为这首经典旧歌填写积极、健康的新歌词。使用它来帮助孩子识别身体部位，并作为一个有趣的热身活动。让学生围成一个大圆圈，并面向中心。使用传统的歌曲"老麦克唐纳（Old MacDonald）"，并重新填上歌词，如下。

Old MacDonald had a healthy body, E-I-EI- O. And on his body he had healthy arms, E-I-E-I-O. With a bend, bend here and a bend, bend there, here a bend, there a bend, everywhere a bend, bend, Old MacDonald had healthy arms, E-I-E-I-O. Old MacDonald had a healthy body, E-I-E-I-O. And on his body

he had healthy legs, E-I-E-I-O. With a march, march here and a march, march there, here a march, there a march, everywhere a march, march, Old MacDonald had healthy legs, E-I-E-I-O. Old MacDonald had a healthy body, E-I-E-I-O. And in his body he had a healthy heart, E-I-E-I-O. With a jog, jog here and a jog, jog there...

针对 II 级发育水平的舞蹈和节奏性活动

对于这个级别的学生，可以引入移动动作和非移动动作的简单组合。但是，确保组合中不超过3种不同的运动技能。引入包括个人、合作伙伴、小组和全班体验的各种活动。尝试如竹竿舞、降落伞舞蹈、富有表现力的舞蹈动作、跳绳、简单的民间舞和基本的舞步等活动。

━━ 小鸡舞 ━━

让学生分散在游戏区，面向你。首先，练习歌曲"小鸡舞（The Chicken Dance）"的动作。对学生描述并示范动作："开始时，手指和手上升到肩膀高度，然后做4次拍翼，即双臂抬起，肘部弯曲，并上下运动。现在大家做4次摆动，并且保持膝盖弯曲和背部弯曲，轻轻地摆动腰部和躯干。最后，站在原地做4个拍子。我们将重复这4个动作3次。"在第三次完成这些动作之后，让学生找到一个合作伙伴并握着手，步行16步，或者绕着圆圈边走边跳，逆时针移动。

━━ 加州梦 ━━

这个节奏活动包括步行、慢跑、侧跨步、手臂动作和表现动作。开始时，让学生排成一行。

加利福尼亚孔雀步

（歌曲 *"California Dreamin"*，Mamas and 和 Papas 乐队演唱，Capitol Records 唱片公司出品的单行列舞蹈）

- 向前走（4步）；拍手。
- 向后走（4步）；拍手。
- 右侧跨步（4步）；拍手。
- 左侧跨步（4步）；拍手。
- 原地慢跑（16步）；拍手。
- 重复这个顺序。

冲浪好手

（歌曲 "Surfin' U.S.A.," The Beach Boys 乐队演唱，Capitol Records 唱片公司出品）

让学生分散在游戏区域。告诉他们假装自己都在冲浪板上（见图 13.2）。通过带领与全班一起做动作。

- 给假想的冲浪板打蜡。
- 跳上你的冲浪板。
- 弯曲膝盖，以降低身体。
- 向右倾斜。
- 向左倾斜。
- 冲浪时将重心放在右腿……现在重心换到左腿。
- 在健身房里移动，假装在冲浪。
- 跳下冲浪板并游泳。
- 自由泳，仰泳，和蛙泳。
- 重复游泳动作。
- 最后，跳上跳下，并在水中溅出水花！

图 13.2 冲浪动作

大家一起来跳康茄舞

这个活动强调拉丁节奏，以及步行和改变方向。让学生排成两行，各自将手放在前一个学生的肩膀上。使用歌曲 "Conga" 和 "Rhythm Is Gonna Get You"（Gloria Estefan 乐队演唱，Epic Records 唱片公司出品）。解释舞蹈："当音乐开始时，每个人都从右脚开始，并一起走。走3步，左脚踢1下。走3步，右脚踢1下。向左走3步，然后向右走3步。在听到信号'变'时，每个人都转身，走向相反的方向。继续保持康茄舞队列，现在，最后一名学生成为领队。"最后全班排成一行，结束活动。让学生离开健身房，并在校园里跳康茄舞，小心不要打扰其他班上课。

墨西哥帽子舞

在这种舞蹈中，学生学习跟着音乐节奏跳拉锯舞（La Raspa）的舞步。让学生围成圆圈，抓着一个大降落伞。解释拉锯舞的舞步："左脚单脚跳，同时右脚的脚跟着地，脚尖翘起，快速地跨步。右脚单脚跳，左脚的脚跟着地，脚尖翘起。左脚单脚跳，右脚的脚跟着地，脚尖翘起，并保持。所以是左—右—左和保持。下一轮拉锯舞步是右—左—右和保持。"让学生在原地执行8个拉锯舞步。在副歌部分，让学生逆时针慢跑，用左手抓住降落伞。重复，改变在每个副歌部分的移动动作（例如边走边跳、跳跃、跳步）。在歌曲结束时，让每个人都将举起降落伞，走到中心，做成一朵云。

竹竿舞

有种名为"禾花鹊"的鸟养成了一种奇怪的习惯，跳一下就踢一下它的腿，以免被沼泽地的杂草缠住。竹竿舞的舞步就是复制了这种鸟的动作，可以增强敏捷性和节奏感。将学生分成4个小组（2组跳舞，2组敲竹竿），让学生分散在游戏区。告诉敲竹竿的学生跪下，拿着2根7~8英尺（2.1~2.4米）的竹竿（直径3英寸或7.6厘米），竹竿分开约15英寸（38厘米），将2根竹竿放在2个木制架子上，架子的大小为2英寸（5厘米）×2英尺（61厘米厘米）。如果有需要，播放华尔兹，3/4拍。说："竹竿的运动在整个舞蹈中是一样的。敲竹竿的学生先让竹竿敲击架子2次；然后将2条竹竿滑动到一起并碰一下。"示范动作，并让敲竹竿的学生有足够的时间练习（见图13.3）。

图13.3 竹竿舞

解释并示范："身体的左侧对着竹竿，用脚尖在两根竹竿之间点地2次；然后弯曲那条腿，并保持。重复这个动作6次。然后先出左脚，跳入两根竹竿的中间，左脚落地，右脚随后进入竹竿中间并落地，然后用左脚跳出竹竿的另一侧。用相反的脚重复。"

让学生与合作伙伴一起跳舞，两人向着竹竿的相反方向移动，但一起跳进竹竿中间。在练习双人舞后，让跳舞和敲竹竿的学生调换角色。调整：可以将竹竿舞步修改为4/4拍节奏，竹竿打开两拍，并拢两拍（并拢，并拢，敲击，敲击）。也可以使用长橡皮筋来复制类似的舞步动作。

针对III级发育水平的舞蹈和节奏性活动

III级的特点是组合动作。若给予足够的练习时间，这个级别的学生可以学习高级的舞步，如藤步或二步舞。

大多数学生会愿意学习最新的舞蹈和较为传统的活动，如有氧舞蹈、踏板健身操和排舞 [如滑步舞（Electric Slide）和马卡丽娜（Macarena）]。

低强度有氧舞蹈

低强度，意味着有一只脚总是与地面接触，对关节施加较小的压力，并随着音乐节奏执行基本的舞步动作，从而产生连续的体育活动。让学生分散在整个游戏区，面向着你。一定要仔细选择舞蹈音乐的节奏。如果音乐节奏太快，学生会受到挫折并放弃；如果太慢，就无法达到理想的活动水平，学生将觉得无聊。以下准则将帮助你衡量适当的节奏。

·热身（3~5分钟）：120~125拍/分钟（BPM）

·主要活动（15~20分钟）：128~145拍/分钟（BPM）

·整理活动（3~5分钟）：120~125拍/分钟（BPM）

配合流行音乐编排以下基本舞步。保持舞步简单，随着学生获得经验和信心，在整个学年中逐渐完成完整舞步的编排。

热身舞步

1. 点步：首先将重心放在左脚，用右脚踏向侧面。左脚向右脚并拢，左脚的前脚掌接触地板。反方向重复。见图 13.4。

2. 后点步：首先将重心放在右脚，左脚的前脚掌接触后面的地板。用左脚侧跨一步。将右脚放到身后。重复。见图 13.5。

图 13.4　点步

图 13.5　后点步

3. 脚跟点步：交替脚跟在身体前面点地，保持膝盖稍微弯曲。重复。见图 13.6。

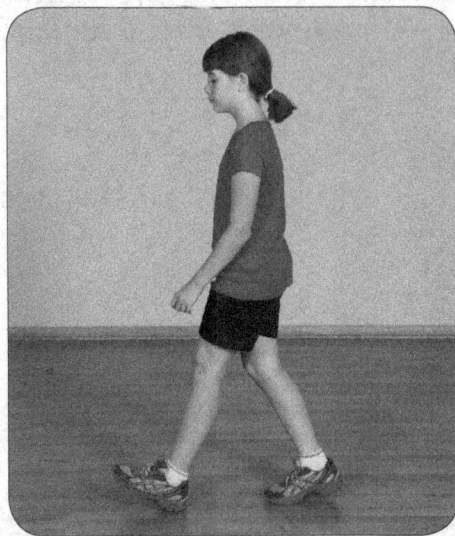

图 13.6 脚跟点步

舞步

1. 正步：抬起一只膝盖，使其平行于地板，脚趾指向下方，手臂与腿的摆动方向相反（当右膝盖向上时，左臂向上），保持头部和肩膀向后。见图 13.7。

2. 慢跑步：手臂保持在腰部水平，肘部弯曲，双手半握拳。脚跟接触地板，滚动到脚外侧，最后用前脚掌蹬地。 见图 13.8。

3. 屈膝点步：手臂伸向右侧，同时左脚向侧面伸出，膝盖弯曲。手臂在身体前面摆动，然后向左侧伸展，右脚向身体的一侧点地。见图 13.9。

4. 简单的藤步：右腿踏向右侧，双臂向肩膀弯曲。左腿向后一步，同时将手臂举过头顶。右腿向右一步，双臂向肩膀弯曲。左脚的脚跟向左侧地板点一下，同时将手臂举过头顶。

图 13.7 正步

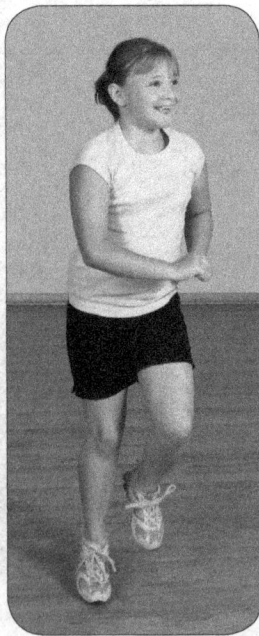

图 13.8 慢跑步

图 13.9 屈膝点步

图 13.10　简单的藤步

　　然后反方向重复。见图 13.10。

　　5. 交叉肘点步：右脚上前一步，抬起左膝，用右肘碰左膝。反方向重复。见图 13.11。

　　6. 踢踏步：用左脚跨一步；然后右脚踢一下，脚趾向下，保持双膝稍微弯曲。向两侧伸出双臂，肘部稍微弯曲。反方向重复。见图 13.12。

图 13.11　交叉肘点步

图 13.12　踢踏步

7.轻拍脚跟和打响指：左腿放在身后，右手摸左腿。现在，向外伸腿，右手打响指。反方向重复。见图 13.13。

放松

可以使用热身舞步来完成放松过程。

踏板健身操

踏板健身操是有氧舞蹈的修改版，通常被认为是低强度的。然而，其强度水平可能超过有氧舞蹈，因为学生在执行各种舞步时需要经常上下踏板。见图 13.14。

可以使用 118~122 拍 / 分钟（ BPM）的流行音乐或老歌。选择节拍清晰的歌曲。踏板台应为 6~8 英寸（15~20 厘米）高。出于安全考虑，我建议使用信誉良好的公司生产的踏板。

让学生考虑以下准则。

· 保持良好的姿势。

· 保持膝盖柔软（切勿锁定关节）和重心放在脚趾上。

· 保持臀部在髋部下收紧。

· 肩膀对齐髋部。

· 控制着力量轻轻地踏上踏板。

· 下来时要靠近踏板落地。

· 不要扭转或转动膝盖或承重腿。

· 做 3~5 分钟的热身和放松。

在学习以下指引时使用这些关键字：R = 右，L = 左。

1.基本的单侧引导步：在踏板前面开始，R 脚向上踏，L 脚向上踏，R 脚向下踏，L 脚向下踏，这是一个 4 拍，同时双臂伸直，在踏上去时向前出拳，然后在下来时收拳（见图 13.15）；重复，用 L 脚引导。

2.单侧引导，点上，点下：在踏板前面开始，R 脚向上踏，L 脚向上踏，L 脚向

图 13.13　轻拍脚跟和打响指

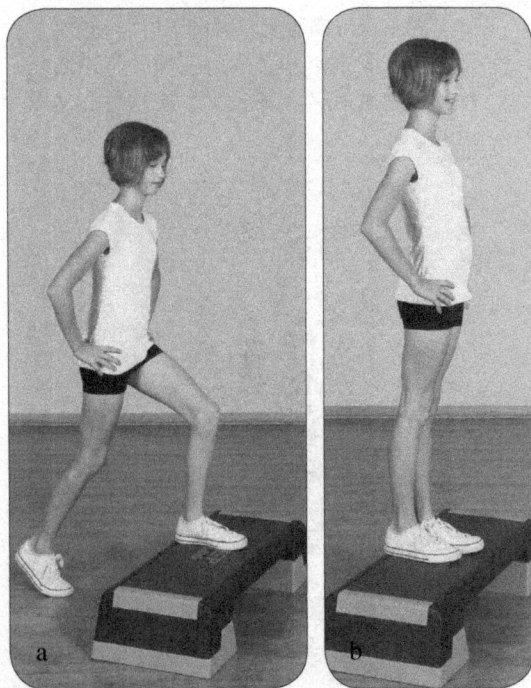

图 13.14　踏上踏板的技巧

下踏，R脚向下点一下，同时打响指，弯曲肘部，双手刚好在肩膀下方，这是一个4拍；重复，用L脚引导。

　　3.V步：在踏板前面开始，L脚踏上踏板，脚尖向外，R脚踏上踏板，脚尖向外，L脚下来，脚尖向前，R脚下来，脚尖向前，同时与前腿同侧的二头肌做弯举（见图13.16），这是一个4拍；重复，用R脚引导。

　　4.后踢步：在踏板前面开始，R脚向上踏，L脚向后踢，L脚向下放在地板上，R脚向下放在地板上，在做向后踢动作的同时双臂的肱二头肌都做弯举（见图13.17），这是一个4拍；重复，用L脚引导。

　　5.侧抬腿步：在踏板的一端开始，R脚向上踏，L脚侧抬腿，L脚向下放在地板上，R脚向下放在地板上，这是一个4拍；重复，用L脚引导（在侧抬腿时，抬起双臂，踏下来时，放下双臂，见图13.18）。

　　6.飞越巅峰：在踏板的侧面开始，L脚向上踏，R脚向上踏，L脚向下落在另一侧，R脚向下踏，这是一个4拍。手臂动作如下：第一拍，手肘向上；第二拍，交叉双臂；第三拍，手肘向上；第四拍，交叉双臂（见图13.19）。重复，用R脚引导。

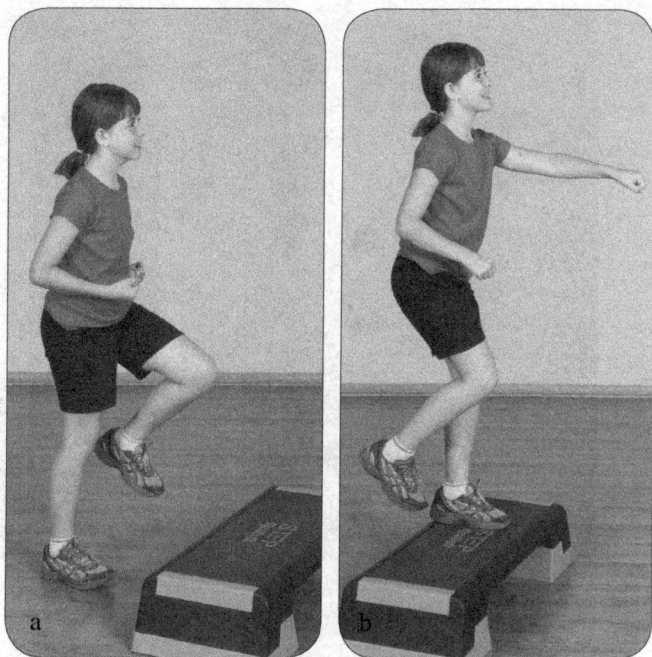

图 13.15　踏板台上的基本的单侧引导步

图 13.16　踏板台上的 V 步

图 13.17 后踢步加双臂肱二头肌弯举

图 13.18 踏板台上的侧抬腿步

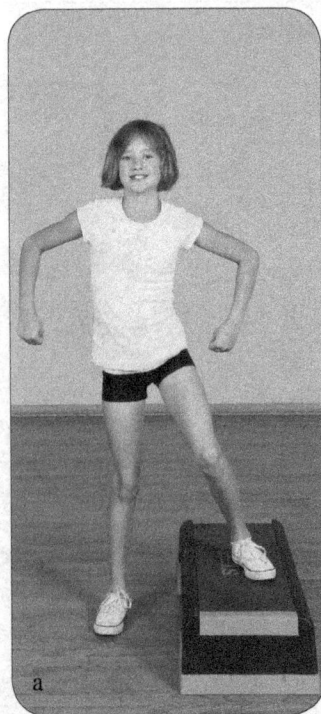

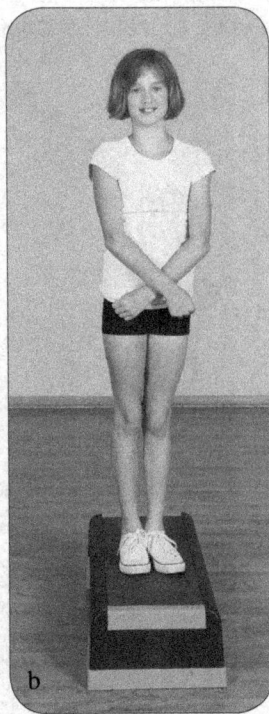

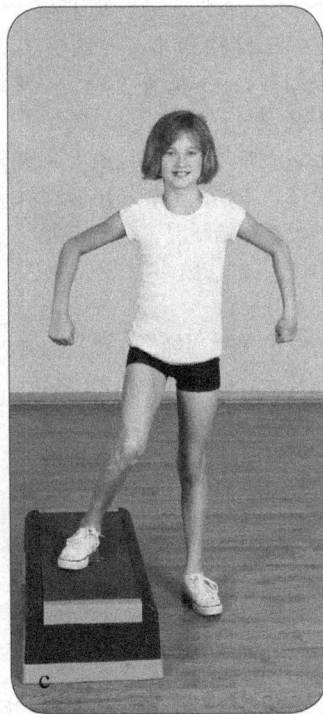

a

b

c

图 13.19 踏板台上的飞越巅峰

滑步舞

这是一种排舞，包括适度的体育活动和简单的舞步。播放歌曲 *"The Electric Slide"* 会有帮助。让学生排成 3 行，间隔约 3 码（2.7 米），面向着你。让他们首先双脚并拢，并且重心均匀分布在双脚上。

动作

1~4：　向右跨步，左脚并向右脚。
　　　向左跨步，右脚并向左脚。
　　　左脚的脚尖点地。

5~8：　从左边开始重复同样的动作。

9~12：用右脚引导，向后移动。
　　　左脚并向右脚。
　　　向右跨步，左脚的脚跟碰一下右脚。

13 和 14：重心在左脚，身体向前摆动，右脚在原地点一下，做挖掘动作（可以弧线摆动右臂）。在"挖"的时候俯身并触摸在左脚前面的地板上（膝盖弯曲）。

15 和 16：重心在右脚，身体向后摆动。

17 和 18：向左一步（1 拍）；向左转四分之一圈，右脚向前刷（2 拍）。

重复动作 1~18。

尊巴舞

尊巴是一种高强度的有氧舞蹈，融入了一些拉丁节奏和舞蹈动作。尊巴是比较容易学习的舞步，在慢、中和快节奏之间交替，从而在整套舞步过程中保持心率升高。萨尔萨舞（Salsa）、梅伦格舞（Merengue）和空比亚舞（Cumbia）是尊巴舞蹈模式中融入的传统拉丁舞蹈。尊巴属于一种间歇活动，因为整个舞步过程中会有快慢转变。

对于 III 级发育水平的孩子，首先使用简单的舞步和他们可能熟悉的由知名艺人演唱的流行音乐。随着孩子们变得更加自信和有经验，可以加入更高级的拉丁舞步和身体动作，并配合欢快的尊巴音乐。在你的下一节体育课上尝试这套初学者舞步。

热身

推荐歌曲：由夏奇拉（Shakira）演唱的 FIFA 世界杯官方歌曲 *"Waka Waka"*（*This Time for Africa*）

· 开始随音乐节拍走正步，12 步（见图 13.20a）。

· 主歌第 1 节

· 向左 2 步，同时将右臂拉到胸前（见图 13.20b）。

· 向右 2 步，同时将左臂拉到胸前（见图 13.20c）。

· 高抬腿正步，高强度；所有剩余的主歌小节和桥段（见图 13.20d）。

· 重复热身的舞步。

图 13.20　尊巴的热身舞步

主赛事舞步

推荐歌曲：Jennifer Lopez 演唱的 "*Let's Get Loud*"

· 向右 3 步；抬起左脚（见图 13.21a）。

· 抬起右脚（见图 13.21b）。

· 抬起左脚（见图 13.21c）。

· 在抬起每条腿时，双手握拳，然后将双臂拉至胸前。

· 向左 3 步；抬起右脚（见图 13.21d）。

· 抬起左脚（见图 13.21e）。

· 抬起右脚（见图 13.21f）。

· 在抬起每条腿时，双手握拳，然后将双臂拉至胸前。

· 主歌小节和桥段。

· 向身体左侧伸直双臂，左脚脚尖点地，然后放下双臂（见图 13.21，g 和 h）。

· 向身体右侧伸直双臂，右脚脚尖点地，然后放下双臂（见图 13.21，i 和 j）。

· 做 10 次髋关节旋转。

· 双臂在头部上方伸直，并且髋关节绕圈摆动（见图 13.21k）。

图 13.21 主赛事的舞步

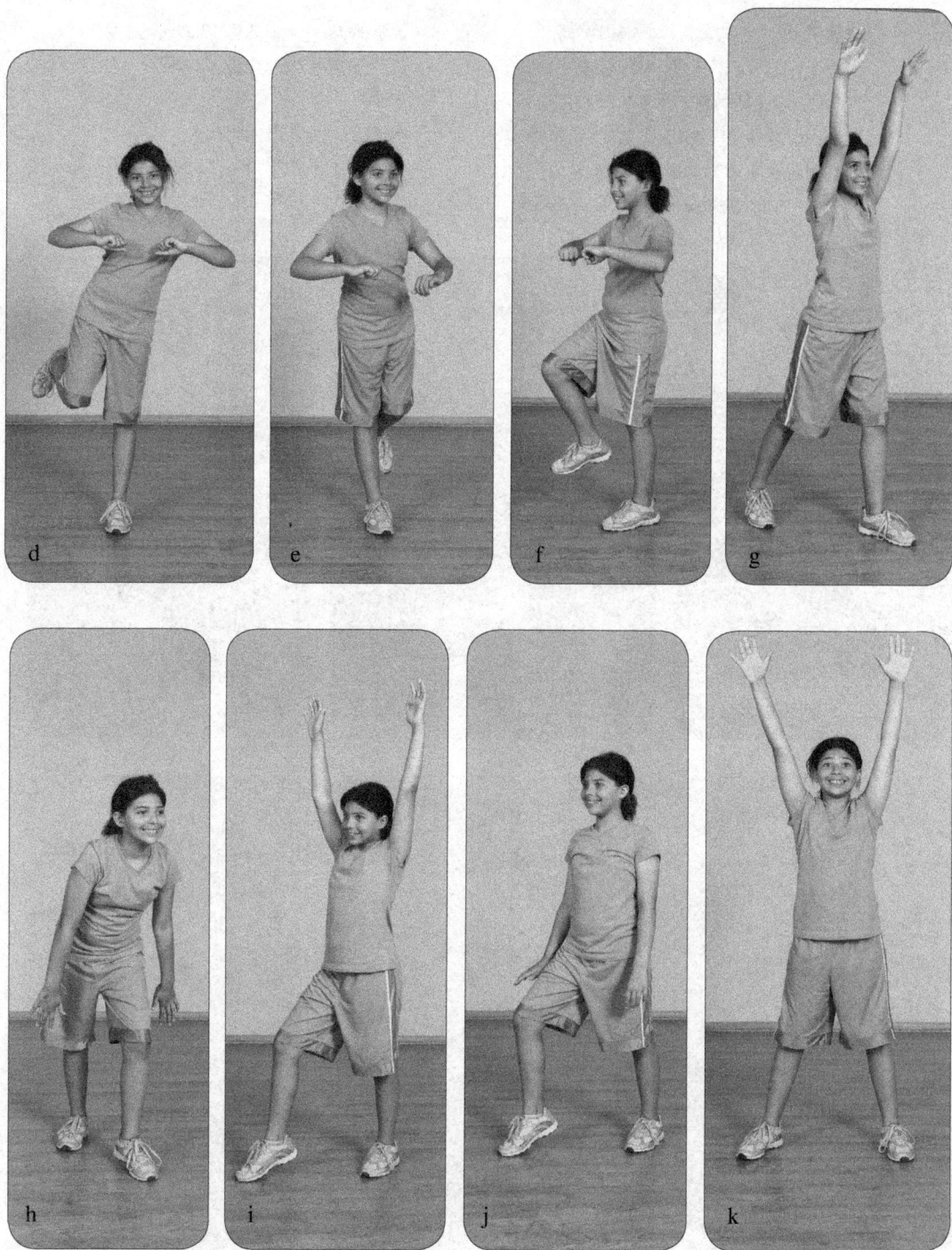

图 13.21　主赛事的舞步（续）

整理活动

推荐歌曲：Santana 的 "*Smooth*"

·面向左；右脚向前一步（见图 13.22a）。

·右脚向后一步（见图 13.22b）。

·右脚向前 4 次（见图 13.22c）。

·面向右；用左脚向前一步（见图 13.22d）。

·左脚向后一步（见图 13.22e）。

·左脚向前 4 次（见图 13.22f）。

·副歌。

·向左 2 步（见图 13.22g）。

·向右 2 步（见图 13.22h）。

·主歌小节和桥段。

图 13.22 整理活动

图 13.22 整理活动（续）

附加舞步

随着学生更熟悉尊巴，添加以下舞步：尊巴滑步舞（Zumba Shuffle）、梅伦格正步舞和空比亚舞。

·尊巴滑步舞：双脚与肩同宽站立，膝盖弯曲，手掌放在身体前面，左手掌心朝下，

右手掌心朝上。髋部向左摆动，同时将手指向右边。然后换另一侧，髋部向右摆动，现在右手掌心朝下，左手指向左边。向右侧重复此曳步 2 次，换回左侧（见图 13.23）。

·梅伦格正步舞：首先用小步幅在原地踏正步：右－左，右－左。脚的前掌（或跖球）应该先触到地板，然后降低脚跟。在放下一只脚的脚跟时，另一侧的髋部向外摆动。现在按正步的节奏向两侧摆动髋部。

抬起手臂至胸前。左臂向侧面伸直，并弯曲右肘。现在把右臂伸直并在身体侧面抬起，弯曲左肘。若要改变舞步，只需改变手臂动作或让孩子们向不同方向移动。

图 13.23 尊巴滑步舞

· 空比亚舞：空比亚舞步从双脚并拢开始，并且双臂在身体两侧，双肘弯曲。右脚在身后点一下，然后左脚在原地点一下。右脚回到起始位置，并在左侧重复相同的动作。在向后一步时，身体转向一侧。

马卡丽娜

这是一种源自西班牙的拉丁舞蹈。佛罗里达州迈阿密的教练们推广了这种在全世界流行的舞蹈。

让学生肩并肩排成3行，面向你。让学生随着歌曲"*Macarena Club Cutz*"（RCA Records 唱片公司出品）跳舞。

动作

1. 伸出右手；然后伸出左手，掌心向下（见图 13.24a）。

2. 右手掌心转向上；然后左手掌心转向上。

3. 将右手放在左臂上；然后左手放在右臂上（见图 13.24b）。

4. 将右手放在头后面。

图 13.24　马卡丽娜舞步

图 13.24 马卡丽娜舞步（续）

5. 将左手放在头后面（见图 13.24c）。

6. 将右手放在右髋上面；然后将左手放在左髋上面（见图 13.24d）。

7. 髋部轻轻向两侧摆动，重复 3 次（见图 13.24e）。

8. 跳起来（见图 13.24f）。

9. 向右转四分之一圈，重新开始。

让学生尝试从俯卧撑姿势开始跳马卡丽娜舞蹈，省略步骤 8 和步骤 9。

小结

将这些适合各级发育水平学生的舞蹈和节奏性活动纳入体育教学计划，这是一个促进更高的体育活动水平的好办法。使用本章中规划的舞蹈和节奏性活动的简要说明，并遵循特定的安全预防措施，创造富有成效的课程。使舞蹈和节奏性运动成为你的体育课程中不可或缺的组成部分，并且不要忘记教孩子们享受闻歌起舞——既有乐趣又强身健体！

第 14 章

儿童瑜伽

> 瑜伽是放松中的振奋。
> 规律中的自由。
> 通过自我控制获得信心。
> 内在和外在的能量。
>
> ——英伯·德列托（Ymber Delecto）

　　自20世纪90年代初以来，家长、教师和管理者越来越意识到瑜伽对儿童的好处。由于我们生活在快节奏的社会中，在学校里进行高风险的体育测试，并且强调运动竞赛，许多专业人士已发现瑜伽可以给孩子们带来积极的教育体验。

　　瑜伽（Yoga）一词意味着"联合"——心灵和身体之间的联合，在生活中创造一种平衡且和谐的感觉。多年来，瑜伽被认为是更适合成人的活动，可以帮助缓解压力和焦虑。最近，教育工作者已认可将瑜伽作为在学校教授的传统运动和锻炼活动以外的一种补充。

　　瑜伽是一种非竞争性的身体和心理体验，以个人、小组、双人或大团体的形式进行练习均可。可以在健身房或教室里做瑜伽，它只需要很小的空间和很少的器材。

　　实践者总结了瑜伽的以下教育优势。

- 增加注意力的持续时间
- 身体意识
- 自信心
- 提高集中注意力的技能
- 创造力
- 内心的平静或冷静

- 减轻压力
- 提高社交互动能力

　　瑜伽可以帮助孩子们重新集中其能量，珍惜其身体，并且每天反思其生活。学校里正在使用瑜伽去帮助儿童面对各种挑战，如自闭症和多动症，以及一些其他的情绪和身体问题。

　　从身体的角度来看，瑜伽有许多典型的好处和用途。一般来说，它可以增强以下素质。

- 肌适能（肌肉力量和耐力）
- 平衡能力
- 稳定性
- 柔韧性
- 协调性
- 身体意识

　　瑜伽最初是从一系列模仿动物的姿势发展起来的，其理念是，如果人们做的练习和动作与动物相同，那么人们也将会变得强壮、柔韧和健康。最近，瑜伽已经发展出多种解读。尝试设计自己的姿势或让孩子们帮助你创造出不同的想象，并产生新的姿势。向他们提供可模仿的图片，如疯狂的猫、山脉、树木等。

经许可，本章部分内容摘录自 Virgilio，2006，*Active Start for Healthy Kids*（Champaign，IL:Human Kinetics），191-205。

Ⅰ级和Ⅱ级发育水平（幼儿园~三年级）的学生喜欢用幻想和模仿来探索自己的情绪，并创造身体动作。通过故事或模仿动物的动作，帮助他们享受瑜伽。鼓励他们在学校里、在操场上或在家里创造物体的姿势。这个级别的孩子们正在学习合作，所以设计一些他们可以成对和小组配合进行的瑜伽姿势，向他们展示合作是多么有趣。如果你的学生正处于这两级发育水平，你可以考虑通过瑜伽课程来规划各种主题——如诚实、合作、了解其他文化和宽容。

Ⅲ级发育水平（四年级~六年级）的孩子开始离开幻想阶段，对现实生活的体验更感兴趣。他们想更多地了解家庭和小学之外的事情。这是一个非常适合教授瑜伽技巧的阶段。有一些姿势和动作对于Ⅰ级和Ⅱ级发育水平的孩子来说比较困难，但Ⅲ级发育水平的孩子就能够执行。考虑教授如跳舞孔雀（225页）等姿势。这个发育水平的儿童享受瑜伽在身体、精神和情感方面带来的挑战。但是，要注意他们的积极性，并以适合发育水平的方式进行练习。提醒这个年龄的孩子们，瑜伽既不是比赛也不是运动项目，目标应该是享受瑜伽课程并更努力去自我完善。可以包括一些最少6个学生参加的大型组活动，例如花束式（第221页），或冻姿瑜伽（第226页）和空气曲棍球（第227页）等游戏。

警告！在流行的成人瑜伽书籍和儿童瑜伽书籍中有许多姿势包括可能有危害作用的禁忌锻炼或动作。有些瑜伽动作对颈部、背部和其他大关节（如膝盖）施加过度的压力（参见第11章中的"要避免的动作练习"）。

有用的提示

为了让瑜伽成为儿童的积极体验，请记住以下有用的提示（Virgilio, 2006）。

1.针对全班来规划瑜伽课程，也可以将姿势或游戏融入课程中。

2.瑜伽活动应以大肌肉热身（如走正步或慢跑）开始，随后是几个动态的手臂和腿部动作（参见第11章）。然后进入平静阶段，随后是呼吸练习、从易到难的一系列姿势、放松姿势，最后是冥想动作。

3.以积极、合理的方式呈现瑜伽运动。要灵活处理并理解学生的各种需求和能力，尝试接受他们的想法和意见。要求学生创造自己的姿势和模仿动物的动作。

4.在课堂上营造积极的社交氛围。通过简单的瑜伽游戏帮助孩子们相互了解（参见第226页的"诵读名字"）。

5.应使用缓慢、受控的动作来执行所有姿势。每个姿势都应该保持几秒，或者在孩子们未感到不适的情况下保持尽量长的时间。

6.鼓励孩子们放松，慢慢呼吸，从正面思考。使用背景音乐。

7.确保孩子们在做动作时不要勉强或超越自己的能力范围。

8.切勿比较孩子们；有些孩子可能比其他人的柔韧性更好。继续练习将使动作更易于完成。记住，对姿势的所有解释都应该是正确的。

9.应该在垫子或地毯表面做瑜伽，孩子们应该脱掉鞋子，如果可能的话，摘下所佩戴的首饰。在进行瑜伽运动前的至少一小时，他们还应避免进食，以便身体得到安定和平静。

本章中的姿势从呼吸练习开始，然后按照身体位置（站、跪、坐、卧）的顺序排列，以支撑运动结束。最后一节描述了一些游戏，可以为瑜伽活动增添一些乐趣。

呼吸姿势

以下姿势的重点是呼吸，帮助调节心率，使身体平衡。

蜡烛

让孩子们盘腿而坐，保持良好姿势，

稍微收下巴，肩膀和颈部放松。接下来，让他们将双手举起至头部高度，手指张开，指向上方。告诉孩子们，假装他们的手是蜡烛，手指是火焰。让他们闭上眼睛，深吸一口气，慢慢地放下手臂，轻轻地呼气。他们应该继续均匀地呼吸 1~2 分钟，并保持非常安静，将手搁在腿上。让孩子们想想自己喜欢的东西，以及为什么这些东西会让他们快乐。见图 14.1。

图 14.1　蜡烛姿势

气球呼吸

让孩子们仰卧并放松。请他们假装在自己的腹部有一个气球，当他们吸气时，气球慢慢地用空气填充他们的腹部。当他们呼气时，气球排空，他们的腹部变平。尝试在每个孩子的腹部放置一个气球，让他们练习缓慢、轻松的腹部呼吸。要求孩子们用自己的呼吸控制其腹部的气球。见图 14.2。

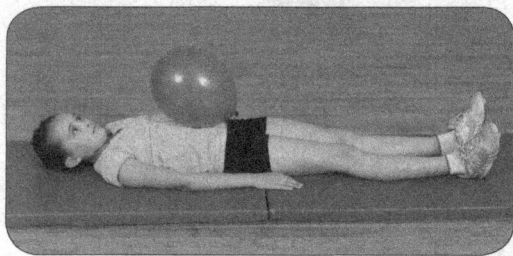

图 14.2　气球呼吸姿势

站姿

用站立姿势开始做以下瑜伽姿势，这些姿势将增强平衡和身体对称性。

站直

将充满氦的气球（要让每个学生都有一个气球）绑在一条绳子上。将绳子的末端固定在每个学生的腰部（使用皮带环或胶纸带），使绳子沿着脊柱直线向上。让学生在站直的时候想象自己的脊柱伸直，肩膀向后拉，双手垂在身体两侧。这将帮助他们记住直立的感觉。每当他们开始懒洋洋的时候，他们可以回到绑着气球站直的姿势并回忆它的感觉。见图 14.3。

图 14.3　站直姿势

树式

从站姿开始，孩子向外弯曲右膝并抬起它。接下来，让他们将右脚滑进大腿内侧，轻轻地把它靠在那个位置。然后，他们向两侧伸出双臂，模仿树的树枝（见图14.4）。在达到稳定状态之后，他们应该将双臂举过头顶，以代表高层的树枝。

年龄较小的孩子可以将一条腿交叉在支撑腿前面（小树姿势）而更容易获得成功。

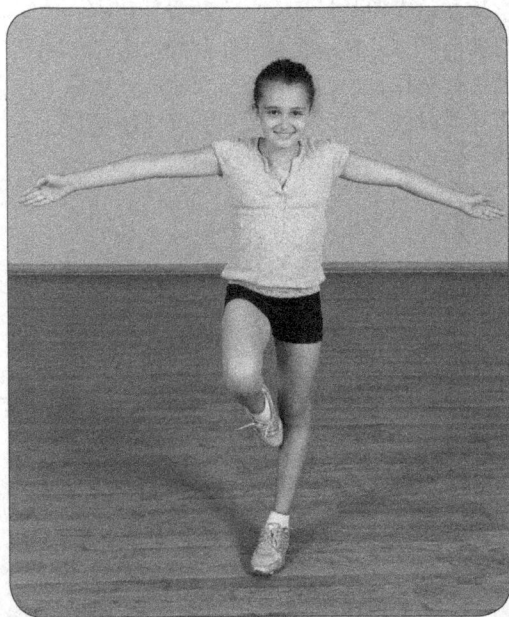

图 14.4　树式姿势

山式

要求孩子尽可能地站直，双脚尽可能保持平放在地上。要求他们假装自己的肩膀是山，头是山峰。他们的手臂应该保持在身体两侧，手指直接指向地面。让他们深吸一口气，然后呼气并放松。告诉他们要站得纹丝不动，并且非常直——就像一座山。见图 14.5。

图 14.5　山式姿势

英雄式

让孩子们双脚分开较宽的距离站立。指示他们将左脚转向左侧，膝盖稍微弯曲，并且身体也沿该方向转动（膝盖不应超过左脚）。然后让他们将双臂向两侧抬起，保持住，然后转身到另一侧。见图14.6。

图 14.6　英雄式姿势

鸟式

让孩子们双臂放在身体两侧站立，双手向后抬起，手掌朝向天空。然后让他们踮起脚尖，保持头往上提，并假装他们是飞过天空的鸟。要求他们直视前方，注视某个物体；然后保持平衡。见图 14.7。

图 14.7 鸟式姿势

跪姿

以跪姿执行以下姿势，在低位使用各种身体部位增强平衡。

猫驼式

猫式

让孩子们从手和膝盖开始。要求他们轻轻地弓起上背部，同时收紧腹部肌肉。然后让他们慢慢低下头，保持背部和肩膀放松。见图 14.8。

图 14.8 猫式姿势

骆驼式

从猫式开始，孩子们应该轻轻地放松其背部并展平，保持背部平直。然后他们应该放松其下背部，抬起下巴并轻轻地将腹部压向地板，从而轻轻地拱起他们的背部。见图 14.9。

图 14.9 骆驼式姿势

松鼠式

指示孩子们首先坐在自己的脚跟上，然后慢慢地升高身体，变成跪姿。接下来，让他们弯曲双臂，把双手放在下巴下面，手掌朝外，手指窝成杯状。要求他们保持这个姿势，然后慢慢地重复动作。见图 14.10。

鸵鸟式

从双手和双膝着地的姿势开始，让孩子们将双手放在身前，大约与肩同宽。

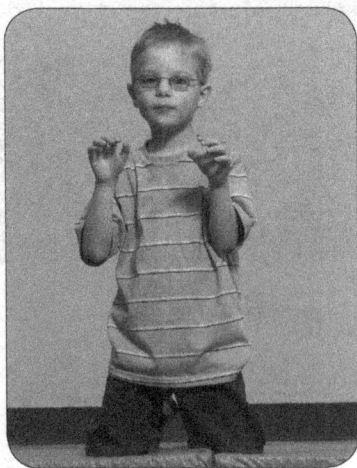

图 14.10　松鼠式姿势

手掌应该放平并且朝向内侧，手指指向彼此。指示孩子们保持并住膝盖。接下来，让他们稍微弯曲肘部并身体前倾。然后告诉他们抬起双脚，同时膝盖保持在地板上，头部和背部成一直线。让他们保持姿势，慢慢地坐在自己的脚跟上，放松，然后重复动作。见图 14.11。

图 14.11　鸵鸟式姿势

坐姿

用坐姿执行以下姿势，可以增强稳定性和创造力。

星式

要求孩子们屈膝坐下，并且双脚的鞋底并拢在一起。手指在头后面交叠，肘部指向两侧。确保他们保持良好的姿势。见图 14.12。

图 14.12　星式姿势

花朵式

让孩子们从脚底并拢的坐姿开始。指示他们慢慢地每次将一只手臂放在自己的小腿下方（左手臂在左腿下，右手臂在右腿下），并轻轻地握住胫骨的正面。接下来，让他们慢慢伸直背部，保持抬头，保持住，然后一次放开一只手臂。见图 14.13。

图 14.13　花朵式姿势

合作伙伴转体

要求两个合作伙伴面对面坐着,交叉腿,四个膝盖接触。每个孩子都将右臂放在背后。现在,让他们伸出左手,抓住合作伙伴的左手。然后,让他们轻轻地扭转身体,看着自己的右肩膀,坐直,自然呼吸。让他们保持 5~7 秒,回到中立姿势,放松。

现在,让他们换另一侧(左臂在后面,伸出右手并抓住合作伙伴的右手)。见图 14.14。

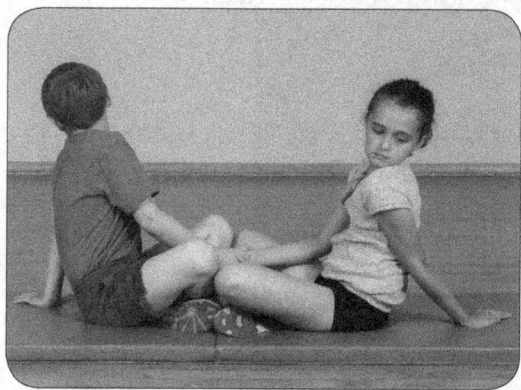

图 14.14 合作伙伴转体姿势

花束式

安排 3~5 个孩子围成一个圆圈,坐在一起。首先让他们练习花式。提醒孩子们,一组花被称为花束。接下来,让他们抬起腿,慢慢地往后靠;然后双手从腿下面穿过去,抓住在他们两侧的孩子的手,左手抓住左侧孩子的右手,右手抓住右侧孩子的左手。让他们后仰,放松头部,使全组可以达到平衡。见图 14.15。

修改:你可以把一条大绳子绑成一个圈,让孩子们可以抓住它,以便他们举起双腿向后仰时可以保持平衡。

孔雀式

让孩子们从坐姿开始,尽可能向外伸直双腿。指示他们勾起脚尖,保持背部挺直。接下来,让他们将双手放在自己面前的地板上,靠近身体,手掌向下。然后让他们轻轻地向下压,以打开肩膀。见图 14.16。

图 14.15 花束式姿势

图 14.16　孔雀式姿势

卧姿

从卧姿开始执行以下姿势，可以增强低位的活动能力，以及专注度和稳定性。

云式

让孩子们平躺在地毯或垫子上，面朝上，双手放在身体两侧。双臂和双腿应该分开。提醒孩子放松（眼睛可以睁开或闭上），保持冷静和安静。请他们假装自己是飘浮在天空的云朵，说："你的身体在天空中移动时非常轻。你飘浮在空中，感觉很开心，很轻松。"然后让孩子深吸一口气，慢慢地呼气。见图 14.17。

蝴蝶式

要求孩子们仰卧。现在，让他们分开双膝，双脚的脚掌并拢。接下来，请他们将双臂举过头顶，张开双手，手掌向上，手指伸直。让他们放松地保持该姿势呼吸

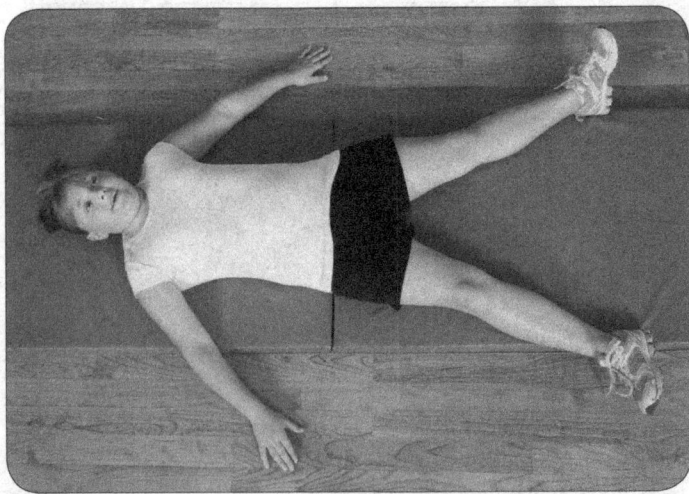

图 14.17　云式姿势

3 次。现在请他们像蝴蝶一样移动，以柔和、有控制、有节奏的动作上下移动自己的膝盖（翅膀），并摆动他们的手指（触角）。见图 14.18。

海星式

指示孩子们平躺在地毯或垫子上，面朝上，闭上眼睛。然后让他们在没有不适的情况下将双腿尽量打开，向两侧伸出双臂，掌心朝上或朝下，同时放在垫子上（见图 14.19）。请他们假装自己是海星，漂浮在海面上，并且用舒缓的声音对他们说："感觉波浪让你轻轻地上下浮沉，并且向四周漂浮。放松并安静地呼吸。现在你已经到达了岸边。"然后让他们慢慢地把自己的腿和手臂收回来，轻轻地卷起来。

图 14.18　蝴蝶式姿势

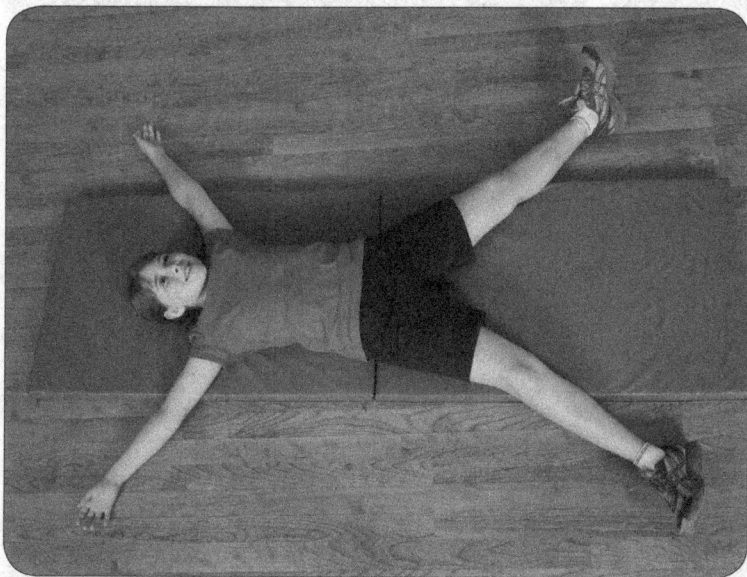

图 14.19　海星式姿势

修改版眼镜蛇式

要求孩子们趴在垫子上，双腿并拢且伸直。让他们将双手放在垫子上，掌心向下，用肘部支撑，保持双手靠近胸口。然后让他们抬起胸部，保持双肩平直。他们应该尽量保持抬头，并且颈部长而直（注意：不要让孩子的颈部向后弯曲）。见图14.20。

支撑姿势

以各种支撑姿势来执行下面的瑜伽姿势，可以增强平衡和稳定性。

彩虹式

要求孩子侧卧，面向左侧，只用左臂支撑身体。指示他们保持手臂伸直和稳定，手指略微分开，并保持双腿并拢，右脚在上面。然后让他们轻轻地将右臂向上摆动，直到指向天空，告诉他们："你是一道色彩缤纷的美丽彩虹。"见图14.21。

桌式

让孩子们从坐姿开始，膝盖弯曲，双脚平放在地板上，并分开大约3英寸（8厘米）。接下来，请他们把双手放在身后几英寸（厘米）处，手指指向双脚。然后让

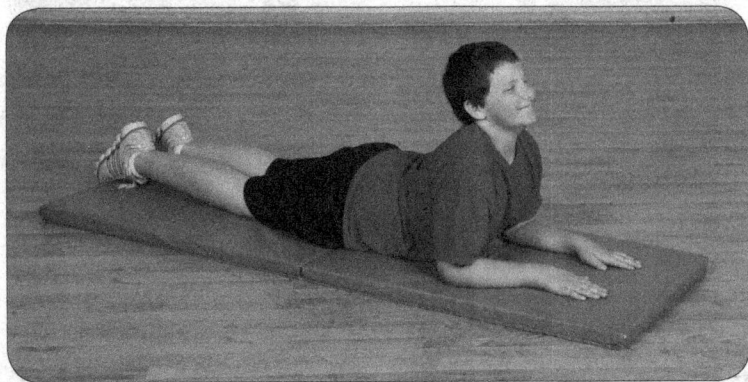

图14.20 修改版眼镜蛇式姿势

图14.21 彩虹式姿势

他们将手和脚压向地板，抬起臀部，使腹部尽可能平坦。要求他们保持这个姿势，然后轻轻地放松。见图 14.22。

图 14.22　桌式姿势

跳舞孔雀式

这个姿势是由 3 个姿势组成的序列。

1. 让孩子跪在垫子上，并向后坐，臀部触到脚跟。

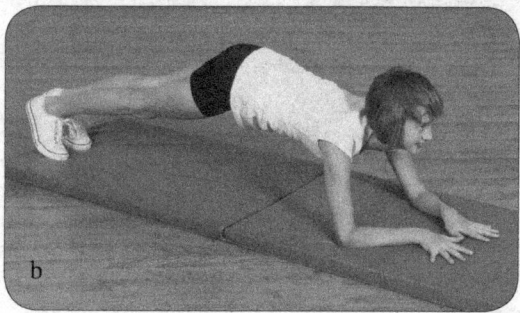

让他们将前臂平放在垫子上，面向前方。然后，摊开手指，就像孔雀的脚那样，拇指互相接触。提醒他们保持良好的平衡，眼睛朝前看。见图 14.23a。

2. 让孩子继续用前臂支撑。现在，让他们慢慢抬起髋部，保持抬头。然后，他们应该向后伸展双腿，同时再将髋部再稍稍抬高一点。现在让他们用双脚的前脚掌支撑。让他们呼吸并保持 3~5 秒。见图 14.23b。

3. 现在，让他们慢慢地抬起右腿，让右腿离开垫子，膝盖轻微弯曲，并尝试绷直脚尖，同时仍然用前臂支撑，面向下（见图 14.23c）。保持 2 次呼吸；然后将右腿慢慢地放回原来的位置。

现在，让他们用左腿重复相同的动作。向他们解释，他们正在模仿孔雀开屏。让他们返回到开始的姿势并重复上面 3 个步骤。

图 14.23　跳舞孔雀式姿势

游戏

以下游戏帮助将瑜伽姿势带进生活，并为学习体验增加乐趣和社交互动。

冻姿瑜伽

播放背景音乐，并指示孩子们以各种方式在整个游戏区域移动。约30秒后，停止音乐并喊出瑜伽姿势（例如"树！"）。孩子们必须停止他们正在做的事情，并摆出树式姿势。再次开始播放音乐，并喊出不同的姿势（例如"眼镜蛇！"），然后以该方式继续。

种花

让孩子们围成一个圆圈。解释说每个人都会成为一颗小种子，在早春种下之后，到仲夏的时候，种子将成为美丽的花朵。然后要求孩子们尽可能缩小自己，就像一颗花的种子（给他们一个花的种子的例子，以强调有多么小）。指示他们跪下，坐在自己的脚上，额头贴在地板上，保持手臂弯曲，并靠近膝盖。

要求孩子们想象自己是花的种子，用柔和的声音对他们说："随着天气变暖，你慢慢抬起头。然后阳光变得更暖和，你开始长得越来越高。现在春天变成夏天，你跪着，坐在自己的脚跟上。手臂向两侧抬起，然后轻轻地将双臂举过头顶。现在慢慢站起来，用双臂迎接太阳。站直，尽可能向上伸展（伸向太阳）并呼吸。现在放下手臂，呼吸。想想你喜欢的美丽的花朵。"重复活动。见图14.24。

摆姿势拍照

让孩子们分成多个小组（每组3人或4人），让每个孩子（一次一个孩子）从袋子或盒子中选择一个瑜伽姿势，并展示它。由其他人来猜测动物的名字或瑜伽姿势。

诵读名字

这是一个很好的游戏，可以帮助你熟悉学生的名字，并且可以让全班参与。非常缓慢且清楚地读出每个孩子的名字，好像你在唱歌，强调每个音节。

请学生围坐成一个圆圈。绕着圆圈走，要求每个孩子宣布自己的名字，然后诵读名字。现在，让其他孩子重复这个名字，然后下一个孩子继续。这是一种教导可控呼吸的好技巧。提醒孩子在开始说名字之前吸气，并在他们清楚地诵读每个名字时慢慢呼气。

图14.24 孩子们假想他们在种花

下面是一些示例。

Barbara：Ba-r-r-r-r-b-a-r-r-r-r-a-a-a

Anthony：A-a-a-a-a-n-t-h-o-o-o-n-y-y-y

■■■ 空气曲棍球 ■■■

让 4 个或 5 个孩子在垫子上围成一个圆圈，趴下。给每个孩子一根塑料吸管。使用吸管可以教会他们吸气和呼气的技巧。

在一个孩子前面放一个小棉球或一张小纸片（玻璃弹子的大小）。第一个活动要求每个学生将棉球沿着圆圈顺时针传递，这样每个孩子都会轮到。孩子们只能用吸管呼吸气；不允许他们用手或吸管移动棉球。然后反转顺序，让球逆时针移动。

接下来，将棉球放在小圆圈的中间。

在听到信号"开始"时，孩子们尝试将棉球吹过在右侧或左侧的另一个学生的开口，从而射门得分（见图 14.25）。不要记分。孩子们应该玩几分钟。在孩子们呼气时强调呼吸方法，如使用膈肌和腹部肌肉来产生有力的呼吸。

小结

在整个学年的课程中使用瑜伽。当学生更加熟练和自信地使用瑜伽技巧时，添加新的姿势和呼吸练习。教他们瑜伽背后蕴含的基本理念，同时让他们获得肌肉力量和耐力、平衡、稳定性、柔韧性和协调性等健康益处。将瑜伽融入课程也可以帮助孩子应对在其生活中遇到的身体、精神、社交和情绪方面的各种挑战。

图 14.25　孩子们在玩空气曲棍球游戏

第 15 章

全校性活动

> 教育不是为生活做准备；教育是生活本身。
> ——约翰·杜威（John Dewey）

全校性活动让大家更加关注你促进体育活动的努力。当全校都参与组织完善的体育项目时，学生的精神面貌和情绪都会加强，这通常会感染整个学校。课堂教师通常报告，当学校举办特别的体育活动时，学生似乎会更加集中注意力，并且更有兴趣学习。成功的全校性活动通常是高度组织、计划良好的项目，包括整个学校社区。获得行政支持和批准，并且获得预算，这对于活动的顺利进行至关重要。此外，重要的是要在学年初就提交项目，并将其放在主日历上，以便所有人都可以相应地进行规划。

你和同事也可以利用学校举办的活动将课堂学习活动与体育教学活动结合起来（例如，地理跑；参见本章后面部分）。你还可以选择利用特殊的全校性活动帮助课堂教师协调与健康相关的专题单元（参见第 9 章）。无论你选择哪种做法，举办各种全校性活动都提供了许多机会，让你与小学的教师、工作人员和行政管理人员沟通并建立人际网络。这不仅有助于完善你的体育课程本身，而且可以向同事清楚地表明你真的愿意合作。

全校性活动也是获得家长和社区的帮助及支持的绝佳机会（参见第 10 章）。如果你的学校成立了活动委员会，一定要至少请一位家长担任委员。这位家长加入了委员会，将会激励其他家长或社区成员参加。不要忘记另一个美好的资源：老年人。他们能力强，又热心，并且在学校上课日有时间参加活动。

研究本章中关于全校性活动的简要说明，以推广体育活动并为你的体育课程维持积极的公共关系。在阅读时，根据你自己的情况和需要，考虑可以使用或修改什么内容。但不要限制自己只举行一次全校性活动。在整个学年中融入这些令人兴奋的活动。使特殊的全校性活动每年都改变内容，使它们不会变得单调或例行公事。同一个活动若每年都重复，过几年就不会觉得特别了；它们肯定会失去其影响力和那种令人激动的兴奋感。

健身活动日

健身活动日非常适合春季或初秋举行。其宣传的中心主题是通过体育活动获得健康和乐趣。为活动设计一个特殊的标题（例如，"娱乐、食物和健身活动日！"）会有好处。传统活动日的重点在于各种活动的竞争，与之不同，你的活动日应该强调参与、身体发展和社交互动。

组建一个活动日委员会来帮助组织这次活动。其中包括若干位课堂教师、体育专业领域的教师，以及至少两位家长。

联系当地大学，寻找学生志愿者。在

附近的大学主修健康、体育教育和小学教育的学生就是帮助管理这一活动的理想人选。当然，父母、祖父母和社区成员也可以提供帮助。此外，请美国心脏病协会或美国癌症协会的当地分会与一些教师在学校合作，帮助组织展览。

使用健身站的方法，确保每个班级都有机会参与每项活动。在室外体育场地设置至少10个健身站（见图15.1）。

将活动日分为2个阶段：幼儿园～三年级、四年级～六年级。考虑这个时间表示例：8:30~9:00，场地布置；9:00~11:00，幼儿园～三年级；12:30~14:30，四年级～六年级；14:30，清场。在健身活动日中，首先为每个班分配一个健身站编号，然后让班级按顺序通过健身站。使用一个响亮的喇叭，每11~12分钟发出更换健身站的信号。在健身活动日结束时，给每个参加者一张特殊的"娱乐、食物和健身"证书，以及别针、绶带、头带或纽扣。请本地企业捐赠礼物，如带有健康信息的水瓶、钥匙链或T恤，并将礼物分发给每个人。

健身站 1：踏板健美操

请当地健康俱乐部提供一位合格的教练的名字，他可能愿意在你的健身活动日带领健美操站的活动。在将邀请函提交给你的学校之前，一定要观察该教练的几堂课。一旦教练同意参加，安排一次会议，以了解你的志愿者。

健身站 2：笼球乐

在离起跑线约30码（27米）的汽车轮胎上放两个笼球。将全班学生分成两组。在听到信号时，每一队都跑向球，并用手将它推到终点线，然后推回到轮胎处。首先将笼球放回轮胎的那一队是胜方。第二轮则更换球队人选。

健身站 3：尊巴排舞

使用流行的尊巴音乐来组织排舞。排舞是一个理想的体育活动，因为它不需要舞伴，舞步简单，并且所有人都一起移动，这使得学生有安全感（详见第13章）。

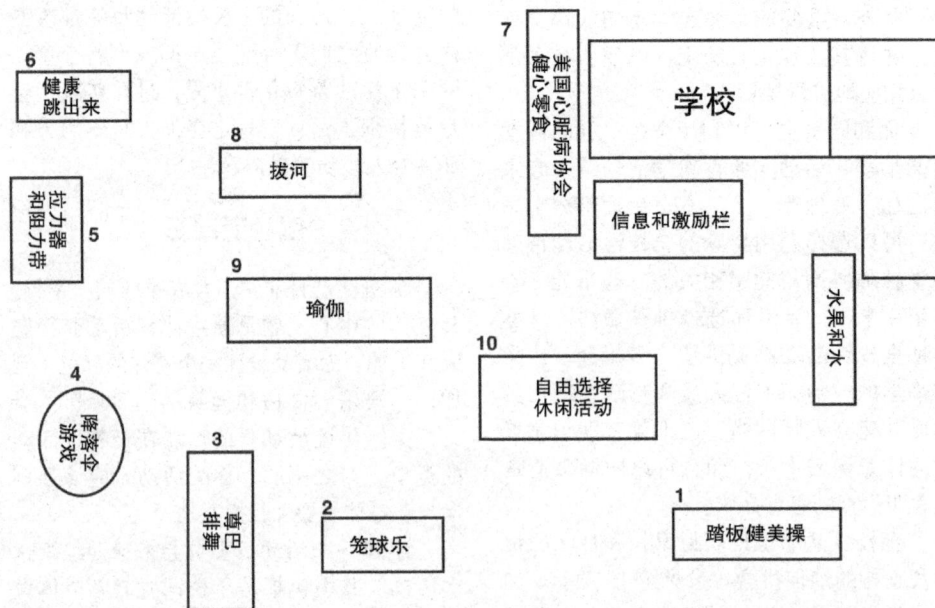

图 15.1　可能的健身活动日站点设计

健身站 4：降落伞游戏

一组中每个人都抓着大降落伞，集体慢跑。然后播放 Pop Out。将全班分成两队，在中心放置 1 个或 2 个操场球。然后让各队尝试将球弹过对方的球员的头，从而得分。获得 3 分的一方获胜。

健身站 5：拉力器和阻力带

使用第 11 章中讨论的拉力器和阻力带。设计一张大任务卡，描述（并且如果可能的话，示范）你选择的特定练习。一定要提供多种练习，以及多种弹性水平的拉力器和阻力带，使每个人都能够参与并有成功感。结合音乐，以增加兴趣。

健身站 6：健康跳出来

允许学生以自己的速度跳绳或参加小组跳绳。为各小组的学生提供长绳，安排 2 名学生负责摇绳，另外 2 名学生轮流跳。器材中也可以包括标准的单人跳绳和较重的单人跳绳，以提供增强手臂肌肉耐力的多种体育活动。

健身站 7：美国心脏病协会健心零食

这个健身站将帮助教育孩子吃健康的零食。请来自美国心脏病协会的志愿者设立一个陈列台，并简短地（2~3 分钟）解释心脏健康食品。你也可以选择分发健康零食的样品，如酸奶、低脂饼干和米糕。请美国心脏病协会提供一份包含健康零食食谱的手册或小册子。

健身站 8：拔河

拔河是鼓励团队精神与合作的好办法。如果可能的话，使用轻质合成纤维织带，以防止划伤和灼伤。

健身站 9：瑜伽

在这个站点，请一位教练带领学生完成一系列基本的瑜伽姿势和呼吸练习（完整的说明见第 14 章）。

健身站 10：自由选择休闲活动

在这个站点提供多种休闲活动的选择（例如，跳房子、跳橡皮筋、平衡棍、马蹄铁、桨球、个人平衡板）。

除了这 10 个基本的健身站，你可能希望组织由 PTA 监督的水果和水站，也许会将它作为健身活动日休息时除了"健身站 7"的健康零食以外的补充。你也可以有一个信息和激励站，作为组织中心和器材管理的地点。在健身活动日结束时，让每个班走过这个站并接受参与的奖励。

健康生活家庭夜

在平日晚上或周六上午举办"健康生活家庭夜（或日）"，让父母、祖父母和孩子一起参加。至少提前 6 周做广告，以便忙碌的家长可以将活动安排在其日程之中。在最初的公告中，要建议父母在参加此活动前获得医疗许可。招募体育专业的大学生帮助你管理和培训家庭活动。以下是示例程序大纲。

健身要素宣传（10 分钟）

给每位家长发一些单张和印刷材料，其中列出体育活动与健康相关的好处，例如，来自 NASPE、美国心脏病协会或美国运动医学学会（American College of Sports Medicine）的小册子。请当地大学的体育教授或其他嘉宾就体育活动及其健康益处做开场演讲。演讲嘉宾可以就体育活动的好处和均衡的体育教学计划的重要性发表具体意见。演讲嘉宾还可以指导每个人测量自己的静息心率，从而让现场观众都可以参与。一定要提到美国农业部的膳食指南（MyPlate），并明确健康饮食和体育活动相辅相成的联系。

热身（5分钟）

随着音乐的节奏，大家原地踏步，做双臂伸展的正步走，或在原地慢跑的同时做臂弯举。让他们脚靠着脚向左跨步，然后脚靠着脚向右跨步。

健康生活活动（45分钟）

将家长和学生分成3组，在3个不同的区域做3个不同的活动。在体育馆中设置一个循环线路，包括仰卧起坐、跳绳、使用阻力带和篮球活动等。在餐厅组织有氧舞蹈和排舞。讨论有益心脏健康的饮食，并在礼堂或大教室提供小吃。各组每15分钟轮转一次。

放松（10分钟）

让大家在体育馆里集合。带领所有人随音乐节奏练习，逐渐降低活动水平。允许2~3分钟的休息，然后要求所有参与者再次测量自己的心率。强调具有良好心率恢复能力的重要性。他们此时的心率应该接近在活动开始时的静息心率。

地理跑

地理跑是一项很好的全校性步行和慢跑活动。学生可以在课堂上、在家里或在课间休息时步行或慢跑，并在旅行票上报告他们的里程。强调这张票要由学生签名，还要有家长或老师的签名。在健身房、走廊或学校食堂张贴一张国家地图，并在上面画出线路及里程。例如，学生可以从纽约跑到加利福尼亚州（迪士尼乐园），也可以选择一条俄勒冈步道。还可以使用其他国家的地图来定制"地理跑"，跑到任何地方。

与课堂教师开会讨论如何将数学、科学、艺术和语言艺术整合到有意义的相关课堂活动中。例如，课堂教师可以设计数学问题来计算已完成的里程，以及到达下一个州或最终目的地所需的里程。他们可以组织活动，教学生正在穿越的地区的地理知识。鼓励学校食堂人员准备代表学生将进入的下一个州或地区的特殊午餐或小吃（例如，纽约的低脂比萨饼、路易斯安那的红豆和米饭、新墨西哥的炸玉米饼沙拉、得克萨斯的烧烤鸡肉）。将餐厅装饰成孩子们那一周正在穿越的州的风格，这也会很有趣。

当学生完成跑步或步行达到最终目的地所需的里程时，通过举办学校聚会来庆祝。选择一个主题，例如，办一个加州海滩派对。鼓励教师、工作人员和学生穿着他们最"酷"的加州装束来上学。组织学生用海滩主题装饰餐厅，并播放冲浪音乐。提供用球芽甘蓝和蔬菜做的火鸡总会三明治。向参加地理跑的每个学生提供特别奖励（例如，冷冻酸奶券、体育免费游戏通行证或纪念该活动的参与证书）。

学校健康展会

可以在健身房或多功能室举办学校健康展会。让每个班负责一个特定的健康领域，让他们设计一个健康展览。与课堂教师和家长会面，确定展览的指导原则、时间表和主题。在秋季和春季举办健康展会，让幼儿园~三年级的学生负责秋季健康展会，四年级~六年级的学生负责春季的活动。但是，要让所有年级的学生都有机会参加这两个健康展会。以下是可能的展览主题。

- 心血管健康
- 请不要吸烟
- 背部和颈部护理
- 健康零食
- 日常体育活动
- 管理压力
- 阅读食物标签
- 对毒品说"不！"

- 舞出乐趣和健康
- 预防癌症
- 控制体重
- 增肌
- 我每一天都很好！

让设计健康展览的班级负责向参观者解释其内容。在年龄较小的年级里，让孩子们展示其个人劳作，如"健康美术"图片或其他创意体验。将上学日的最后一小时留给家长和社区成员参观健康展会。如果可能的话，安排在放学后的时间，让上班的家长也可以参加（另见第 10 章）。

早上的醒神和下午的提神

用这些有趣的想法开始新的一天，并在迟钝的下午提提神。在春秋季的一个星期，使用这些活动来引起全校对体育活动的注意。在早上的通知之后，马上让学校的每一个人（教师、学生、家长、工作人员、管理员）站起来醒醒神。制作练习的录音和背景音乐，在学校公共广播系统中播放。下午约 1:30 时，使用相同的录音帮助大家提神。

为心脏健康跳绳，为心脏健康投篮，为心脏健康踏步

尝试各种有趣的不同活动，如"为心脏健康投篮"（篮球）和"为心脏健康踏步"（踏板健美操），它们可以替代传统但仍然有趣的活动，如"为心脏健康跳绳"。这些学校活动由美国心脏病协会（AHA）和美国健康、体育、娱乐与舞蹈联盟（American Alliance for Health, Physical Education, Recreation and Dance, AAHPERD）赞助。你可以从当地的美国心脏病协会获取完整的信息、材料和保证卡。在等待这套材料时，请留出一整天来让全校参加其中一个活动。接下来，让学生从社区获得资金保障，让他们可以执行练习。

资金由学校、AHA 和 AAHPERD 分摊。然后，玩得开心！

ACES：所有孩子同时练习

ACES（All Children Exercising Simultaneously）由新泽西州体育教育家伦恩·桑德斯（Len Saunders）创立。在 5 月的全国体育与运动月（National Physical Fitness and Sports Month）期间，每年都有一天会让全世界数百万名儿童能够在学校中一起做练习，无论是在体育课上、在教室里，还是在餐厅吃午饭时。每个参加的学校都要自己组织 15 分钟的活动，如步行、慢跑、跳舞或做健美操。目标是促进健身、营养和世界和平。ACES 项目得到了青年健身联盟（Youth Fitness Coalition）的支持。ACES 项目提供了许多免费资料，如证书、海报、单词搜索和填字游戏，以及其他教材。欲了解更多信息，请访问伦恩·桑德斯的网站。

课间锻炼

使用课间休息时间进行体育活动。在操场周围设置多个带任务卡的活动站。不要让活动站成为要求；相反，让学生自愿参与，把握机会让自己更加有活力。自愿投入你的时间来帮助监督活动，或者请大学生、家长或老年人帮助支持这项工作。利用这个额外的时间与有特殊需求的儿童（例如，肥胖、脊髓障碍、活动水平较低的学生）进行互动。课间锻炼也将对有兴趣提高其身体素质水平的学生有所帮助。

健身俱乐部

为有兴趣的学生组织健身俱乐部。在上学前、放学后或课间休息期间集合。给俱乐部取一个好名字，如"积极运动家"。为每个学生提供详细的档案，包括运动原则、实践练习和建议的训练技巧，以及用

于记录其努力的日志表。

考虑每年都带该俱乐部成员去当地大学的运动生理实验室或健康水疗中心进行实地考察。此外，也可以培训该俱乐部的学生去协助健身活动、协助器材摆放，或帮助其他学生将饮食和体育活动水平的数据输入电脑。

与校长一起步行

帮助校长更好地了解学校的学生。该活动对Ⅰ级和Ⅱ级发育水平的学生有好处，但也适用于Ⅲ级发育水平的学生。在该活动中，校长每周五与2个班级一起在整个学校大楼、校外园区或社区附近步行约30分钟。必要时，组织家长志愿者或其他助手，帮助在社区附近监督学生散步。但在该活动中，这些志愿者和助手应留在学生看不到的位置。让学生认为校长是宣传体育活动可以带来健康和社交的好处的专业人士。

假日经典

由艾伦（Allen, 1996）开发的这项全校性活动在全年的特定假日期间可以引起人们对体育活动的关注。为每位课堂教师提供表示假期的彩色纸条（例如，万圣节是橙色的）。要求学生写上他们的姓名，以及他们在校外参加的总共30分钟的体育活动（如果有的话）。明确指出，学生每

一天有足够的活动量就可以上交更多的纸条。然后把这些纸条收上来，并将它们放在一个大盒子里，在月底进行抽签。体育活动的天数越多，学生被抽中的机会就越大。但是，给每个参与抽签的学生都发一张贴纸、证书或赠券，以鼓励继续努力和参与。向当地企业解释你的计划目标，并询问他们是否会捐赠奖品，作为帮他们进行一点宣传的回报。例如，万圣节的奖品可以是大型南瓜，圣诞节时可以是滑雪板，情人节时可以是美国心脏病协会的食谱或心形枕头，复活节时可以是棒球手套。

小结

将全校性活动整合到体育课程中，强调与健康相关的身体素质的主要目标，振奋学生的精神，鼓励积极的士气，在体育课程中创造趣味，从而使每个人都受益匪浅。此外，这些活动可以创造有效的公共关系机会，帮助你为自己的课程以及可能想到的任何创新计划改革获得支持。事实上，志愿帮助你举办活动的家长和其他社区成员将亲眼见证这些计划有多么令人兴奋，并明白体育活动的重要性。在你努力将体育教学目标整合到学校课程的过程中，全校性活动还可以帮助你与教师、员工和行政部门建立联系，从而帮助你发展积极的长期职业关系。研究并根据你自己的情况调整本章中的全校性活动的示例，你将会迅速起步！

个人积极生活方式
档案示例

我的体育活动承诺

我，_____，承诺，从今天

_____开始，我决心改变自己的

生活方式并让身体更加活跃。

我承认，我需要改善身体素质的各个组成部分，并承诺在一周的大部分时间或每一天

里投入_____分钟来提高我的身体素质水平并对体育活动习惯做出积极

的改变。我会在学校或家里做这件事。

最适合我为这种改变而进行锻炼的时间是上午 / 下午_____。

我将竭尽全力履行这一承诺，尽我最大的努力来实现我的个人健身目标。

签名（学生）_____

承诺见证人（家长或监护人）_____

姓名_____ 性别_____ 年龄 _____

年级_____ 班级_____

我的健康和身体素质档案

指标	日期	日期	日期	备注
体重				
身高				
身体成分（体脂百分比）				
静息心率				
柔韧性 （坐位体前屈，肩部柔韧性）				
一英里跑				
PACER（进行性有氧耐力跑）				
卷腹练习				
俯卧撑				
姿势				

体能成绩记录表

姓名＿＿＿＿＿＿＿＿＿＿＿＿＿＿＿＿ 性别＿＿＿＿＿＿ 年龄 ＿＿＿＿＿＿

年级＿＿＿＿＿＿＿＿＿＿＿＿＿＿ 班级＿＿＿＿＿＿＿＿＿＿＿＿＿＿＿＿＿

　　每次测量各项体能成绩时，将你的记录成绩绘制在图表中的正确线条上。使用点来绘制结果。用直线把点连接起来，以查看你的进度。

一英里跑（1500 米跑）

分钟

提高

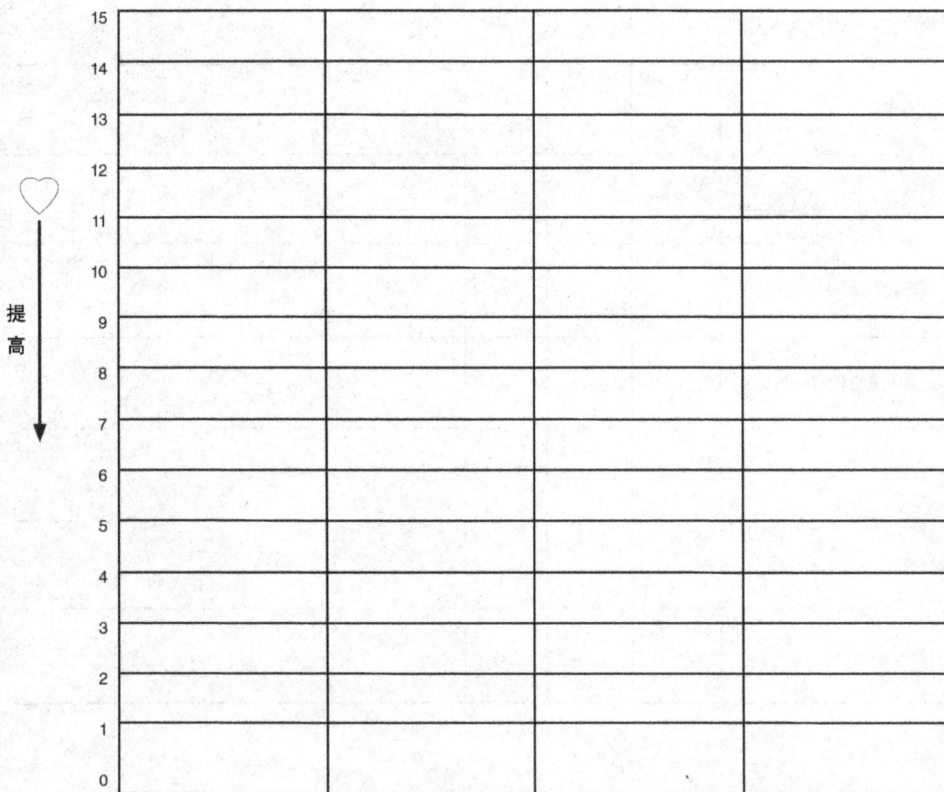

	学期初测试日期	学期中测试日期	学期末测试日期
	＿＿＿＿＿	＿＿＿＿＿	＿＿＿＿＿

238

体能成绩记录表

姓名_____ 性别_____ 年龄 _____

年级_____ 班级_____

每次测量各项体能成绩时，将你的记录成绩绘制在图表中的正确线条上。使用点来绘制结果。用直线把点连接起来，以查看你的进度。

卷腹练习

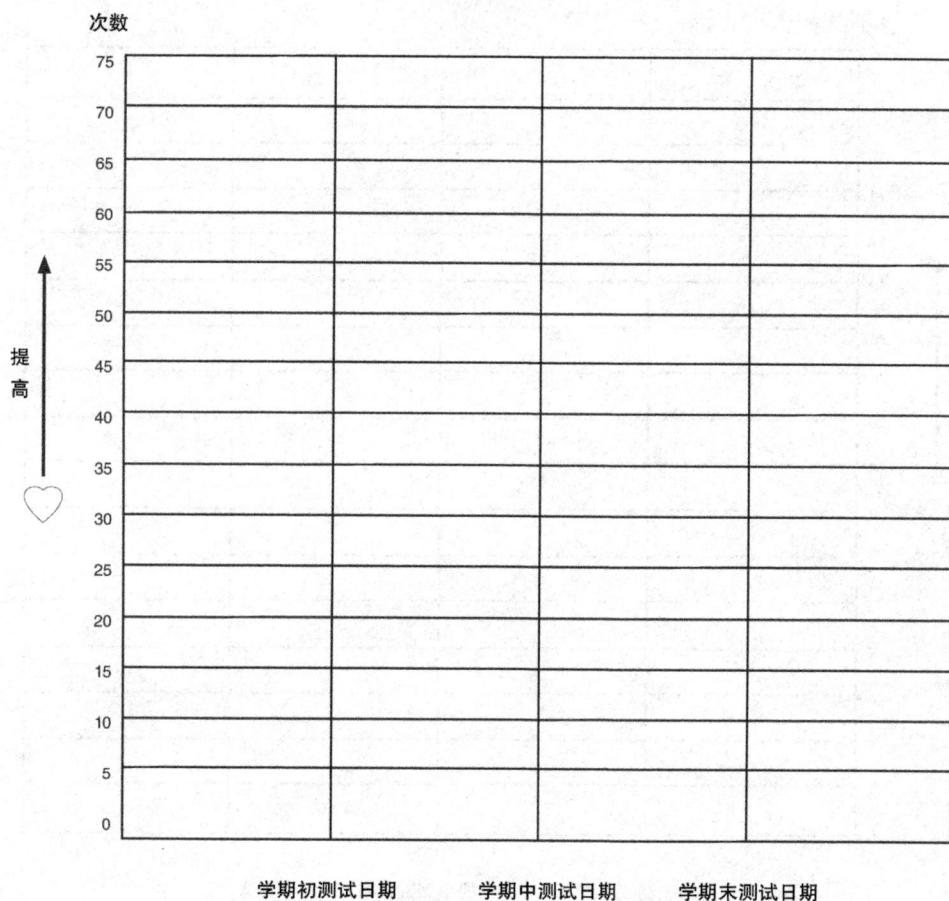

学期初测试日期　　　　学期中测试日期　　　　学期末测试日期

_____　　_____　　_____

体能成绩记录表

姓名＿＿＿＿＿＿＿＿＿＿＿＿＿＿＿　性别＿＿＿＿＿　年龄＿＿＿＿＿＿

年级＿＿＿＿＿＿＿＿＿＿＿＿＿＿＿　班级＿＿＿＿＿＿＿＿＿＿＿＿＿＿＿

　　每次测量各项体能成绩时，将你的记录成绩绘制在图表中的正确线条上。使用点来绘制结果。用直线把点连接起来，以查看你的进度。

柔韧性（坐位体前屈）

英寸（1 英寸 =2.54 厘米）

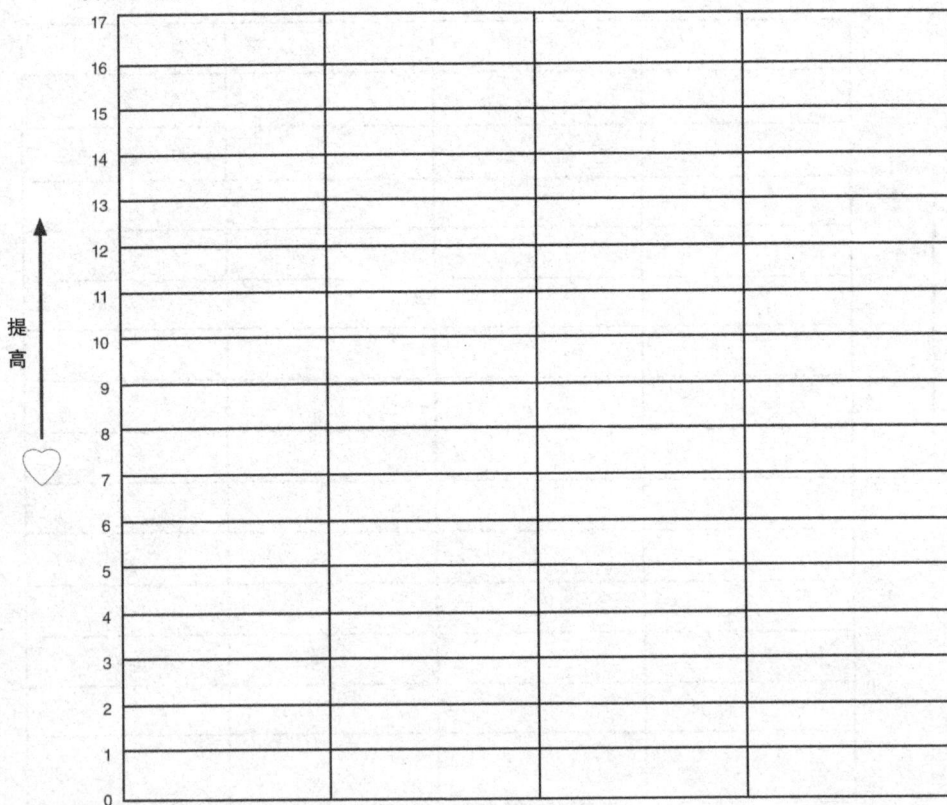

提高

17			
16			
15			
14			
13			
12			
11			
10			
9			
8			
7			
6			
5			
4			
3			
2			
1			
0			

学期初测试日期　　　　学期中测试日期　　　　学期末测试日期

＿＿＿＿＿＿　　　　＿＿＿＿＿＿　　　　＿＿＿＿＿＿

体能成绩记录表

姓名_____ 性别_____ 年龄_____
年级_____ 班级_____

　　每次测量各项体能成绩时，将你的记录成绩绘制在图表中的正确线条上。使用点来绘制结果。用直线把点连接起来，以查看你的进度。

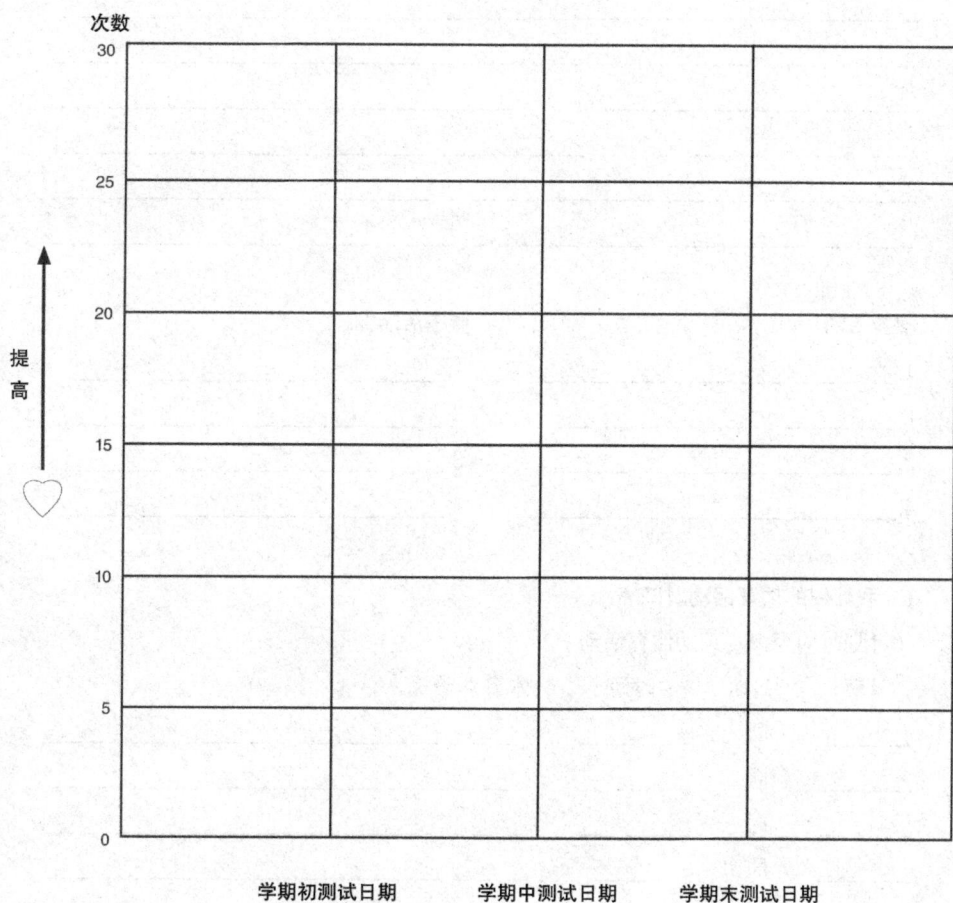

俯卧撑

次数

30

25

20

提
高

15

10

5

0

学期初测试日期　　　　　学期中测试日期　　　　学期末测试日期

_____　　　　　_____　　　　　_____

我的积极生活方式计划

姓名_____ 年级_____

班级_____

I. 我的体育活动目标是_____
_____

II. 我喜欢的有助于完成目标的体育活动是：

_____
_____
_____
_____
_____
_____
_____

热身活动

1._____

2._____

3._____

4._____

整理活动

1._____

2._____

3._____

4._____

III. 我计划的体育活动时间表

（计划每周至少 5 天的体育活动）

日期	星期	时间	体育活动
_____	周一	_____	_____
	周二	_____	_____
_____	周三	_____	_____
	周四	_____	_____
_____	周五	_____	_____
	周六	_____	_____
_____	周日		

我的体育活动日志

姓名＿＿＿＿＿＿＿＿＿＿＿＿＿＿＿＿＿＿＿＿ 年级＿＿＿＿＿＿＿＿＿

班级＿＿＿＿＿＿＿＿＿＿＿＿＿＿＿＿＿＿

日期	体育活动	等级	分钟	时间	我的感觉

体育活动水平等级：L＝低或容易，M＝中度或中等水平，H＝高或剧烈

我的每日营养日志

姓名_____ 年级_____

班级_____

日期	早餐	午餐	晚餐	零食
周一				
周二				
周三				
周四				
周五				
周六				
周日				

我最喜欢的体育活动

姓名_____ 年级_____

班级_____

我在学校体育课中最喜欢的体育活动是_____

因为_____

_____

_____

我最喜欢在家里和我的朋友一起做的体育活动是_____

因为_____

_____

_____

我最喜欢与我的家人一起做的体育活动是_____

因为_____

_____

_____

我最喜欢自己一个人做的体育活动是_____

因为_____

_____

_____

参考文献

Allen, V.L. 1996. The out-of-school fitness connection. *Teaching Elementary Physical Education* 7 (1): 15–17.

American College of Sports Medicine (ACSM). 2006. *ACSM's guidelines for exercise testing and prescription*. 7th ed. Philadelphia: Lippincott Williams & Wilkins.

American Heart Association. 2010a. *Heart disease and stroke statistics*. www.heart.org/HEARTORG/General/Heart-and-Stroke-Association-Statistics_UCM_319064_SubHomePage.jsp.

American Heart Association. 2010b. *Risk factors and coronary heart disease and stroke*. Dallas: Author.

Anderson, K.C., and S. Cumbaa. 1993. *The bones game book*. New York: Workman.

Bandura, A. 1986. *Social foundations of thought and action*. Englewood Cliffs, NJ: Prentice Hall.

Berenson, G.S., ed. 1986. *Causation of cardiovascular risk factors in children: Perspectives on causation of cardiovascular risk in early life*. New York: Raven Press.

Berenson, G.S. et al. 1998. *Health Ahead/Heart Smart curriculum guides* K–6. New Orleans: Tulane Center for Cardiovascular Health.

Bersma, D., and M. Visscher. 2003. *Yoga games for children*. Alameda, CA: Hunter House.

Blahnik, J. 2002. *Full body flexibility*. Champaign, IL: Human Kinetics.

Blair, S.N., H.W. Kohl, R.S. Paffenbarger, D.G. Clark, K.H. Cooper, and L.W. Gibbons. 1989. Physical fitness and all-cause mortality: A prospective study in healthy men and women. *Journal of the American Medical Association* 262 (17): 2395–2399.

Block, M. 2007. *A teacher's guide to including students with disabilities in general physical education*. 3rd ed. Baltimore: Brookes.

Bouchard, C., R.J. Shephard, T. Stephens, J.R. Sutton, and B.D. McPherson, eds. 1990. *Exercise, fitness and health: A consensus of current knowledge*. Champaign, IL: Human Kinetics.

Centers for Disease Control and Prevention (CDC). 2006. *School health policies and programs study* (SHPPS).

Atlanta: National Center for Chronic Disease Prevention and Health Promotion; Division of Adolescent and School Health.

Centers for Disease Control and Prevention (CDC). 2010. *Promoting physical activity: A guide for community action*. 2nd ed. Champaign, IL: Human Kinetics

Centers for Disease Control and Prevention (CDC), and American College of Sports Medicine (ACSM). 1993. Summary statement: Workshop on physical activity and public health. *Sports Medicine Bulletin* 28: 7.

Child Nutrition and WIC Reauthorization Act. 2004. Public Law 108–265, Section 204. June 30, 2004.

Cole, J. 1991. *The magic school bus: Inside the human body*. New York: Scholastic.

Cooper Institute. 2010. *Fitnessgram and Activitygram test administration manual*. Updated 4th ed. Champaign, IL: Human Kinetics.

Corbin, C., G. Le Masurier, M. Greiner, and D. Lambdin. 2011. *Fitness for life: Elementary school*. Champaign, IL: Human Kinetics.

Corbin, C.B., G. Welk, W. Corbin, and K. Welk. 2011. *Concepts of physical fitness*. New York: McGraw-Hill.

Downey, A.M., G.C. Frank, L.S. Webber, S.J. Virgilio, D.W. Harsha, F.A. Franklin, and G.S. Berenson. 1987. Implementation of "Heart Smart": A cardiovascular school health promotion program. *Journal of School Health* 57 (3): 98–104.

Downey, A.M., J. Greenberg, S.J. Virgilio, and G.S. Berenson. 1989. A health promotion model: The university, the medical school, and the public health department. *Health Values* 13 (6): 31–46.

Dowson, A. 2009. *More fun and games*. Champaign, IL: Human Kinetics.

Faigenbaum, A., and W. Westcott. 2009. *Youth strength training*. Champaign, IL: Human Kinetics.

Finkelstein, E.A., J.G. Trogdon, J.W. Cohen, and W. Dietz. 2009. Annual medical spending attributable to obesity: Payer and service specific estimates. *Health Affairs* 28: 822–831.

Freedman, D.S., Z. Mei, S. Srinivasan, G. Berenson,

and W. Dietz. 2007. Cardiovascular risk factors and excess adiposity among overweight children and adolescents: The Bogalusa Heart Study. *The Journal of Pediatrics* 150 (1): 12–17.

Gray, C. 2000. *The new social story book*. Illustrated ed. Arlington, TX: Future Horizons.

Hellison, D.R., and T.J. Templin. 1991. A *reflective approach to teaching physical education*. Champaign, IL: Human Kinetics.

Kasser, S., and R. Lytle. 2005. *Inclusive physical activity*. Champaign, IL: Human Kinetics.

Kelly, L.E. 2011. Spinal cord disabilities. In *Adapted physical education and sport*, 5th ed., ed. J.P. Winnick, pp. 311–345. Champaign, IL: Human Kinetics.

Kern, K. 1987. Teaching circulation in elementary physical education classes. *Journal of Physical Education, Recreation and Dance* 58 (1): 62–63.

Lark, L. 2003. *Yoga for kids*. Buffalo, NY: Firefly Books.

Lieberman, L., and C. Wilson. 2009. *Strategies for inclusion*. 2nd ed. Champaign, IL: Human Kinetics.

Lockette, K.F., and A.M. Keyes. 1994. *Conditioning with physical disabilities*. Champaign, IL: Human Kinetics.

Meeks, L., and P. Heit. 2010. *Comprehensive school health education: Totally awesome strategies for teaching health*. 7th ed. New York: McGraw–Hill.

Meinbach, A., A. Fredericks, and L. Rothlein. 2000. *The complete guide to thematic units: Creating the integrated curriculum*. 2nd ed. Norwood, MA: Christopher Gordon.

Miller, P.D., ed. 1995. *Fitness programming and physical disability*. Champaign, IL: Human Kinetics.

Mosston, M., and S. Ashworth. 2002. *Teaching physical education*. 5th ed. San Francisco: Benjamin Cummings.

National Association for Sport and Physical Education. 2003. *What constitutes a quality physical education program?* (Position statement). Reston, VA: Author.

National Association for Sport and Physical Education. 2004a. *Moving into the future: National standards for physical education*. 2nd ed. Reston, VA: Author.

National Association for Sport and Physical Education. 2004b. *Physical activity for children: A statement of guidelines for children ages 5–12*. 2nd ed. Reston, VA: Author.

National Association for Sport and Physical Education. 2008. *Comprehensive school physical activity programs*. (Position statement). Reston, VA: Author.

National Association for Sport and Physical Education. 2009a. Active start: A statement of physical activity guidelines for children from birth to age 5. 2nd ed. Reston, VA: Author.

National Association for Sport and Physical Education. 2009b. *Appropriate use of instructional technology in physical education*. (Position statement). Reston, VA: Author.

National Association for Sport and Physical Education. 2011. *Physical education for lifelong fitness: The physical best teachers guide*. 3rd ed. Champaign, IL: Human Kinetics.

National Physical Activity Plan. 2010. www. physicalactivityplan. org.

Ogden, C., M. Carroll, and K. Flegal. 2008. High body mass index for age among U.S. children and adolescents, 2003–2006. *Journal of the American Medical Association* 299 (20): 2401–2405.

Ogden, C., M. Carroll, L. Curtin, M. Lamb, and K. Flegal. 2010. Prevalence of high body mass index in U.S. children and adolescents, 2007–2008. *Journal of the American Medical Association* 303 (3): 242–249.

Ormrod, J.E. 2009. *Educational psychology: Developing learners*. Columbus, OH: Prentice Hall.

Pangrazi, R.P., and L. Beighle. 2009. *Dynamic physical education for elementary school children*. 16th ed. San Francisco: Benjamin Cummings.

Pate, R.R., M. Pratt, S.N. Blair, W.L. Haskell, et al. 1995. Physical activity and public health: A recommendation of changes from the Centers for Disease Control and Prevention and the American College of Sports Medicine. *Journal of the American Medical Association* 273 (5): 402–407.

Powers, S.K., and S.L. Dodd. 2011. *Total fitness and wellness*. San Francisco: Pearson Education.

Puleo, J., and P. Milroy. 2010. Running anatomy. Champaign, IL: Human Kinetics.

Ratliffe, T., and L.M. Ratliffe. 1994. *Teaching children fitness*. Champaign, IL: Human Kinetics.

Rimmer, J.H. 1994. *Fitness and rehabilitation programs for special populations*. Dubuque, IA: Brown and Benchmark.

Rink, J. 2010. *Teaching physical education for learning*. 6th ed. New York: McGraw–Hill.

Rink, J., T. Hall, and L. Williams. 2010. *Schoolwide physical activity*. Champaign, IL: Human Kinetics.

Rodgers, C.R. 1994. *Freedom to learn*. 3rd ed. New

York: Macmillan.

Rouse, P. 2009. *Inclusion in physical education*. Champaign, IL: Human Kinetics.

Sallis, J.F., and T.L. McKenzie. 1991. Physical education's role in public health. *Research Quarterly for Exercise and Sport* 62 (2): 124–137.

Shear, C.L., D.S. Freedman, G.L. Burke, D.W. Harsha, L.S. Webber, and G.S. Berenson. 1988. Secular trends of obesity in early life: The Bogalusa Heart Study. *American Journal of Public Health* 78 (1): 75–77.

Sherrill, C. 2004. *Adapted physical activity, recreation and sport*. 6th ed. New York: McGraw–Hill.

Simons–Morton, B.G. 1994. Implementing healthrelated physical education. In *Health and fitness through physical education*, eds. R.R. Pate and R.C. Hohn, pp. 137–145. Champaign, IL: Human Kinetics.

Smith, A.L., and S. Biddle, eds. 2008. *Youth physical activity and sedentary behavior*. Champaign, IL: Human Kinetics.

U.S. Department of Agriculture (USDA). 2011. *MyPlate*. www.ChooseMyPlate.gov.

U.S. Department of Health and Human Services (USDHHS), and Centers for Disease Control and Prevention (CDC). 1997. Guidelines for school and community programs to promote lifelong physical activity among young people. *Morbidity and Mortality Weekly Report*, 46 (RR–6), 1–36.

U.S. Food and Drug Administration (FDA). 2011. *How to understand and use the nutrition facts label*. www.fda.gov/food/labelingnutrition/consumerinformation/ucm078889.htm.

Vacca, R.T., and J.A. Vacca. 1996. *Content area reading*. New York: HarperCollins.

Virgilio, S.J. 1990. A model for parental involvement in physical education. *Journal of Physical Education, Recreation and Dance* 69 (18): 66–70.

Virgilio, S.J. 1996. A home, school, and community model for promoting healthy lifestyles. *Teaching Elementary Physical Education* 7 (1): 4–7.

Virgilio, S.J. 2006. *Active start for healthy kids*. Champaign, IL: Human Kinetics.

Virgilio, S.J., and G.S. Berenson. 1988. Superkids–Superfit: A comprehensive fitness intervention model for elementary schools. *Journal of Physical Education, Recreation and Dance* 59 (8): 19–25.

Winnick, J.P. 2011. *Adapted physical education and sport*. 5th ed. Champaign, IL: Human Kinetics.

关于作者

斯蒂芬·J.维尔吉利奥，博士，纽约花园城艾德菲大学（Adelphi University）的体育学教授。他拥有超过30年的儿童肥胖症和体能教育的研究经验。在佛罗里达州立大学（Florida State University）获得博士学位之前，他已经从事了6年的小学体育教学工作。

维尔吉利奥博士还撰写了多部儿童健康方面的作品，其中包括《健康儿童的积极开始》（*Active Start for Healthy Kids*, *Human Kinetics*，2006）等，内容侧重于2~6岁的儿童。他发表了超过75篇文章，参加了超过150次演讲和研讨会，其中包括多次主题演讲。他是美国益心计划（Heart Smart Program）的撰稿者之一，这是一个基于学校的心血管健康干预计划。

维尔吉利奥博士的著作已被100多家报纸、杂志和网站引用过。他曾是《小学体育教学：体育、娱乐与舞蹈期刊》（*Teaching Elementary Physical Education: Journal of Physical Education, Recreation, and Dance*）和《策略》（*Strategies*）杂志的编辑委员会成员。他曾与美国国家运动与体育教育协会（NASPE）一起参加了多个项目，并于2006年当选为NASPE董事会成员。他曾在美国各地的学区以及在Dannon、Fisher-Price、Sport-Fun和Skillastics等项目担任顾问。他还曾担任PBS儿童电视节目"Kid-Fitness"的高级编剧。自1977年以来，他一直是NASPE和美国健康、体育、娱乐与舞蹈联盟的成员。

维尔吉利奥博士住在纽约州的东威利斯顿塞内卡瀑布区。在业余时间，他喜欢钓鱼、划船、旅行和研究世界经济学。